本书系国家社科基金一般项目《社会质量理论视野下的网络美好生活指标体系的建构研究》(18BSH032)阶段性成果

| 博士生导师学术文库 |

A Library of Academics by
Ph.D.Supervisors

网络化新论

唐魁玉　著

光明日报出版社

图书在版编目（CIP）数据

网络化新论 / 唐魁玉著 .-- 北京：光明日报出版社，2020.2

（博士生导师学术文库）

ISBN 978-7-5194-5611-5

Ⅰ. ①网… Ⅱ. ①唐… Ⅲ. ①互联网络—影响—社会生活—研究—中国 Ⅳ. ① D669

中国版本图书馆 CIP 数据核字（2020）第 023155 号

网络化新论

WANGLUOHUA XINLUN

著　　者：唐魁玉

责任编辑：宋　悦　　责任校对：李　荣

封面设计：一站出版网　　责任印制：曹　净

出版发行：光明日报出版社

地　　址：北京市西城区永安路 106 号，100050

电　　话：010-63139890（咨询），63131930(邮购)

传　　真：010-63131930

网　　址：http://book.gmw.cn

E - mail：songyue@gmw.cn

法律顾问：北京德恒律师事务所龚柳方律师

印　　刷：三河市华东印刷有限公司

装　　订：三河市华东印刷有限公司

本书如有破损、缺页、装订错误，请与本社联系调换，电话：010-63131930

开　　本：170mm × 240mm

字　　数：245 千字　　印　　张：16

版　　次：2020 年 2 月第 1 版　　印　　次：2020 年 2 月第 1 次印刷

书　　号：ISBN 978-7-5194-5611-5

定　　价：95.00 元

前言

从社会后果理论看，一切人类社会行为都会有一个或好或坏的结果。这本《网络化新论》的成书过程，也可以算作一个“网络化后果”的延伸结果。唯其如此，这里有必要在阅读本书之前写上几千字，以便读者朋友们稍微了解一下它。

本书的主要内容包括：网络化问题的人类主体建构、社交网络生活的现代性征候、网络社会意涵及其本体论诠释、网络空间中的人类心身关系、网络文化价值与网民核心价值观、追寻复杂性网络化社会和谐的理想、网络生活方式与网民生活质量、微信化生存的社会人类学分析、从网络化生存到数据化生存技术的社会演化、虚拟制造企业和谐互动的动态匹配协调管理模型和网络美好生活的伦理维度及建构等。

这些研究内容，在某种意义上，都可以说是对网络化种种后果的认识。

网络化的特征或特质是什么？对此，在不同的学者和学科视角之下会有不同的解释。为了节约时间，这里只概括性归纳成以下一些看法：一是网络化是一个既快速又漫长的技术社会演变过程；二是网络化是一个多元化、多学科的研究领域；三是网络化是一个社会逻辑系统；四是网络化是一个个体和社会关系体；五是网络化是一个日常生活实践和生活史过程；六是网络化是一个时间和空间社会场域；七是网络化是一个社会治理和生活政治形态；八是网络化是一个中国语境下的地方化经验；九是网络化是一个延伸变化的社会形态话语；十是网络化是一个美好生活的理想维度；

十一是网络化是一个生产 / 生活的互构过程；十二是网络化是一个“虚拟共和国”或人类共同体；十三是网络化是一个现代性与现代化的社会形态的折射；如此等等，不一而足。

当然，从后果主义的角度看，首先网络化的后果的意涵表现为一种网络化技术及其演进过程的客观性后果。其次，网络化的后果是指作为网络主体的我们（网络社区的网民或网络生活者），在虚拟空间中的网络行为或网络互动的后果和我们的道德情操及品格的后果，这种倾向于主观性的后果常常也是基于人们选择怎样的在线日常生活方式或权利所决定的。无论是主观还是客观的网络化后果的形成，都是和网络事件、网络事实与存在的关系及其认知、评判的努力密不可分的。这种情形可以视为主客观相融合的网络化社会后果。种种网络生存经验表明，互联网是一种沉浸感、存在感很强的生活媒体，也是一种时空压缩性和穿透力极强的电子信息载体。万物互联与心灵沉潜的结果，必将加速信息的交换，并营造出忽而隐匿逍遥、忽而众声喧哗的“物化世界”景象。

从电子支付到虚拟制造和智慧生活社会的演化过程也表明，网络化不仅改变了人类生活的生产格局，同时还大大地改变了人类的认知方式及知识体系。比如，人类的情感分析，已不再是纯粹感性的心灵—意识过程，而成为大数据化的算法分析，从而极大地影响了人类的身心关系状态。

著名语言学大师和国际问题专家乔姆斯基在《谁统治世界？》一书中开宗明义，就谈到了曼海姆所谓“特定历史与形势的功能转化问题”。在当今世界上，全球化、网络化、技术化过程曾几何时已经成为西方人眼里的一种“文化冲突”的工具，这显然是不利于习近平关于在世界范围内建立人类和平互动的共同体精神的，严重了还会导致激烈的大国之间的大规模经济贸易冲突和争夺信息主权的“网络战争”。当我们要建立一个合理的、安全的网络化社会新秩序时，我们希望解决什么问题呢？如果一些人拥有较多的信息网络资源和服务机会的话，那么，另一些人与之相比所占有的份额就会相应减少，从而导致不同网民阶层网络生活之间的不平衡和不充分格局的出现。总有一天人们会省悟，网络是花时间特多，却又反思甚少的一个日常生活平台。随着5G网络时代的来临，加速时代征候将变得更加突出。而且，人工智能的崛起，更会成为自我意识和人类智慧的新开端。网络化的存在论和语言学转向的一个大趋势，将是多元化和全方位的。其前路将不仅仅是谁控制谁和谁安慰谁的问题，而是关系到网络战争成败和国际博弈胜负的世界新秩序的秘密所在和重建安全体系的问题。

互联网和不久后万物互联生活世界的到来，为哲学家、社会学家、经济学家、法学家和传播学家们深度甚至过度解释世界提供了一个机会。情势之所以发展至此，主要是因为各种虚拟存在事件，它们之间相互作用的后果，甚至在齐泽克和巴迪欧那里，网络存在与事件已经升格为一种哲学。我们不妨将网络化及其演化过程视为一个内涵丰富的物化行动事件。在乘坐由无数小事件构成的大事件的网络化快车时，我们不仅认识了自我，而且也重构了别样的数字化生活世界。于是乎，主义和问题似乎都不重要，只有事件和事实至关重要。诚然，伴随着网络化事件等技术后果的一一展开，由此人类的世界图景发生了前所未有之变局。各种鲜活的复杂性网络互动形式和花样翻新的网络建构理论被创造出来，令人应接不暇，又必须从容面对。就这样，探索网络之旅一下子变成了自我成长之路。在此，自我认同和自我实现的预言也变成了可能被验证的东西，社会性自我也得到了重新被发现、被定义的机会。

“网起于青萍之末，络沉于微澜之间”。近些年来，我和我的同时代人一样，都任其自然地成了“网络化生存者”，并且我们面对神奇的赛博空间徒发感慨不止。为的是尽量找到些自我认同的理由，如此这般继续沿着“网络化逻辑”和社会认同的时代脚印前行。

众所周知，进入21世纪后，因为网络化生活的介入，人类生活真相问题愈发显出复杂性的趋向，使得网络社会学研究不能局限于原有的生活和知识领域。与此同时，也受到了“后现代生活真相”的影响，对传统网络生活的批判和调适已蔚然成风。所谓后真相，是由社会心理学家勒庞在《乌合之众》中提出的一个称谓，它形象地描述了当下时代的某些典型生活症状，并由此引发了对“后真相世界”和“后真理现象”的探索。其主要特征是，情绪与感觉远比事实与真实更重要。不是实事本身，而是情绪化和感觉化的社会事实在干预我们周遭的生活。毋庸置疑，随着网络生活、智能生活、微生活等技术的普及和发展，将给人类生活理论带来极大的挑战。无论是理性主义（客观主义），还是感性主义，悲观主义（怀疑主义）抑或是乐观主义的观点，都会被人们拿出来讨论，甚至众说纷纭，相持不下。平心而论，人们对将导致新的现存生活真相或事实及其前景的深描、反思和质疑态度，都是可以理解的。以理性主义为例，黑格尔认为，我们的生活中既存在着“好的理性主义”，又存在着“坏的理性主义”。从辩证法的意义上说，这并不意味着前者一定会使我们获得或找到美好生活，而后者也未必会给我们带来糟糕的或不太好的生活。我们的正确态度是，不仅要发现人类理性主义的宝藏，也要不失时机地挖掘非理性主义的优势。在后现代生活真相时代，我们可以汲取生活过程中的非理性主义因素、技术社会异化因素，对追求真理过程中的制约条件细致地加以生活检视，揭示在生活行动认定的生活真相与客观事实之间的辩证关系。对能够促进美好生活的和谐性、延续性和合理性因素要加以继承，同时也要摒弃那些不健康、不文明的断裂性生活因素对美好生活追求的负面作用。

在我看来，我们身处这个信息网络时代，生活技术、生活内容、生活节奏、生活境遇发生了太多太快的变化，几乎不可能完全准确地发现生活真相。即是说，这是一个不可能完成的任务。新生活和旧生活之间界限分明，又纵横交错。在生活者眼里生活的意义已经变得模糊不清，对生活事实（尤其纯粹客观性知识）的解释非常困难，呈现出共识意义上的不确定性和交往理性。比如，在移动互联网生活世界里，人的主体间性常常会将网络关系中的自我自在地呈现出来，经过微生活技术这种“新生活政治”手段的调控，不断地扩张个体化社会的功能。联系到网络生活方式的核心理念与建构原则，我们似乎可以更精准地理解当下网络化生活真相的不同网民社会方面，从而更有利于创造各美其美的美好生活：第一，寻找网络化日常生活和非网络化日常生活的双重生活真相，以创造网络化日常生活为中心的幸福生活；第二，寻找在网络空间中的物化生活和非物化精神生活的双重生活真相，以创造内外兼得的全面发展的网人的幸福生活；第三，寻找生产性和非生产性活动的双重网络化生活真相，以获得网络社会生产者和生活者身份的幸福生活；第四，寻找私生活和公共生活的双重网络化生活真相，以共享网民个体生活的价值和网络公共参与权利的幸福生活；第五，寻找实然生活和应然生活的双重网络化生活真相，以选择具有更多道德可能性的网民幸福生活；第六，寻找现实生活和虚拟生活的双重网络化生活真相，以沉浸于互联网和金融世界的幸福生活。

从康德的批判哲学对真善美关系的论证上来理解上文所讨论的问题，我们就会自然认识到，所谓真相或真理是可以被善良、美好这两个词语来相互定义的。就是说，我们总是会在一定的关系中来理解我们与真相的关系，而并非真相直接出现。真相永远是经过一定的结构性或程序性处理过的被再现的真相，真实的真相永远会和我们之间保持一定的距离。这里我们分析的网络化生活的真相或网络化生活事实问题，与社会学大师韦伯的注重客观事实性先于立场的检验标准原则并不矛盾。即便是在我们衡量虚拟现实生活世界的美好生活时，也不排除诸如数据、信息等因素的客观性技术支持作用。联系到王雅林教授“回归生活”的思想，并将其运用于网络化研究中，可有如下认知路径：（1）回归网络化生活的事实和生活的真相（包括现代性网络化生活真相和后现代性网络化生活真相）中去，寻求经典作家的经典性、现代性和当代网络化生活事实之间的某种中国网络化生活经验的内在契合性；（2）回归网络化生活不是使生活真相隐没或倒退，而本质上是为了更深度地描述、反思、解释网络化生活真相与网络化生活事实，从而认识创造出网络美好生活的规律；（3）回归网络化生活不是指网络化生活和网络化社会发生断裂，而是为了“超越网络化生活事实”“超越网络化生活真相”，为此必须不断整合传统网络生活世界和未来人工智能生活情境下的生活观念、生活资源和生活互动的积极方面的因素；（4）回归网络化生活，这一提法与其说是超越网络化生活真相和简单意义上的生活表象，不如说是重新界定了“网络化生活真相”，因为“质料”变了真相也必然改变，关键是应该按照我们对网络美好生活的设计和创造的方向改变。

最后，网络世界不光需要道德自律和法治控制，也需要新思想启蒙和情感治理。认识“网络中国”，重要的还有一点，必须增加网络共识，摒弃人类洞穴偏见，放眼世界。从某种程度上说，网络更像是一种开放的延展文化，而不只是一种特色的考古文明。我们既然要实现网人的全面发展，就必须创造全新的网络社会形式，把网人的生活全面地生产出来，而能够生产“生活全面性”的网络化社会，才是全面进步的网络社会。因此，我们有理由相信，只要我们在信息网络时代精神的引导下寻找到了网络生活的真相问题，并适应网络社会质量逐渐提高的技术社会发展机遇，就能够不断创造出属于亿万网民的网络美好生活来。

唐魁玉于哈尔滨工业大学二校区

2019年5月19日

目　录

CONTENTS

第一章　网络化问题的人类主体建构

随着互联网和移动互联网技术的迅速发展，网络化问题作为一个社会学学科甚至学科群的一个重要学术焦点和生长点，越来越被整个学术界所关注和认同。从1997年到2019年，在中国近22年网络社会生活演进和社会学学科建构过程中，许多社会学者留下了辛勤耕耘的足迹。同时，也留下了值得进行学术史记录的重要成果和某些不可控制的遗憾或亟待解决的问题。面对无数网络社会学研究成果的积累，我们已经到了不得不认真总结和重新进行学术建构的时候了。应该说，每一位社会学者如果真心正视网络社会生活经验、体验和事实，那么，谁都可以用自己的方式来描述、解释和分析，进而形成属于自己的网络社会学研究文本，并且表达其独特的学术建构意义。

这一章设定的学术目标是，基于对国内外有代表性的网络社会学研究文献的梳理，以及对中国现实语境下的网络社会问题与复杂行为的反思，提出网络社会学领域或学科知识积累及创新的“人类主体建构”概念，并分析其网络化逻辑、学术史意义，以及研究对象拓展与限定的范围。从网络社会学和虚拟社会人类学合流、互联网和移动互联网融合、大数据网络与小数据网络兼顾的立场出发，认为中国的网络社会学研究的主要任务应该设定为：基于个体、社群与社会本位问题意识，适当拓展一些本体论、价值论和实践论（突出虚拟日常生活经验），以及学者个人志趣、社团需要和国家利益的研究方向，实现诸如网络社会学的人类学转向、语言学转向、逻辑学转向、文化学转向、传播学转向、政治学转向和经济学转向等领域的扩展或融通，有针对性地选择和使用国外社会理论视角和方法论技术，打破传统学科的学术壁垒，积极提倡多维度、多学科的交叉整合研究，同时为了辨析、比较和深化网络社会学研究，特别是呼唤本土化网络社会学大家（或大师）和打造网络社会学经典文本，有意识地限定某些低水平重复的网络社会经验和理论研究行动。总之，应在自由人格、独立学术与国家治理学术取向之间，寻求最佳网络研究契合点。本章就是想从人类主体建构的视角出发，尝试对网络社会事实进行主体社会学或社会人类学意义的探索。这不啻为从科学主义建构论向主体建构论转变的一个初步的尝试（唐魁玉，张旭，2017）。

第一节　网络化研究主体建构问题的提出

网络化问题研究或网络社会学研究和所有的社会研究一样，它必须围绕着有意义和有价值核心的问题进行。我们可以从纯粹客观主义或科学主义的立场出发选择所要研究的网络化问题，也可以从人类主体的精神和符号象征互动意义上来选择问题。社会研究的问题具有认知的模糊性和时空的延展性（张兆曙，姚媛，2013），同时也具有社会或文化的主观解释性和对现象的抽象性。

一、网络社会事实及其描述、解释与数量分析

网络社会事实存在吗？如果承认它的存在，那就意味着可以十分方便地获得网络社会研究的第一手资料。任何社会研究，都不能离开人类社会生活实践过程中的真实性或本真性素材。否则，社会科学研究者将无从下手，抑或是所得结论很可能荒谬绝伦。这显然不是我们网络社会学家所要看到的一幕。

在我们看来，网络社会因其赛博空间或虚拟社区的真实存在而从未招致怀疑，这是一个非常奇妙的事情。一个众口相传的科幻小说引发网络空间的故事，早已深入人心。然而，人们似乎还应该多问一句：为什么网络社会空间奇迹般地成了后来网络日常生活的活动场域？这是因为，它貌似虚拟，但实际上是一种虚拟现实性的存在。从虚拟社区到手机微信移动空间，人们越

来越多地感受到了真实的社会存在。那些文字、语音、图像，都无不显露出社会本真性存在的面相或事实。

当然，网络社会学者要做的智力性工作，不仅体现在深度描述上述网络社会事实（如天涯社区和“三苗网”的研究者所做的那样）上，也体现在对网络社会事实所进行的细致入微的社会学解释（如对淘宝在线购买行为和各种网红现象的解释），还体现在对网络社会事实的数量关系分析上（如腾讯网研究者和某些大数据、智库研究者所做的那样）。可以毫不夸张地说，经典社会学大师迪尔凯姆、马克思和韦伯，以及现代人类学大师列维斯特劳斯、格尔兹们的工作方式和思想方式，都可以运用到我们对网络社会事实的研究上。

二、何谓网络社会研究的人类主体

从主体认识论的哲学谱系来说，人类大体上经历了从主体模糊到主体性增强，又到主体性降低或衰落的几个过程。期间西方哲学家也从泰勒斯、柏拉图、康德到德里达等后现代哲学家的哲学活动过程。当然，人类主体性演化的事情还远远没有这么简单。进入到20世纪，哲学家甚至宣告了主体性黄昏的断言（多尔迈，2011）。直接一点说，就是网络社会出现之后，人类主体到底还存在不存在了？这种存在对网络社会还有什么价值和影响？这是一个根本性的大问题，也是一个不难回答的问题。在我看来，尽管虚拟现实社会出现了，但是，这并不意味着像哲学家翟振明所论证的，虚拟实在现象的显现标志着实在论的衰落（2007）。与此相反，网络社会的生成、演变和成熟，曾几何时强化了人类主体的二元性、深刻性和多样性特征。可以说，网络社会研究的主体乃是一种新人类主体，它已经登场，便不断改变自己的社会属性，并将这种社会属性和自然属性以及技术社会属性紧密地结合起来了。从学科意义上来说，它的出现将社会学和人类学结合成一门虚拟社会人类学。在此框架下，人类个体和人类整体的状态都发生了一定的变化。

三、人类主体建构网络社会研究的意义

人类主体建构是相对于科学主义建构而言的，它凸显了个体主义的社会价值取向。换句话说，人类主体的建构是以人类个体感受和体验为基础而形

成的一种建构方式（潘绥铭，黄盈盈，2007）。主体建构论不仅是一种社会建构类型，同时也是一种认识论指向的结果，强调没有绝对意义的、纯粹客观主义的真实存在（张娜，2016）。

在互联网社会研究领域进行人类主体建构的意义是不言而喻的，它既反映了网络社会发展和演进的过程，也反映了个体与社会关系立场下的网络社会解释和规范化研究的状况。人类主体建构网络社会研究的意义还在于，我们可以在一定程度上摆脱技术决定论的社会研究偏向，将作为主体的“个体性”“自我性”因素贯彻到对网络社会现象的描述和分析上，进而打通自我传播、人际传播和网络传播的关节。另外，其意义还在于，我们可以借助各自不同的主体建构方式促进网络社会学研究体系的个人学术风格和流派的形成。并且，可以通过这种主体建构对网络社会的诸多概念和范式加以反思，找寻出网民社会和文化的本质性规律，以便确定其核心价值观（唐魁玉，2012）。

四、从网络化的逻辑到网络社会主体建构的逻辑

所谓网络化的逻辑，就是网络社会的逻辑。美国网络社会学大师卡斯特在《网络社会的崛起》一书中明确指出：网络社会既是一种新的社会形态，同时又是一种新的社会模式。作为一种主体认同的力量，随着网络化逻辑的扩散，它将最大限度地给人类社会的政治、经济和文化生活带来冲击。简言之，网络社会的逻辑代表着人类主体经验的巨大变化，尤其是意味着人类社会生产和生活领域的前所未有的变化，我们应该对这种新型的网络社会及其网络社会逻辑的影响或后果保持足够的警醒（2006）。

时至今日，网络社会学者已将网络社会研究推进到了一个“四面开花”和“沉潜反思”的新阶段。网络社会研究的主体建构不仅会使社会学研究风格为之一变，而且甚至也可以把人类学研究真切地改变一下。比如，在这种主体建构取向的网络人类学研究中，可以尝试提出网络民族志（任玉，2014）、微信民族志和主体民族志的概念（刘海涛，2016），并进行创新性描述和分析。在中国人民大学赵旭东教授主持的21世纪人类学论坛《微信民族志、自媒体时代的知识生产与文化实践》学术会议上（北京，2016年10月15日），腾讯公司高级研究员彭宏洁在所做的题为《互联网如何影响人类学研究？》研究报告

中指出，互联网产品把海量的用户聚集到一个平台上，并通过产品各种功能，把用户的行为固定了下来，从而为后续的人类学研究提供了可能。互联网行业数据给人类学研究既带来了机遇，又带来了挑战。具体来说，在以网络田野工作方法为手段的网络社会人类学研究中，将有更多的学术表现。

第二节 网络化问题研究的主体化拓展

迅猛发展的网络技术以及迅速增长的网民规模使得各种新的网络文化、现象层出不穷，网络社会学初建立时所形成的研究内容及视角已经落后于当前学者的研究实践。在网络社会问题研究的人类主体建构的基础上，网络社会学的研究内容、维度及视角也将进行相应的拓展。本部分将在网络社会研究的人类主体建构的基础上，重新定位网络社会学研究的方向、内容及视角。

一、网络社会学与虚拟社会人类学的合流

虚拟社会，与充斥着实在事物的现实社会相对立，同时又相互联系。人们在虚拟社会中扮演着另一个自己，这在以前几乎不可想像，但是如今，网络的兴起与发展实现了这一点。网络在人们的生活中扮演着越来越重要的角色，而作为研究人类及其文化的人类学不可能只研究现实生活中的人类而忽略了虚拟生活中人类。因而作为人类学分支的虚拟社会人类学应运而生。虚拟社会人类学秉承人类学的一贯传统，以田野工作为主要研究方法，根据其重要性甚至被称为“人类学家的通过方式”（庄孔韶，2006）。而同时田野工作也是社会学的重要研究方法之一。虚拟社会，由于现今只能依靠网络实现，亦可被称为网络社会。社会学家研究社会的方方面面，网络社会也在其中，研究这一层面的社会学分支被称为网络社会学。网络社会学与虚拟社会人类学在研究内容与研究方法上都有所重合。只是虚拟社会人类学倾向于将网络社会中的文化现象作为一个整体研究，而网络社会学除了关心文化现象本身外，同时也关注产生文化现象的社群以及组成社群的个体。

前文已经阐述过网络社会学研究视角在人类主体建构中的必要性。而为了顺应研究视角的扩大，网络社会学的研究方向与内容也将进行相应拓展。根据人类主体建构这一特点，拓展后的网络社会学应该同时包括网络社会学原本的内容以及虚拟社会人类学的内容，即网络社会学与虚拟社会人类学的合流。这种合流并非是两门学科的简单加法，而是在多个层面互相融合，并将产生新的发展与变化。并且，学者希冀这种发展与变化可以在一定程度上影响社会学与人类学自身，从而产生学科的创新与进化。

二、个体、社群和社会本位问题意识的三个维度

个体与社会的关系自社会学创立以来就被广泛关注。个体作为社会的组成部分，其行为与思想会对社会产生影响，也无时无刻不被社会所影响。部分社会学家认为社会学是一门试图揭示社会本质，并以社会优化发展为最终目标的学科，而这无疑是社会本位的。社会本位的社会学研究关注社会本身的发展情况，认为社会良性发展是个体发展的基础。而同时，也有社会学家认为社会发展是个体充分发展的结果，因此社会学应该以个人充分发展为目标，这就形成了个体本位的社会学。良好的社会发展在一定程度上给个体发展创造了良好的环境，但也从另一些方面限制了一些不被社会鼓励的个体发展，从而形成了社会发展方向的固化。所以，社会学在一定程度上处于个体发展和社会发展的矛盾之中。社群本位的提出则在一定程度上平衡了个体本位与社会本位的矛盾。个体在生活中其实并不与社会直接连接，而是通过不同的社群进行连接，这些社群包括家庭、邻里、工作、地域，等等。社群可以被认为是部分个体的集合，也可以被认为是社会的部分。社群本位的社会学认为，由部分个体组成的社群影响社会，而同时社会又对社群产生影响，从而影响作为社群组成部分的个体。作为与现实社会对立的网络社会也同时包括个体、社群与社会三个维度。个体即为网民个体，社群则包括通过各种网络媒介形成的网民集合，最终由全部网民与社群集合成网络社会。网民个体形成社群，并通过社群影响网络社会，而社会对社群加诸影响，从而影响作为社群组成部分的网民个体。

网民个体具有其现实身份，网络生活只是其生活整体的一部分，无法与

现实生活相割裂。网民个体在网络社会中的行为往往受到现实生活的影响，同时其网络生活也在影响其现实生活。个体在网络生活中与社群、社会的相互影响与在现实生活中与社群、社会的相互影响相互交织，最终形成了这一个体本身。因此，无论是要研究个体还是社群与社会，研究孤立的单一本体都是不客观也是不合理的。网络社会学的任何研究，都应当同时考虑现实与网络个体、社群与社会的影响，并平衡个体、社群、社会本位意识问题的三个维度，从而客观地探寻网络社会的本质并促进个体、社群与社会共同的和谐发展。

三、从网络本体论、日常生活实践到国家利益取向

随着网络科技的进步，网络应用的发展，网络已经成为人们新的生活、工作平台。网络的重要性日益增长，社会学家们对于网络社会的研究兴趣也进一步增强。在我国网络最初流行时，网络应用并不能够满足网民多方面的需求，社会学家们对于网络的研究也多见于对网络本体及其内涵的研究。而随着网络应用的增加，网民规模的增长，移动互联网的兴起及智能手机的普及，网络可以在越来越多的方面满足民众的需求，而且更加方便地提供五花八门的信息产品与服务。而随之产生的现象、问题、意识形态再一次吸引了社会学家的目光。近几年，网络社会研究在广大社会学家的努力下不断拓展、深入，几乎囊括了民众的网络日常生活实践的方方面面。而却少有社会学家关注网络社会更加宏观的层面——国家利益。网络的进步与发展不仅为民众的个人生活带来了变化，也为国家事务、国防建设、经济发展、尖端科学技术等重要领域带来了变化。这些事务关乎国家利益，是维护我国政治安全、国防安全以及社会安定的重要保障。而它们也无法脱离网络正常运行。小到街道上的红绿灯，大到我国天宫二号空间实验室以及神舟十一号飞船都需要通过网络进行数据的传输、存储和处理。在数据传输、存储和处理的任何一个过程，如果发生安全问题都将对国家利益产生巨大危害。

在人类主体建构的网络社会学中，研究内容不应当只包含网络本体论以及日常生活实践，也应该包括国家利益取向的相关内容。国家利益包括多方面的内容，而应用于网络社会学的主要是国家安全利益以及国家经济利益。国家安全利益主要是指国家在主权独立、领土完整以及国民生存方面不受

侵害。但在网络社会中，由于网络不具有中心性，国家与国家之间的界限并不明确，其地域性的体现也仅仅在于语言与文化的差异。因此，国土这一概念不能简单地应用于网络社会中。在网络社会中，网络空间与传统国土互相交织，形成建立在传统国土之上的虚拟领土。作为一国主权的象征，我国必须对这一虚拟领土形成绝对控制，形成网络主权。国家经济利益主要体现在经济制度、政策的自主权和对资源的拥有权以及与他国平等互利经济关系上。网络资源并不如现实资源一样有其实体性。网络资源范围广泛，却不易被觉察。在网络社会中，数据即为资源。这些数据不仅自身具有价值，也对网络安全和我国网络社会发展产生促进作用。因此，对于网络数据的掌控及应用也应该被作为保证国家经济利益的一部分进行认真的研究。网络社会依附于现实社会存在，国家利益取向的相关内容也应被纳入网络社会学的研究范围内。

四、多学科、多维度的网络社会研究转向与整合

网络社会在一定程度上是现实社会通过计算机与网络技术在虚拟空间中的投射。因此现实社会中出现的一些现象也会存在于网络社会，并且由于网络社会的虚拟性和匿名性，其也存在一些独有的社会现象。这些现象不仅引起了社会学家的兴趣，也同时吸引了人类学、语言学、传播学、文化学、政治学、经济学等学者的目光。网络社会中任何现象的产生与发展，都可以从多学科、多维度进行解释与分析。以网络语言现象为例，网络语言的产生、传播与内涵的拓展都具有相当的研究价值，人类学、语言学、传播学、文化学以及社会学的学者都可以从各自学科的角度去研究这一现象。但是网络语言的产生与发展的任何过程都不能靠单一学科的理论和视角进行客观的阐释。因此，网络社会学者对网络社会现象及问题的研究不应该只立足于社会学视角，也应充分考虑其他学科的理论和视角。但是由于学科差异，多数社会学者并不能够很好地理解和应用其他学科的理论和视角，这就需要进行学科间的合作。这种合作可以产生于学者们的合作项目，也可以产生于对研究成果的整合。通过这种方式，学者们可以更容易发现对于社会现象及问题阐释在自身学科上的研究空白，从而进行深入研究，已完善对该现象的解释和分析。

必须指出，任何社会现象及问题都不是孤立产生的，必然受到其宏观及

微观背景的影响。因此，要充分理解一种社会现象与问题，必须从多个维度进行分析。任何历史事件的产生都具有必然性，其发生时间、地点及方式都具有唯一性。社会现象和问题也是如此。要对网络社会进行研究，不应只对现象本身进行研究，其微观背景（发生地点、发生情况）及宏观背景（历史、文化、地域、经济等背景）也应被充分关注。只有充分了解了这些背景，现象和问题才能更加客观地被还原，从而发现解决问题的对策和方法。因此，只有从不同维度对一种社会现象的解释和分析进行整合，才能使研究结果具有实践意义。

拓展后的网络社会学，除却原有研究范围，更倾向于整合多学科学者的多维度研究成果，从研究空白处入手，形成更加完整的现象描述及分析，并据此提出解决问题的对策。

五、新视角下的二元研究中心

随着网络科技的不断进步，网络社会研究原始的研究中心也受到了一定的影响。本部分从网络技术的发展以及研究中心的偏移提出网络社会研究的二元研究中心，即从互联网到移动互联网的二元融合；从小数据到大数据的二元融合；从感性到理性的二元融合。

据2019年2月28日第43次中国互联网络发展状况统计报告，截至2018年12月，我国网民规模达8.29亿，普及率达59.6%，较2017年底提升3.8个百分点，全年新增网民5653万。我国手机网民规模达8.17亿，网民通过手机接入互联网的比例高达98.6%。2018年，互联网覆盖范围进一步扩大，贫困地区网络基础设施“最后一公里”逐步打通，“数字鸿沟”加快弥合；移动流量资费大幅下降，跨省“漫游”成为历史，居民入网门槛进一步降低，信息交流效率得到提升。移动网络的使用仅仅需要移动设备接入网络，电信运营商提供越来越低价的移动网络服务也使得移动网络的使用门槛逐步降低，而且由于大量应用的出现满足了民众在工作、生活、娱乐、消费上的众多需求，移动网民规模不断增长，原有的PC网民也不断向移动网民渗透。虽然移动互联网的低门槛和便捷性吸引了绝大部分网民，但是由于设备与应用方面的限制，一些操作还是需要通过PC完成。因此，即使手机网民规模已经达到了我国网民规模的95%以上，依然不能完全忽视PC在网络使用中的作用。而且移动互联网脱胎于互联网，因而，即使移动互联网的重要性日益增加，互联网作为基石依然不可或缺。在网络社会问题研究中，以移动互联网为中心的研究随着手机网民人数的增长日益增多。然而以互联网为研究中心的研究依然占据半壁江山。根据互联网和移动互联网在网络社会的重要性，拓展后的网络社会学的研究中心将使互联网和移动互联网并重，并达到二元融合。

随着网络的不断发展，基于网络行为产生的数据体量迅速增长，“大数据”产生并吸引了各学科学者的兴趣。社会学者们也希望通过应用大数据解决传统抽样调查方法代表性不足导致的研究结果缺乏普适性的困境。在一定程度上，大数据的确可以弥补传统社会学方法的不足，但是大数据虽然包含网络所及范围之内所有的数据，却依然不是社会学所期待的整体数据。并且由于大数据方法缺乏传统抽样统计中估计缺失数据的机制，其数据分析结果可能并不尽如人意。此外，大数据的使用费用不菲，社会学研究想要完全依赖大数据也是十分困难的。因此，大数据方法不能完全取代，而只能作为传统研究方法的补充（张旭，唐魁玉，2016）。可能未来大数据的使用费用会随着收集数据的企业增多而有所降低。因此，在拓展的网络社会学中，大数据方法将与小数据方法并重，形成互补，从而使研究结果达到准确性和普适性并重的结果，而小数据与大数据也能够形成二元融合。

如果说大数据、云计算和人工智能等数字智能技术表现出了网络社会的理性化趋势，那么作为大数据重要来源的网络交流就凸显了网络社会的感性化趋势。人们通过网络交流、分享自己的生活经历与感悟，这种内容的发布大都是琐碎的，非理性的。人们在网上形成网络群体，这些网络群体或是基于现实中的熟悉关系，或是基于相同爱好，这些同样是感性的。社会形成于人与人之间关系的交织，而基于亲属、邻里、工作等方面的熟悉形成了社会中稳定的感性秩序。现实社会中感性的思维方式、行为方式以及生活方式拓展到了网络社会中，形成了网络社会的感性化趋势。网络社会中任何新文化的产生都是基于感性思维的碰撞，而非理性数据的计算。对网络社会的研究也不应仅片面的关注理性分析，而忽略感性影响（刘少杰，2016）。因此，在网络社会问题研究中，感性与理性的二元融合才是合理的分析方式。就像前文论述的网络社会学与虚拟社会人类学的合流，从建立起就强调“实证”的社会学的理性，与人类学民族志描述的感性相互融合发展，才能更合理客观地描述网络社会的发展变化。

第三节 网络化研究领域的非主体化限定

经过20多年的努力，网络化问题研究或网络社会学已经成为一种具有广泛社会影响和学术认知度的新型社会学学科。在诸如网络社会生活（网络化生存）网络社会互动、网络社会分层、网络社会群体、网络社会组织、网络社会和谐、网络社会安全、网络社会交往、网络社会舆情、网络社会动员、网络社会援助、网络社会信任、网络社会管理、网络社区建设、网络社会心态、网络社会正义、网络社会理想、网络社会价值、网络社会伦理、网络社会民主、网络社会抗争、网络社会问题和网络社会治理等研究方向上，都取得了许多重要的或者标志性的成果。近些年来，网络社会学研究又在向大数据社会问题、移动互联网社会运行以及虚拟社会人类学等方面延续其学术影响。然而，任何学科导向的学术研究都不能不在一定程度上限定其领域，只有这样做才能促进网络社会学的深度研究。在主体建构立场上，我们也要对网络社会学研究有所限制。一言以蔽之，就是要把那些非主体化的网络社会议程或网络社会主题抛开，从而更有利于贯彻网络社会学的主体建构研究策略。

一、辨析、比较和限定

如何来限定网络社会学的非主体性研究？这是一个问题。倘若我们将网络社会学研究的重点放在具有个体性（自我性）、主观性、能动性的网络社会行动之上，就可以清晰地探测到主体建构网络社会学的底线了。这样说事实上，还没有将科学主义（技术主义）、行为主义、取消主义、功能主义和原子主义等形象完全剔除出去。因此，我们还应该时刻保持主体建构论的立场，运用辨析和比较的方法加以厘清和限定。这分明是一个细致工作，同时也是一个费力不讨好的工作。但是，我们必须放下坛坛罐罐，有取舍地将研究精力放在值得深度讨论和反思的边界内。

所谓辨析就是要在一些核心概念或范式上下功夫，比如要把虚拟社会、网络社会、网络互动、网络文化、网络价值和智慧生活等概念的符号互动论意义，特别是主体性建构价值辨析清楚。我们的最大目的是，将那些纯粹网络技术安全、大数据的运行、网络电子商务等科学主义的东西摒弃在外，因为此处并非社会学者熟悉和应当关注的领地。

至于在网络社会学或网络社会问题研究的主体建构研究的比较原则和相关诉求上，我们则应该本着网络社会生活者和网络社会观察者或分析者的立场来进行学术安排。要知道，一切学术安排或学术限定都得符合其研究对象的内在关系的逻辑性及合理性。这种比较，可以是反思性过程主义的，也可以是具体方法学层次的。依据现象社会哲学家舒茨的观点（霍桂垣，2016），网络生活世界和现实社会个体在其中所持的自然主义态度是探讨和研究主观意义的基本前提，因而承认它们则是研究网络主体意义及其理解方式的必要条件，反之，则所谓的主体建构就变成了无源之水、无本之木了。也就是说，去掉了大写的人的同时，也忘却了小写的个体的人。这一比较的方式，主要区分或区隔了网络社会研究的虚拟生活和现实生活情景关系的特征或特质。所以，就网络社会形式而言，无论对其现实社会个体在虚拟生活世界之中的生活者来说，还是相应地就其对主体意义的建构及其理解过程而言，网络个体在虚拟现实生活之中所具有的时空位置都具有重要的意义。

再比如，从常人方法论和虚拟民族志方法的比较来看，我们也可以得到一些限定的启示。常人方法学是建立在一个理论假设基础上的，即只要锲而不舍地观察分析社会现象的细节，社会秩序就会浮出水面。这种社会学方法，一般要求研究者完全投入到被研究的情境中去。因为在加芬克尔看来，在日常生活里，为了确保他人相信自己关于社会事实秩序的说法，就必须精心细致地用说明方法来解释社会实践的点滴细节（瑞泽尔，2009）。按照他的方法论设想，显然是反对拉扎斯菲尔德关于在社会科学研究中介入数理方法的。可以说，常人方法学在注重生活细节上是同人类学的田野工作法相映成趣的。

在网络化社会学研究过程中，田野工作的主体—客体关系也有赖于精心维持。无论是现实田野还是虚拟世界的田野，作为研究者的你都是他者（郑少雄、李荣荣，2016）。因此，虚拟田野工作方法在网络社会研究中具有重要价值，这一点已经为多数人类学者所承认，并贯彻到他们的研究里去（唐魁玉，2015）。

二、主体之外限定的原则

尽管人们在倡导主体超越孤独（雷尼，威尔曼，2015），但不论是在网络时代或是移动互联网时代都是难以做到的，它只是网民社会的一种"预知社会"的理想而已。在我们这个网络社会，文化的扩展都必须被纳入全球化、多样化和综合化的社会秩序特征之中（鲍尔，2010）。即使是中国的网络社会治理的定位与现实路径，也不能脱离网络社会的多样化、法治化决策背景（何明升，2016）。

正因为如此，本章所谓的网络化问题或网络社会学研究主体之外的限定的范围，事实上也是一个难题。但是，为了更好地更深入地推进属于网络社会学领域的研究，我们至少要有一个原则：那就是尽可能地依据个人的学术旨趣和网络社会学志向限定在自己熟悉的方面，同时尽可能地将科学主义的、技术立场下的网络化研究排除出去。换句话说，就是要将诸如互联网技术、移动互联网技术与管理，以及大数据科学之类的非主体性质的研究剔除掉。因为来自人类主体、个体和主观能动性意义上的网络社会问题，已经足够社会学者研究了。这既是社会学者在网络社会学研究主攻方向上的选择策略，也是有效地避免低水平重复研究的学科限制原则，具有多方面知识背景和能力的大师级文理跨界人物除外。

综上所述，我们提出了网络化问题或网络社会学领域或学科知识积累及创新的"人类主体建构"概念，并分析了网络化逻辑、学术积累意义，以及研究对象拓展与限定的原则。并且，从网络社会学和虚拟社会人类学合流、互联网和移动互联网融合、大数据网络与小数据网络兼顾的立场出发，主张中国的网络社会学研究应该基于个体、社群与社会本位问题意识，从而结束"什么都跟风，什么都写"的无序学术生态或乱象局面。相信在不远的将来，我们的社会学界也能贡献出属于自己的网络社会学大家或大师，在某些领域或方向上起到一定的网络社会的解释和引领作用。

第四节 作为交叉学科的网络化研究的认识论基础

近半个世纪以来，随着人类知识的增长、信息交流的便利，以及科学共同体的开放态度，包括网络化研究在内的交叉学科（或跨学科）的研究越来越呈现出加速发展的趋势。与此同时，关于交叉学科或跨学科观念、理论和方法方面的研究也日益受到学术界的普遍关注。特别是对作为交叉学科的网络化研究的认识论基础和经验考察，更是几成显学。对于以人文学科、社会科学为中心的交叉学科的认识论与自然科学、技术科学和人文社会科学间的相互作用的网络化研究认识论的理解构成了本节的主题，书中的讨论将在科学哲学和知识社会学的范围内进行。交叉学科是不同知识体系的渗透与融合，其研究理路对当代各学科的知识创新具有特别重要的意义。在人文社会科学各个学科之间，以及在人文社会科学与自然科学、技术科学学科之间所进行的交叉研究，往往能够成为学术研究的前沿领域和新的生长点。作为交叉学科的网络化研究不仅存在着深刻的认识论基础和彼此不同的认识论倾向，而且也存在着复杂的方法论问题。学术交叉的力量在于，它可以促进网络化知识生产，并使网络化学术走向多元化发展的道路。

一、交叉学科的本质及网络化研究意义

在剖析网络化研究的交叉学科现象的本质之前，有必要先界定一下交叉学科的定义。按照我国著名科学家、交叉学科研究的倡导者路甬祥先生的说法：所谓交叉学科，就是指两门或两门以上学科融合而形成的一种“新的综合理论或系统学问”（2012）。应该说明的是，这种学科之间的交叉或融合并非简单机械地拼凑，而是依据学科间存在的内在逻辑关系而联结和渗透的结果。一言以蔽之，是个学科间“有机的融合”。

一般说来，学科交叉过程中的诸学科都是要纳入特定的社会化的科学结构里的。现代科学结构包含了传统的基础科学（如物理学可分为原子核物理、高能物理、凝聚态物理、等离子体物理等）、综合科学（如信息网络科学、空间科学、材料科学、能源科学、资源科学、建筑科学、灾害科学等）、横断科学（如

控制论、信息论、复杂性科学等）和在上述三类科学基础上形成的交叉科学。

通常交叉学科有不同的分类标准。但大体上可分为“大交叉”和“小交叉”两大类：前者指学科亲缘关系较远的学科之间的交叉，比如，人文科学、社会科学与自然科学、技术科学之间的交叉；后者是指学科亲缘关系较近的学科之间的交叉，如自然科学内部、技术科学内部或是人文科学内部、社会科学内部各学科之间的交叉。当然，这都是相对而言的，在归纳时切不可过于拘泥学科的性质。国际著名刊物《第欧根尼》中所选论文就属于人文科学、社会科学间的学科交叉，以及人文学科、社会科学与自然科学、技术科学间的研究（涉及哲学、经济学、历史学、文学、社会学、心理学、管理学与生态学、地理学、建筑学、环境科学、交通科学、计算机科学、通信技术科学、医学、计量学等传统学科及相应的交叉学科）。

具体说来，当代学术界的交叉学科群落既包括了诸如文学哲学、文学人类学、历史社会学、哲学社会学、社会人类学、城市美学、犯罪心理学、开放经济政治学、政治哲学、政治经济学、中国少数民族美学、文艺法学、知识管理学、虚拟社会人类学、国际经济学、技术经济学等“小交叉”研究的论文，也包括了像经济物理学、时间经济学、视觉人类学、工程法学、社会工程学、科学社会学、工业设计、环境艺术、城市生态学、空间法学、媒体艺术、生态行政学、知识计量学、计量经济学、社会运筹学、网络社会学、航天医学工程学、电子政务学、交通美学、古生物考古学、神经语言学、认知心理学、石油金融学、世界睡眠医学、药物经济学、技术管理学、社会统计学、环境社会学、市政工程学、生物信息学、水文社会史等具有“大交叉”特征的边缘研究，如此等等，不一而足。可以毫不夸张地说，在科学发展高度分化和整合的今天，交叉学科正如“雨后春笋”般地涌现出来。这种因交叉学科或交叉学科群的衍生而导致的学科进化的趋势里，包含了深刻的科学意蕴和时代精神。

从本质上说，所有学科交叉现象的背后隐藏着一个规律性的问题。那就是世界万物是相互融合、相互作用的。而这种事物的演进过程中，还存在着动态性的“无序”或“涌现”现象。科学哲学家劳丹认为，科学或学科发展的“无序”性是普遍的、永恒的，有序是暂时的、个别的。“无序”的根源就在于科学研究“从本质上是解决问题的活动”。(1991，第3页)换句话说，这些问题的解决不仅依赖于单一学科的研究，而且更寄希望于交叉学科或边缘学科的学者的共同努力和学术突破。学科的界限并不重要，关键是问题的提出和解决的过程是否具有原创性和富有成果。因此，这就是科学自主发展的内在动力和外部动力所在。(薛澜，1997)

交叉学科或边缘学科的研究领域的划分，在很大程度上取决于学者所采用的研究路径。美国科学学专家夏皮尔提出的“域”理论模式对我们理解交叉学科的性质很有助益。他认为，近三个世纪以来，我们的科学研究的主要路向就是将特定的对象孤立起来加以考察。他把这种特定的、孤立的研究专题称之为“域”(domain)。这种“域”大体相当于学科研究的领域或跨学科的领域和研究课题。因而，所谓科学发展就表现在各个学科领域的增加减少或删除合并的变化上。领域的变化往往会引发学科交叉现象的产生。科学也由此被内在地划出大小不等的界限来(张洪雷，林昆勇，2007)。

科学史上的范式革命也常常产生在交叉学科丛生的科学领域里。这一点已得到了科学家的证实。通过对百余年来诺贝尔奖的分析发现，该奖普遍存在着学科交叉现象，如果以二级交叉、三级交叉为标准的话，那么，几乎所有的物理学、化学、生理或医学奖都是学科交叉的产物(陈启愉，陈育吉等，2006)。这些原创性的重大成果大都集中于量子力学、基因工程、超导物质与理论、化学热力学、电化学、化学动力学、生物化学、分子生物学、遗传工程学、计算机科学及电子信息科学等跨学科的领域及相关的基础学科中。可以说，未来的中国科学界和教育界在参与国际竞争过程中也必须将发展交叉学科视为国家和一流大学发展的战略。时至今日，交叉学科研究的意义已无须赘言。就芯片技术而言，围绕着对它的研发展开的一场激烈的旨在运用交叉学科(包括计算机科学、电子通信科学和材料科学等在内的学科群)研究的国际竞争，为此我国著名的信息网络企业华为和中兴等都参与了进去。因此说，网络化研究作为一种交叉学科具有十分重大的学术意义和技术应用价值。它不仅有助于网络化技术的学术积累，也有利于与互联网、物联网、大数据和人工智能等密切相关的网络人文—网络社会科学领域的学术积累。同时，在认识论层面上也将产生许多变化。

二、人文—社会维度的网络认识论

众所周知，人类的认识论历程是跟人类知识的发生与增长的过程相应的。从中国古代的先秦思想家（如孔子、老子、墨子、公孙龙子等）、古希腊哲学家（如泰勒斯、柏拉图、亚里士多德、毕达哥拉斯等）直至西方近代以来的思想家（康德、休谟、笛卡尔、培根、卢梭、孟德斯鸠、孔德、斯宾塞、马克思、涂尔干、韦伯、维特根斯坦、海德格尔等），都曾经为提出和完善古典认识论做出了不可磨灭的贡献。进入20世纪以来，卡尔·波普尔、托马斯·库恩、保罗·费耶阿本德、汉斯·莱辛巴哈，以及狄尔泰、伽达默尔、舍勒、曼海姆、舒茨、卡尔纳普、德里达、巴恩斯、布鲁尔、爱因斯坦和图灵等人则为认识论做出了新的智力工作。应该说，他们的认识理论在试图解决现代知识增长问题和科学精确化以及跨学科研究等方面都是非常有价值的。因此，批判地考察上述认识论理论资源和成果将是有意义的，同时也对我们深化认识网络化交叉学科的本质不无益处。

所谓“人文—社会认识论”是指在人文科学与社会科学领域内的认识论取向。它对解释和理解在人文学科与人文学科间、人文学科与社会科学间、社会科学与社会科学间的三组跨学科研究的认识过程及其本质，具有预设的认识论价值。这是一个笔者提出的将人文认识和狭义的社会认识融合或整合起来的一个新概念，比之以往“社会认识论”的提法更接近于人文社会的事实，具有更突出的人文性和社会性的二元合一特质。众所周知，计算机科学和信息网络技术的出现大大地拓展了传统人文社会科学的疆域，同时也促进了“人文—社会认识论”的部分改变，在某种程度上甚至改写或重建了人文社会科学的体系及根基。

从学科发生和发展的规律及知识点的分布来看，诸如文学批评、艺术理论、历史学、文化研究、元哲学、人类学、语言学等人文学科都存在着不同于一般社会科学学科的特质。但是，长期以来或者不很认同人文学科的科学性，或者将其简单地归并于社会科学范围之内。实践表明，这样做的结果一定有助于人文与社会科学的边缘研究。瑞士儿童心理学家皮亚杰，曾经在《人文科学认识论》一书中提出了“人文科学认识论”的概念，并指出人类和社会科学研究将出现融合发展的趋势。他关于人文（社会）科学认识论所做的思考，直到现在对我们还很有启发意义。当然，以其发生认识论为理论基础、拓展其整个认识论的逻辑，也有其明显的局限性。他反对在“社会科学”与“人文科学”之间做出本质的区分，因为在他看来，一切社会现象都取决于人类的生理、心理和社会过程。这种看法带有强烈的发生心理学的味道。为此，他将人文科学简单地分成如下四种类型：一是“正题法则科学”（即探索“规律”的科学，如科学心理学、社会学、人种学、语言学、经济学、人口统计学等）；二是“人文历史科学”（主要是以重现和理解时间长河中展开的人类社会发展史、生活史为中心的历史科学）；三是法律科学；四是哲学学科（皮亚杰，1999）。比如，人工智能和网络安全技术催生了网络安全法、人工智能法、网络主权法等的出现，大数据方法成功地被引入到历史学研究之中，发挥了量化史学的学术功能。

再以人类学为例，它也必须遵循人文科学认识论。比如，人种学和认知人类学以及文化技术学都可以视为特定意义上的人类认知领域的学问（托特，罗尔，2000）。尽管在一般人看来，属于比较认识论的范畴。人文科学还必须具有一种能把科学领域的理论与关于理论的知识联系起来的主体意识，这一点不容忽视。曾几何时，虚拟社会人类学和虚拟民族志的研究和运用实现了一场人类学的革命。在互联网、物联网和人工智能技术对生活世界的影响下，人类的主体性地位，也受到了一定的质疑和挑战。

毫无疑问，社会认识论的主体意识乃是指向社会认知过程的。它的核心议题是根据某些社会科学学科和社会认知科学而分析出的社会文化语境中的社会知识与经验。俄罗斯科学院哲学研究所社会认识论研究室主任伊利亚·卡萨文教授认为，现代社会认识论植根于康德、恩格斯、卡尔纳普等人的认识论思想，其知识要素是由社会客体、社会主体和社会认知条件三者所决定的。每一个因素都具有社会知识来源的作用。古典认识论突出了社会客体，将知识置于研究的重点（卡萨文，2010）。相反，对来自主体的知识或者视为一种阻碍，或者视为主体的基础。网络社会认识论认为，互联网和物联网作为人类互动的新工具及万物互联的虚实二元新技术，已经或将要对我们认识人类社会（从个体、群体到共同体）的本质构成重要影响。

诚然，作为一种社会决定的现象的知识问题，信息社会知识体系在人文与社会科学及其交叉学科的发展过程中的意义是显而易见的。无论是在文化与人类学、传播与符号学、社会与制度等社会文化语境的社会认知模式中，都存在着强烈的人类社会本质的影响。其中，也包含了知识社会学和社会建构理论所关注的意涵。这一切在维特根斯坦、巴赫金、曼海姆、舍勒、米德、默顿、普里查曼、格尔茨、加芬克尔、卢曼等人的相关人文社会科学的跨学科研究中，都有全面的展现。尤其是当代西方学者如麦克卢汉、吉登斯、卡斯特、德里达、哈贝马斯等人的研究中渗透了人类信息技术社会互动的思想元素，"全球化"的概念便是一例。因为可以说，信息认识论、网络认识论又进了一步，使得人们对"天下"、世界或人类共同体以及由此带来的时空存在方式（包括人类交往和书写等社会行动）的认识更具有张力和现代性了。

三、科学—技术维度的网络认识论

这里的科学—技术认识论，是将科学哲学界的科学认识论和技术认识论融合或整合起来的结果。一方面，可以避免"科技"（科学与技术的中国式表述）一语的偏颇；另一方面，则可以将技术纳入科学的"大家庭"里，以及将科学视为一种技术的"物化"过程的科学基础。其实，从本质上来说，科学只有一个，就是"科学"。科学是科学，技术也是科学。我们发现，诺贝尔科学奖中有90%以上的获奖项授予了基础理论方面的重大创新科学成就，而极少给予技术产品的发明人。比如，世界著名的卡文迪什实验室之所以不断获奖就是因为它始终处于分子生物学的基础理论研究的国际学术前沿位置上，并在此基础上将生物学、物理学、化学、医学、数学和工程学紧密地结合起来的多学科研究结果。学科交叉的绝对性和现代性，使学术研究呈现出"去单一化"的态势。交叉性、边缘性已成为科学难以拒绝的选择。元科学与交叉学科的融通，已变成学者的一种基本责任。从这个意义上看，计算机科学和信息网络技术、电子通信技术等本质上是一回事，都是由古典的物理学元科学与其他科学技术交叉而成的，而且其科学或技术的交叉过程还远远没有结束。

纵观20世纪以来的科学技术哲学，我们很容易看到，它正是科学认识、技术认识变革的理论基础，是人们认识世界的方法论变革的前提和基本路向。

科学认识论，可以说是始于古希腊哲学家、科学家亚里士多德的归纳解释法和英国哲学家休谟的怀疑主义（郑祥福，洪伟，2000）。但归根结底，我们了解到的科学认识论的基础就是归纳法和演绎法。这一点是不容置疑的科学和技术认识论的铁律。

人类对包括了计算机科学或信息网络技术在内的科学技术的认识过程是十分漫长的。近代科学技术兴起至今，已经历了至少五个世纪。直到波普尔、库恩、费耶阿本德和海德格尔等人为止，才算是有了一个比较清晰的认识图景。根据波普尔的观点，科学知识表现为某种关于世界、世界的秩序、规律和规律的理论或描述。在他看来，只有理论知识才能发现真理，才能实现对世界（即客观物质世界、主观意识世界和客观知识世界三个世界）的具有真正价值的猜测。然而，理论知识永远不可能被证实或确认是真实的，尽管它可以接受严格的批判性检验。科学发现的逻辑就是，科学发现始终得到理论的指导，而理论却不是由于观察而得到的发现。说起来这似乎像是一个科学认识的怪圈，但事实上科学发现的过程的确是异常复杂的，对其本质的认识也不可能是一蹴而就的。与波普尔不同，库恩则认为，科学知识的作用是在一种总的观点即一种世界观的范围内形成一种观点，这种观点指导我们如何看待现实，各种理论可以接受或摒弃的标准是什么，或者什么时候可以认为理论是可以被证伪的。科学界的这种观点是由各种实例和各个学科间的矩阵形成的。前者是被科学界视为范式的解决各种问题的具体方法；后者则是“科学共同体”的普世基础或共同义务、信念和价值的观念（Virendra Shekhawat，1984）。

按照库恩的思想，科学的变化过程基本上是革命的和不连续性的，会带来深远的认识论后果。由此，他讲科学分成正常的科学和特殊的科学。交叉学科很类似于这种可以随心所遇地研究的特殊科学，它不需要受到更多的学科矩阵的约束。在科学认识论和技术认识论上，费耶阿本德和海德格尔分别强调“怎么都行的”科学经验主义及技术异化论。

联系到计算机科学—信息网络技术的产生和演进历史，也十分有力地印证了波普尔的“世界3”理论和库恩的科学革命范式理论。

毋庸讳言，计算机科学（图灵等人的智力工作）和世界上第一台电脑（宾夕法尼亚大学的贡献）的诞生的确给人类带来了超乎预期的、无尽的生活变化，同时也带来了人类知识史意义上的科学革命。并且，正如前文所述，人类所处的时空存在方式即“世界3”的格局，也发生了巨变。虚拟空间的技术呈现，几乎改变了人们对整体科学和技术的认识。

四、科学—技术—社会纬度的网络认识论

鉴于“人文—社会认识论”和“科学—技术认识论”均为“文科”或“理科”的“近距离边缘学科”的认识基础，那么，我们有必要将二者结合起来，这样整合的“科学—技术—社会认识论”，更能适应文理交叉、社会科学与技术科学融合的“远距离边缘学科”发展的需要。同时，科学社会认知论或技术社会认识论也更能够体现当代科学技术演进的社会建构性特征及趋向。实际上，我们所观察到的包括了计算机科学在内的科学技术与人文社会科学间相互作用的论题领域和方法论路向是清晰可辨的。但有时也不乏理想化或潜科学的味道。比如，在我们所熟悉的网络传播学领域里就包含着传播学、新闻学、语言学、符号学、美学、政治学、经济学和计算机技术等多学科的元素。另外，伟大的科学家普朗克、爱因斯坦、波尔的创造性工作和伟大的艺术家（如贝多芬、莫扎特、巴赫、歌德、舒伯特等）的创造性工作之间也存在着某种程度的同质性。而以曼海姆、舍勒（1999）、巴恩斯、布鲁尔和塞蒂纳等为代表的知识社会学家，更是注重将普遍的知识原理、对称性、反身性、社会建构和社会情境等因素引进到远距离的交叉学科或跨学科研究过程。显而易见，这些“研究纲领”不仅激发了人们对计算机科学技术和社会、文化之间的比较研究，而且也促进了边缘知识生产和深化了交叉学科的网络化知识论和虚拟社会认识论。

最后，应特别指出一点，就是我们在探索网络化社会问题时，应及时地把“小科学”（计算机科学）调整到“大科学”（信息科学）的研究上来，并以解决具有复杂性的人文、社会和科学技术网络问题为出发点，将跨越学术边界理念提升到国家创新发展、社会治理和法律变革等高度（马长山，2018）。因为建设性地考察和分析网络化交叉学科研究的认识论和方法（线性或非线性的）论问题，无疑有利于开展各个学科之间的交叉研究和实践活动，从而可以促进人类在信息网络互动和应用领域的知识增长和跨学科人才的培养。

第五节 网络化研究的进展与前景展望

随着信息化、网络化和人工智能技术的进步，以及由此带来的数字化、智能化生活的普及，网络社会、网络文化和人工智能已成为大众社会和大众文化的基本术语。与此相适应，关于网络化问题和智能化问题的研究在整个中国学界也已成为一门显学（唐魁玉，2014）。

一、网络化研究的进展

从20世纪90年代中后期开始，有许多社会学学者和交叉学科的学者，不断地追踪并研究网络社会行为、网络社会现象和网络生活方式等论域的问题。正如上文所述，网络化问题的研究具体成果及进展主要体现在诸如网络社会本体论、网络社会互动、网络社会组织模式、网络社会工程、网络社会舆情、网络社会信任、网络社区的日常生活及虚拟田野实践等诸多方面。理论研究和经验研究都取得了长足的进步，同时也完成了网络社会学学科的初步知识积累工作。

经过多年的学术努力和大量基金项目的资助及推动，网络社会研究领域已出现一个研究群体，其研究成果和态势蔚为大观。不妨将对网络社会的本体论、认识论及与此相关的应用社会研究统称为“网络的社会研究”。至于研究方法，质性研究有之，量化分析有之；从分析视角看，传播功能分析、扎根理论分析、仿真技术、大数据挖掘技术等，不一而足；从意义建构的角度看，以往的网络社会研究不仅包含了理论建构的意义，还蕴含了基于虚拟生活观的实践建构意义。

如果网络社会或智慧社会具有现代性的话，那么，它一定是由信息网络技术的虚实二重性和复杂性所决定的。据英国社会学家吉登斯在《现代性的后果》中的观点，网络社会的现代性是一种流动的现代性和全球化的现代性，也可以说是一种具有互动品质介入的现代性（2011）。它拥有几乎所有相辅相成的社会形态和文化关系本质，比如新与旧、创造与模仿、连续与断裂、进化与冲突等社会属性。

网络化社会研究领域还存在着不少问题。由于该领域的技术社会背景是动态的，因而研究历程也是渐进累积的。研究成果虽然较多，各种学位论文也铺天盖地，但水平却参差不齐。同时，更多的自由研究者还处于无序化的研究状态，缺乏网络研究的学术批评和价值评价标准；该领域的学科交叉繁多、枝蔓繁芜，网络化社会研究呈现多样化倾向，甚至出现了“有学术、无思想”或“有应用、无学术”的“自说自话”现象。这一切与中国当下不成熟的网民社会密切相关，它是既依赖于政府又相对独立于政府之外的个体表达和叙述（如QQ群、百度、搜狐、新浪微博、田野社区和手机微信圈的虚拟生活实践），亟待文化批评或社会解释。

二、网络化研究的前景展望

时至今日，网络社会作为智慧社会已成为一个新崛起的社会形态，但并未完全独立于现实的主体社会，我们对其所产生的影响既不可漠然视之，又不可过分夸大。网络社会是我们当下社会生活、工作的虚拟社会基地，但只是基地之一。智慧社会至少眼下还不是我们社会的全部，不是我们生活和工作的全部，网络社会的本体仍隐含在现实社会中。

我们所要展望的网络研究前景，包含在相关学者们的学术抱负和社会责任中。推进未来网络社会研究的基本思维，是出产具有学术深度和社会关怀的网络社会研究著作的关键。西方理论工具虽然对中国的网络社会研究有重要影响，作用不可低估，但是我们开始这次技术革命和进入网络社会的时间与西方社会相比并没有出现过大的错位。因此，我们既要向吉登斯、哈贝马斯、卡斯特这样的当代大师学习，同时也要有信心建构我们自己的网络社会理论。中国的网络化社会研究急需学术大家的系统化和集大成者的大尺度诠释。

如今社会大众和学术界对网络社会的崛起已不存在太大的争议，但大家对网络社会和网络文化的看法有很大差别。从学科和研究定位上看，也还有不少分歧。不过，反思和实践的一致性基础是存在的。从吉登斯的理论视角而言，网络社会研究在知识体系上的努力可以聚焦于网络社会本体论（时空关系）、网络经济社会关系（实体与虚拟社会关系）和网络社会的知识建构。

相关学者对网络社会知识的反思和经验的自觉是必要的。理论思维和实践导向必将使网络社会研究者的视野不断拓展，从而可以更好地把握和诠释网络社会世界的总体面貌和虚拟田野生活细节（唐魁玉，2018）。

从交叉学科的角度看，网络化社会研究是有一定边界的，但实践上则是开放和变化的。学者、政治家、媒体人、管理者和网络大众间广泛的对话和沟通，必然会使网络行为在虚拟生活及智慧生活实践中得到较好的解释，从而使得互联网和物联网以及未来万物互联技术更好地服务于社会。

本章的参考文献

[1][英]安东尼·吉登斯.现代性的后果[M].田禾，译.南京：译林出版社，2011：32.

[2][美]弗莱德·R.多尔迈.主体性黄昏[M].万俊人，译.上海：上海人民出版社，2012：3–9.

[3]陈启愉，陈育青等.重点实验室交叉学科建设策略研究[J].科学管理研究，2006（7）：36.

[4][英]菲利普·鲍尔.预知社会——群体行为的内在法则[M].北京：当代中国出版社，2010：248–269.

[5][美]弗莱德·R.多尔迈.主体性黄昏[M].万俊人，译.上海：上海人民出版社，2012：3–9.

[6]何明升.中国的网络社会治理的定位与现实路径[J].中国社会科学，2016（7）：112–119.

[7]霍桂桓.从能动者到社会行动者[M].北京：北京师范大学出版社，2016：110–121.

[8]拉里·劳丹.进步及其问题[M].刘新民，译.上海：上海译文出版社，1991：3.

[9][美]李·雷尼，巴厘·威尔曼.超越孤独：移动互联网时代的生存之道[M].北京：中国传媒大学出版社，2015：1–23.

[10]刘海涛.主体民族志与当代民族志的走向[J].广西民族大学学报（哲

学社会科学版），2016（4）：2–6.

[11] 刘少杰 . 网络社会的感性化趋势 [J]. 天津社会科学，2016（3）：64–71.

[12] 路甬祥 . 对国家创新体系的再思考 [J]. 求是，2002（20）：6–8.

[13] 马克思 · 舍勒 . 知识社会学问题 [M]. 艾彦，译 . 北京：华夏出版社，1999：70–87.

[14] 马长山 . 智能互联网时代的法律变革 [J]. 法学研究，2018（4）：20–38.

[15] 潘绥铭，黄盈盈 ."主体建构"：性社会学研究视角的革命及本土发展空间 [J]. 社会学研究，2007（3）：174–193.

[16] 帕特里克 · 托特，让 – 吕克 · 罗尔 . 从认识论到人类学及从人类学到认识论的交互反思 [J]. 第欧根尼，2000（2）：25–48.

[17][美] 乔治 · 瑞泽尔 . 布莱克威尔社会理论家指南 [M]. 南京：江苏人民出版社，2009：554–560.

[18][瑞士] 让 · 皮亚杰 . 人文科学认识论 [M]. 郑文彬，译 . 北京：中央编译出版社，1999：60–120.

[19] 任玉 . 身体的在场：网络民族志的性别反身性 [J]. 新闻大学，2014(2)：63–71.

[20] 唐魁玉 . 网络文化价值与网民社会的核心价值观 [J]. 学术月刊，2012（11）：17–25.

[21] 唐魁玉 . 网络社会研究的进展、问题与前景 [M]. 中国社会科学报，2014–08–29（8）.

[22] 唐魁玉 . 虚拟社会人类学导论 [M]. 哈尔滨：哈尔滨工业大学出版社，2015：22.

[23] 唐魁玉等 . 弱势与生存：关于同妻群体的虚拟社会人类学研究 [M]. 北京：中国社会科学出版社，2018：5.

[24] 唐魁玉，张旭 ."人类主体建构"：网络社会学研究视角的拓展与限定 [J]. 湖南社会科学，2017（5）：67–74.

[25] 薛澜 . 关于学科交叉问题的一些理论探讨 [J]. 中国科学基金，1997(1)：59–63.

[26] 伊利亚 · 卡萨文 . 当代认识论中的跨学科观念 [J]. 第欧根尼，2010(2)：

143–144.

[27] 翟振明 . 有无之间——虚拟实在的哲学探险 [M]. 北京：北京大学出版社，2007：25–45.

[28] 张洪雷，林昆勇 . 理由内在化——论夏皮尔的科学划界思想 [J]. 广西社会科学，2007（12）：44–47.

[29] 张娜 . 互联网、性及其关系的主体建构 [M]. 北京：中国社会科学出版社，2016：34–35.

[30] 张旭，唐魁玉 . 大数据及其社会学"后果"[J]. 新视野，2016（3）: 42–47.

[31] 张兆曙，姚媛 . 社会研究中的问题与从问题出发的社会研究 [J]. 天津社会科学，2013（4）: 61–66.

[32] 郑祥福，洪伟 . 科学精神——当代西方科学哲学中的认识论问题研究 [M]. 上海：上海三联书店，2000：163–166.

[33] 郑少雄，李荣荣 . 北冥有鱼：人类学家的田野故事 [M]. 北京：商务印书馆，2016：26–30.

[34] 中国互联网信息中心 . 第43次《中国互联网络发展状况统计报告》[R/OL].[2019–06–25].http：//cnnic.cn/cywm/xwzx/rdxw/20172017–7056/201902/t20190228_70463.html.

[35] 庄孔韶 . 人类学概论 [M]. 中国人民大学出版社，2006：6.

[36] Virendra Shekhawat. Some Epistemological Trends In Philosophy Of Science[M]. Diogenes N.，1984：128.

[37] [美] 曼约尔・卡斯物 . 网络社会的崛起 [M]. 夏铸九，等译 . 社会科学出版社，2009:23–54.

[38] 庄孔韶 . 人类学概论 [M]. 北京：中国人民大学出版社，2006:6.

第二章　交往行动理论视野下社交网络生活的现代性解析

哈贝马斯在关于交往行动理论中，着重探讨了现代社会交往的合理化和公共领域的建构途径问题，分析了人类社会的经济活动方式和人类理性实践性之间的关系，并提出了改变生活世界的学术主张。在此，笔者将哈贝马斯的交往行动理论视为一种和吉登斯、鲍曼等人一样的现代性理论。本章将借助这种现代交往行动理论，对在信息化、数据化和智能化时代出现的社交网络生活的现代性状况进行社会学解释，以此来寻求最现实、最合理的网络化社会行动形式，以及对网络日常生活实践加以正确的引导。这不啻是一项很有现代性和后现代性意义的学术工作。

第一节　哈贝马斯交往行动理论与网络生活世界的相遇

哈贝马斯作为一位成就卓著的西方哲学家，在他近半个世纪的学术生涯中，继承了由霍克海默开创的法兰克福学派的批判传统，集当代西方各派思想之大成，形成了自己独特的理论体系。与反理性传统的多数后现代主义哲学家迥然不同的是，哈贝马斯坚持一种批判的现代主义立场，在交往理性的基点上提出了“交往行动理论”。这与其说是他思想发展轨迹上的“语言学转向”，不如说是重申现代性的一种努力。本章将就哈贝马斯的交往行动理论的实质及其对信息时代网络交流的现实意义，进行初步的探讨。

一、社会交往与交往行动的合理化

在马克思主义者看来，社会交流乃是人类社会实践活动的基础，抑或本身就是一种特殊的社会实践活动。具体说来，人类主体社会交往或社会互动过程，总是伴随着实践活动而进行的。质言之，人类主体在交往中形成了主体间或主体际关系并由此衍生出了主体间性或交互主体性。

如果说社会交往的实践性不容怀疑的话，那么，人类活动的类型大体也就被确定为生产与交往两个方面。生产和交往都是主体的实践活动，二者的区别在于，生产是主体的活动，交往则是主体间的活动。就交往而言，则可分为物质交往与精神交往两种。与马克思、恩格斯不同的是，哈贝马斯认为分工的进一步扩大是生产和交往分离的主要原因，而认为来自下面的“合理化”力量”才是社会交往形式的基础。这正是哈贝马斯在抽象的劳动和相互作用的概念中重点阐述的。

哈贝马斯的“交往理论”归依于现代性的沃土，以追求中间理论路径，即既要走出主体哲学的老路，又要避免滑入虚无的后现代的理论。为此，哈贝马斯在《交往行动理论》一书的第一卷中，主要借助马克思·韦伯、卢卡奇和阿多尔诺等的理论资源，论证了所谓“行动的合理性和社会合理化”的命题，从而最终构建出“交往理性”学说。

何谓交往行动？交往行动，即交往行为，就是指人们之间的相互作用，是与“工具行为”相对的一种现代人的行为。它大致包括以下几层含义：一是两个以上主体之间产生的涉及人与人关系的行为；二是以符号或语言为媒介的行为；三是必须以社会规范来作为自己准则的行为；四是通过交流以求达到人们之间的相互沟通的行为。简言之，哈贝马斯所倡导的交往行动是以“理解”为目的的行为。他认为，人类奋斗的目标不是使“工具行为”合理化而是使“交往行为”合理化，“交往行为”合理化的社会就是理想的目标。

在哈贝马斯的“交往理性”思想中，事实上蕴含了黑格尔式的理性反思的意味，这是由交往规则而导致的合理化力量。这里，我们发现交往理性概念包含三个层面：第一，认识主体与事件的或事实的世界关系；第二，在一个行为社会世界中，处于互动中的实践主体与其他主体的关系；第三，一个成熟而痛苦的主体与其自身的内在本质、自身的主体性、他者的主体性的关系。交往合理性或交往理性不是简单地存在于一种主体或一种体系的状态上，而是参与所应该维持的东西的结构化。受康德哲学体系建构的方式影响，哈贝马斯认为，交往理性的理论应包括认识工具、道德和审美理性等三种形式。这显然是不现实的学术立场。而更不现实的是，他仅仅凭借上述经验性和主观性的立场就得出了社会现代化是社会合理化的结论。

二、生活世界与主体的道德认同

哈贝马斯的交往行动理论分为两部分，即行动理论与社会理论。而社会理论的核心概念是“生活世界”。“生活世界”与“交往行动”相关联，是指建立良好的对话和交往的环境。在交往行动中，主体同时与客观世界和主观世界发生联系，并相应地服从真理性、正确性与真诚性三种特质。不过，这种交往行动不是抽象进行的，而是一个与语言、文化的符号世界互动的过程。因此，语言和文化是构成生活世界的基本因素（哈贝马斯，1994）。

在哈贝马斯看来，生活世界的结构和语言世界的结构之间是有着千丝万缕联系的。交往行动的参与者总是在生活世界的界域内行动，而不能游离于其外。他指出：“交往行动者不可能走出其生活世界境域。他们本身作为阐述者凭借言语行为属于生活世界。生活世界似乎是言语者和听者在其中相遇的先验场所；在其中，他们能够交互地提出要求，以致他们的表达与社会主义客观世界相协调；在其中，他们能够批判和证实这些有效性要求，排除他们的不一致并取得认同”（哈贝马斯，1994）。

这就是说，行为参与者是在生活世界的基础上作出他们对行为环境的阐释并达成共识的。

哈贝马斯的生活世界概念源自现象学大师胡塞尔和舒茨的生活世界概念，却又与之有本质的区别。现象学的生活世界通常体现为一种先验的意识结构，这种意识结构为认识和理解活动提供了前提条件，但却缺少一种主体间的维度。

与现象学相比较，哈贝马斯的生活世界具有如下3个特征：第一，生活世界是作为本真的东西而给予主体的，并总是停留于背景之中；第二，生活世界具有“社会先验性”或主体间性；第三，生活世界作为一种处境是变动的，但作为一种理解的前提则是不可超越的（Jugen Habermas，1987）。

然而，在现代化过程中，道德的地盘越来越让位于法律，“自由的丧失”已不可避免。哈贝马斯秉承韦伯的思想认为，“自由的丧失”就是生活世界的殖民化，而生活世界的殖民化实质上就是生活世界的法律化，就是将道德因素从私人生活领域和公共生活领域中驱逐出去。

为了应对生活世界的殖民化及其所带来的种种社会危机和生活方式的剧烈变迁，以及“支离破碎的日常意识形态形式”，人们应该增强在道德和政治上的独立意识，要让自己来决定我们共同生活的规范。换言之，交往行动的社会整合力量存在于特殊的生活方式和生活世界，以及“德行”之中。总之，生活世界合理化的焦点可以重新概括如下：（1）不断修正变动不居中的传统；（2）把制度所要求的合法性转变为用话语来制定和论证规范；（3）对于社会化的个人来讲，只有通过高度抽象的自我认同，才能在充满风险的社会中把握住自我。在此，哈贝马斯与《现代性与自我认同》的作者吉登斯之间的看法是何其相似乃尔。哈贝马斯的生活世界与系统这两个范式的结合，则是他寻求运用言语和行为实现“社会整合”的新尝试。

第二节　交往行动理论对社交网络生活方式建构的意义

如前所述，哈贝马斯的交往行动理论作为一种特殊的理性逻辑和社会的解释工具，在许多社会公共领域与私人领域做出了开创性的尝试，把现代性问题的讨论提高到了一个前所未有的高度。通过对哈贝马斯充满现代性交往行动话语体系的梳理，不仅可以推进对困扰中国问题的思考，而且也有利于现代社会交往行动的进行。社交网络传播行动作为一种现代性因素，对当代人类生活方式的影响和作用日益突出。在运用社会学的现代性理论进行网络化日常生活研究的同时，我们对社交网络传播之于生活方式的现代建构意义、网络化生活世界的现代性理论与网络媒介生活的特质，以及传统媒介生活进行现代超越等问题的认识将得到深化。

一、交往行动理论对社交网络媒介文明的建构意义

未来的技术史家、社会史家和传播史家都将记载下这样一个事件，那就是20 世纪末以电子计算机技术为肇因的网络传播兴起，以及它对人类生活和文明进程的影响。与此相适应的是，当代传播学者、社会学者对以国际互联网络技术为交流和沟通手段的网络媒介传播现象的研究，也迅速地开展起来。学术界做出回应之快，关涉之多，或许只有20世纪六七十年代的西方学者对以电视为核心的大众传媒的关注和研究可比。不仅如此，随着计算机网络技术的发展与普及，社交网络传播这种全新的人类沟通方式将部分地取代报纸、书籍、杂志、广播、电影、电视等传统大众传播媒体的社会功能，从而引发人类社会的信息革命，改变人类社会现代化的方向，使人类社会在经历了农业社会、工业社会后，向信息社会迈进。同时，作为新媒介的因特网与人类生活的联系越来越密切，并将成为人们须臾离不开的虚拟实在空间。就全球而言网络媒介在短短的20余年内就达到了拥有数十亿使用者的规模，已被公认为是继报纸、广播、电视之后的第四大媒体或第四种权力。并且，以其特有的集声音、文字、图像为一体的优势向传统媒介及传播学体系提出挑战。因此，我们说社交网络传播引发了一场新的媒体革命恐不为过。

那么，社交网络传播与传统的大众传播及人际传播究竟有什么不同呢？这是看似简单却又是十分难以回答的问题。对此，目前学术界几乎没有人做过合理的解释，以至于众说纷纭。比如，有人认为网络传播就是一种新的大众传播，理由是它仅在中国就已拥有了数以亿计的网络使用者。也有人将社交网络传播看成是一种特殊的人际交流或人际传播的手段，心理学家和社会心理学家多持这种观点。当然，也有一些学者特别看重因特网的虚拟实在性，认为社交网络传播乃是一种全新的、与传统人际传播和大众传播迥然有别的人类沟通或交往方式。在此，拟就这一问题略抒己见。在笔者看来，社交网络传播作为一种以互联网为沟通手段的现代社会传播方式，固然存在着许多特质，但是，它们具有传统的大众传播和人际传播的某些特征。可以说，社

交网络传播与大众传播和人际传播有着千丝万缕的联系，它是传统的大众传播和人际传播在互联网用移动互联网这种新的媒介工具上的社会整合。换言之，社交网络传播作为人类的一种新的信息、情感和思想交流方式，它兼有以往大众传播和人际传播中的特点，只不过并非仅仅是集合了后两者的长处或短处的结果而已。简言之，社交网络传播是一种以移动网络传播为形式的人际传播方式，因为在网络虚拟世界里，信息传递和接受的双方在虚拟空间中是没有距离的，尽管移动网络的传播者和受众之间彼此是不可视的，但却能够进行类似于人际传播的点对点的交流。按照加拿大著名传播学家麦克卢汉的“媒介是人体延伸”的观点，在后传播时代里，移动网络传播的受众将由于传播的延伸而日趋个人化，其受众也将从大众到小众，最终只针对个人。事实上，社交网络传播作为一种包蕴了大众传播和人际传播因素的新型传播方式，它在空间上具有极大的延展能力与距离化能力。借助于现代计算机技术，社交网络传播的“势力”可以触及以前不能想象的公共领域和私人空间。

二、交往行动理论对社交网络公共生活的建构意义

毋庸置疑，社交网络传播以及在其基础上建立起来的公共领域，对重构具有现代性的生活方式是有积极作用的。社交网络传播的信息是为无数的共享空间的网络用户所发出的，是在网络社区这一特定的“公共领域”传递的，它们原则上是任何拥有社交网络传播权利的人都可以得到的，就如同和人在现实社会交谈一样自由，由此决定了网络传播生产“公共性”的能力，与传统的报纸、杂志、广播、电视等大众传播的能力是一样的。可以说，只要规范性、机构性权力组织不从自身的利益和政治立场出发对网络传播过程进行过分控制，由因特网的网上交互行为所形成的公共生活领域就不会丧失公共性。网络群体中个体间的互动是社交活动的最重要组成部分，也是信息能够快速、有效地传播的关键（杨善林，王佳佳等，2015），无论个体生活还是公共领域生活都离不开它。

有必要补充说明的是，公共领域这个概念源自古希腊雅典时代，其理念强调公民每日可以任意在市集上自由地发表言论并参与公共事务的讨论。据此理念，相对社会公众日常生活而言，私人的领域与公共领域是不可分的。

因此，公共领域是公共意见实现的空间，在这个空间中无数的观点同时出现，并在其过程中产生一种共同的观念。而近代以来西方社会的公共领域问题当属德国哲学家、社会学家哈贝马斯在其1962 年出版的博士论文《公共领域的结构转型》一书中论述得最为系统。他从传统的公共性理念出发，认为公共领域是在19—20 世纪因大众传媒的兴起而走向衰落的。他在1990 年为该书所作的序言中再一次强调了在电子时代重建公共领域的必要性。哈氏似乎也看到传媒工具及其理性对现代社会生活方式的影响，他指出：“在我们的生活世界中，通过电子传媒，事件在全球变得无所不在，不是同时发生的事件也具有了共识性效果。与此同时，差异消失、结构解体等，都对社会的自我感觉造成了重大后果。疆域的拓展是与具体角色的多样化、生活方式的多元化以及生活设计的个人化同步进行的。”（1999）所以，在不同的维度中，大众传媒、网络传媒与日常生活之间具有相互作用。公共领域的基本结构的特征是大众通过电视、互联网等电子传媒的相互交往，受到了来自媒介机构的越来越大的选择性的制约与放权。种种情况表明，公共领域在各种先进传媒的作用下显示出了不同的生活世界图景，这是传播学大师卢因、拉斯韦尔、拉扎斯菲尔德、霍夫兰、英尼斯、施拉姆、麦克卢汉在许多年前所不曾预料到的。

诚然，社交网络传播给人们所带来的不仅是一场生活技术革命，而且也是一种权力关系的转移，是一种以全球化沟通为标志的传媒与生活方式的结构性的变迁。互联网作为一种现代生活资源，在实现了从传统大众传播的单向度传播向网络传播的多向度传播的转变后，极大地拓展了现代性生活空间，提供了更多的自由选择生活的机会。人类天性上是自由的，而真正的自由是要靠包括科学技术在内的知识的创新来获得的。每一个知识、文化的进步，都是导向自由的一步。如果我们将网络传播视为一种新启蒙的话，那么，随着这种启蒙的深入，生活方式、生活态度就会表现得形形色色，分裂的力量就越强大，恢复统一的生活追求也就越来越难以实现和没有意义。

总之，当代网络传播技术的进步，不但会改变人类社会互动与沟通的环境，也会影响人类日常生活的结构与生活行为的内涵，从而成为人们生活方式的组成部分，并对重构现代生活方式及其寻求理想生活发挥或正面或负面的社会作用。

第三节　社交网络生活方式的现代性交往行动分析

一、网络化生活世界的现代性交往行动理论分析

众所周知，随着网络技术在世界范围内的迅速发展和广泛使用，人类的生活世界发生或将要发生着深刻的变化。许多网络专家和社会学家、哲学家提出了诸如“网络化生存”“数字化生存”“数据化生存”或“智能化生存”之类的说法，以此来描述和概括这种信息时代人们的生活模式或生活趋向。近年来，还有人将其视为考察中国现代性问题的带有先锋性的论域。更有一些青年学人竟以“网络化生存”作为建构中国日常生活世界和后现代主义理论的经验研究背景。而现代性、后现代性理论的代表人物，如韦伯、齐美尔、胡塞尔、海德格尔、哈贝马斯、罗尔斯、吉登斯、福科、德里达、杰姆逊等人的有关论述，一时之间成为人们争相引证的学术话语。

应该说，中国理论界对现代性、后现代性社会理论的大力阐扬，以及大胆运用于现代社会生活的过程与事件的分析中，是有积极意义的，也是具有学术回应能力的一种表现。同时，还是中国人文社会科学努力迈向世界、与国际学术主流接轨的标志。因为网络传播所具有的全球化特征，实际上是和我们所处时代的现代性特质相一致的。首先要申明的一点是，本章无意于讨论网络化生活状态下的“后现代性”问题，尽管后现代主义可能是目前学术文化中的显学。换言之，在总的思想指向上，我们是倾向于“后现代性也是一种现代性”观点的。哈贝马斯或许是拒斥“后现代性”或“后现代主义”并主张再现“现代性方案”的最著名的当代学者。他提出的“沟通理性”理论，就是为了达到“生命世界的殖民化”，并使现代性之潜能得到充分发挥。这是他继提出技术的意识形态化理论之后的又一种现代性立场的思想。有趣的是，虽然现代性（modernity）早在启蒙时代的欧洲就产生了，但它与现代化的问题在西方学术界一直是比较寂静的论域，而到了20世纪80年代才因现代化理论的复活以及对“后现代主义”（post－modernism）的兴趣和诘难再度热于论坛。那么，现代性是什么？它对生活世界有什么意义呢？从词源学上看，“现代”一

词的拉丁语含义为“刚才”，但其社会意义、哲学意义和历史意义究竟如何，这在国际学术界至今仍莫衷一是，没有公论。佘碧平认为，“现代性”是指从文艺复兴，特别是自启蒙运动以来的西方历史和文化，基本特征是“勇敢地使用自己的理智来评判一切”（2000）。“知识”“进步”“合理性”等话语是现代性的核心词。我们认为，“现代性”作为一种注重“现在”的历史和精神价值指向，它具有对人类日常生活世界的“解构”和“重建”的双重取向。“现代性”是我们在21 世纪建构网络化生活及合理生活过程中不能回避的社会理论资源。不过，第一位探索现代性的社会学家齐美尔所指出的现代性的实质特征是事物之间普遍联系和各种力量之间的相互作用，因为“现代精神生活本身的趋向就是社会的灵魂消融于参与者之间的总和”（成伯清，1999）。在他看来，如果没有社会互动和社会交往，就无法将生活世界的碎片连缀起来。从一定意义上说，现代性是一种流动的现实，也是一种日常交往生活的集合。

严格说来，本章所谈的网络化的社交生活世界实际上只是一种网络技术背景下的日常生活状态。这是一种具有现代性甚至后现代性的日常生活状态。“生活世界”源出于德国现象学大师胡塞尔的晚期著作中，以后又成为许多西方哲学家所关注的哲学命题和话语。它与马克思所说的“生活”“实践”十分接近。而在胡塞尔那里，生活世界具有经验性的一面。他在《欧洲科学的危机与超验现象学》一书中直接称生活世界为“日常生活世界”，并认为：“作为唯一实在的，通过知觉实际地被给予的，被经验到的世界，即我们的日常生活世界。”而他给生活世界下的定义则是：“生活世界是自然而然的世界，在自然而然、平平淡淡的过日子的态度中，我们成为与别的主体的开放领域相统一的、有着生动作用的主体。生活世界的一切客体都是由主体给予的，都是我们的拥有物。”我国学者衣俊卿教授从日常生活批判的学术立场上重新界定了“日常生活”概念，指出日常生活是“以个人的家庭，天然共同体等直接环境为基本寓所，旨在维持个体生存和再生产的日常消费活动、日常交往活动和日常观念活动的总称，它是以传统习俗、经验、常识等经验主义因素为基本活动图示，以生存本能、血缘关系、天然情感等自然主义关系为立根基础，以家庭、道德、宗教为自发的调控者和组织者，以重复性思维和重复性实践为本质的存在方式的自在的类本质对象化领域”（2005）。

显然，他的日常生活解释是一种文化哲学和文化人类学的，与胡塞尔的现象学的说法大相径庭。笔者认为，衣说比较接近社会学关于生活形式、生活方式的解释，而胡论则类似于社会学中精神生活方式的解释。尽管生活界与日常生活世界无论是在学术内涵还是在思想意义上，都不可能给予我们太多的理论承诺，但是，将它们引入网络传播与生活方式的研究仍然具有打通学科壁垒及从本体论形而上层次上把握网络化生活状态的作用。作为一种新媒体的互联网之介入当下社会生活，无疑会打破或重组传统的生活秩序。比如，在线状态、熟悉程度会影响社交网络中人们之间的信任关系的建立与维持（张爱华，赵国龙，2015）。

现代性带来的生活形态以前所未有的方式，把我们抛离了可知的社会生活秩序轨道。吉登斯认为，现代性完全改变了日常社会生活的实质，影响到了我们的经历中最为个人化的那些方面（1998）。我们必须从制度层面以及时空层面来审视和把握诸如电视、电脑、因特网等媒介的现代性问题。不难看到，网络媒介作为一种现代交流工具和现代工具理性，已展示出深度的日常生活和哲学意识，并形成了当代全球化世界的存在性维度。我们认为，网络社区或网络社会现象的出现，改变了海德格尔“存在与时间”的关系。换言之，网络媒介对人类生活主体的存在与实践构成了一种内在的影响力。这是因为，作为一种生活形式的网络媒介，现代性通过为自己确立一项不可能的任务而使自己成为可能。正是这种在全部努力中无处不呈现的不确定性、共享性与虚拟现实性等，使得焦躁不定的生活既可行又不可捉摸，并有效地杜绝了全部努力以期停歇的可能。但无论怎样，我们都不能无视由因特网技术给我们的日常生活世界带来的影响。为此，我们应寻求某种合乎现代性原则的公共回应与自我认同方式。

二、网络化社交媒介生活的现代性交往行动特质分析

从以上对社交网络传播及其现代性的讨论可知，与其说生活世界创造了网络媒介，不如说网络部分地改变了当代人的日常生活世界。不管承认与否，“网络化生存”已经成为生活世界的事实。媒介尤其是电子媒介，比以往任何时候对人类日常生活的影响都要大。从一定程度上说，现代生活就是一种媒

介化的生活。与电视媒介生活不同的是，社交网络媒介生活是一种更新的、更具现代性的声像媒介生活方式。而且社交网络媒介还为日常生活世界蕴含着更多的形而上或形而下的文化意义和存在意义。社会学作为一门和现代性同行的社会科学，它从一开始就注重研究现代化和社会生活系统的现代性特征。现代性并非不可言说的超验的东西，而是可以认识和把握的。通过对当下社交网络传播实践过程的分析和反思，我们将社交网络化媒介生活的现代性特质概括为如下八个方面。

（一）社交网络媒介生活的虚拟现实性

从近代启蒙时代以来，人类素以关注现实为其现代性的生活的尺度。除戏剧（如京剧、话剧中）舞台上以虚拟性来模仿表现的生活之外，人们多生存于实在的生活环境里。但是，因特网这种新媒介却借助数字化的方式充当了人类走向虚拟的现实生活的中介。而且信息网络的虚拟技术，对物质观和交往方式也构成了挑战。它以仿真性、人工性、沉浸性、互动性等特征，再现了虚拟日常生活世界的环境。在我们看来，这种虚拟现实性将成为荷尔德林和海德格尔所揭示的“诗意地栖居”似的人类理想生活的某种象征。时至今日，人类已入到一个实然和超然生活的双重境界，网络也成为一个虚拟的传播社会。

（二）社交网络媒介生活的时空延伸性

马歇尔·麦克卢汉说过，“媒介可以看作是我们人体或知觉的延伸”（巴特勒，1989）。的确，如同报纸、广播、电视一样，电子网络也能使我们超越时间和空间去看、去听、去聊天，而不受知觉的限制。时空问题是巴门尼德、沃尔夫、康德、海德格尔、萨特等哲学家一生倾力研究、思考的本体论领域，它关系到对主体的本质和一切实在的基本性质的揭示是否具有规律性。虽然电脑和网络对实现跨时空的人际传播和交往具有革命意义，但我们认为，传统的时间和空间仍然是网络社会行动的存在基础，其空间信息所具有的有限性、可度量性和可共享性等均与传统空间相关。简单地说，社交网络传播仍然是现代性空间的延续，而不是飘忽不定的“后现代空间”。当然，我们也并不排除网络在线行为中可能存在某些不确定性和内在化的后现代性因素，也不认为网络社区是完美的现代空间。

（三）社交网络媒介生活的秩序二极性

社交网络媒介生活是有序的抑或是无序的？对此，极而言之的论点颇多。而我们也认为，网络媒介生活确实具有秩序上的偏倚性，它有时是有序的，如在组织化媒体的网上信息，但在另一些状态下则呈现出无序化特点，甚至导致各种各样的非秩序化的、病态的网络行动和网络社会现象，如色情网页、网络黑客、网络沉溺等（1999）。前面引证过的英国哲学家、社会学家鲍曼在《对秩序的追求》一文中，也曾指出了现代性的内在矛盾和社会存在及文化之间的紧张就在于有序和无序的二极对立。"秩序和混乱是现代之孪生儿"，同时也可以说是社交网络化媒介生活在秩序上的现代性反映。

（四）社交网络媒介生活的公私两域性

社交网络空间明显地具有公域（即公共空间或公共领域）和私域（即私人空间或个人领域）两个向度，这一点已引起了许多哲学家和社会学家的注意。顾名思义，公域和私域这两个语词的含义是相对于机构性媒介而言的。而在网络空间中，公域和私域之间的界限事实上已被模糊化了。或许公共领域和私人领域本来就没有廓清的必要。这个虚拟的社区意味着一个可能的新社会建制或是一个电子网络的公共领域已被关心自我实现的现代人酝酿出来了。它们给弘扬最具现代性意义的民主与平等、对话提供了新的机会。与此同时，因为私人领域与公共领域表现出了交往结构化的行动领域，而网络这种行动领域又不是体系的，所以，它将给生活世界带来更多追求闲暇生活的便利条件。

（五）社交网络媒介生活的主体自由性

网络交往的高度随意性与隐匿性决定了网络主体才可以"随心所欲"地彼此自由交流，这对个性发展无疑具有重要意义。正如德国哲学家科斯洛夫斯基所说"自我发现的追求表现了对正确的自我、对有意识有责任的生活方式的哲学努力"（1999）。相比之下，密尔所倡导的"按照自己的道路去追求自己的好处"的思想自由和讨论自由显然要功利得多。而真正的人的自由，应该是对必然的认识或与人所认识的自然规律相协调的那种生活。网上行为的自由不能建立于纯粹个人目的之上，而应符合道德品行和有关网络法规的要求。网络讨论区不应是完全放任自由的。因为拥有道德品行的自由，才可能是完美的、真正的自由。

（六）社交网络媒介生活的传授交互性

从传播学角度看，社交网络生活虽然具有自主性，但却是由传者和受者通过交互作用而共同进行的。因此，有学者称这种网络传播为双向互动传播。传统媒体尽管可以通过视听调查和来信、来电等方式与受众沟通，但本质上是新闻机构对受众的单向传播。网络这种第四媒体的长处就在于它能通过开设电子论坛（BBS）、公布记者电子邮件和在每篇报道之后设置评论区的手段，给公众一个平等对话的机会。可以说，网络化的结构打破了人类以往受制于社会阶级和地理区域的人际互动模式，而创造出全新的、反馈及时的人际交往空间和人际关系模式，这不仅有利于受众与受众之间的交往，也有助于媒体与网民之间的沟通。

（七）社交网络媒介生活的权力流动性

社交网络传播为人们提供了一种新的生活选择，也改变了传播的权力结构和关系。在传统的传播模式中，由于权力资源的稀有及分配上的不平等，导致了基于对权力获得和权力使用上的不平等，使得职业传播者得天独厚地偏得了媒介权力，甚至不费吹灰之力，就赢得了极高的社会声望，而作为回报，媒介的内容充当了现代人生活的一部分，但受众几乎要以全部国家法律所赋予的舆论发言权利加以承受。而网络则改变了这种一边倒的传播方式和媒介生活状态，而将运用包括自媒体在内的一切新媒介进行开放沟通的权力发挥得比以往任何时候都更充分。此时媒介权力已经不再是一种稳定的制度性符号，一变而为流动的现代性交流手段。换句话说，个人是媒介生活权力的载体，而非被影响的作用点。

（八）社交网络媒介生活的全球多元性

移动网络化时代，在某种意义上，就是全球化、多元化的时代。全球性是最大的现代性。这里所谓的全球多元性，具体是指网络受众的全球化、社交网络传播者的多元化。而且还包括由于网络技术的发展和网络生活的大众化导致的全球经济一体化和文化的多元化以及生活方式的多样化、时尚化。网络之作为一种强势媒体，它集声、像、文字于一身，是一种真正意义上的“多媒体”。它在时效性和空间覆盖能力上都超过了传统媒体，问题只在于过高比率的英语世界信息令其他民族文化难以发挥，从而产生出诸如西方文化霸权等问题来。这本身就是非常值得研究的多维现代性问题。

综上所述，社交网络传播技术的迅速发展与微博、微信等自媒体的广泛普及使社会结构正在或将要发生深刻的变革。在这一变革过程中，如何对传统进行现代超越、不断地更新现代性，已经成为摆在我们面前的一个重要课题。特别是中国作为一个有着深厚民族文化历史传统和人际传播特色的国家，要寻求网络生活的现代性，就更不能无视传统的存在。只有在这种前提下，我们才能理解“历史对人的生活和思想的决定性，以及历史的不可超越性”。如此看来，返回传统实现现代性超越，是我们的必然选择。传统很明显是一种具有承先启后的作用的东西。在每一个传统中，那种生活方式总是或多或少地并且不完整地在社会及政治的建制中被具体化地表现出来。中国文化向有注重人际关系、伦理道德、人文精神的传统，在网络传播时代如何扬弃这些农业社会的由印刷术而导致的书香媒介社会的传统，这是一个值得反思的问题。

必须强调指出，一般说来，传统实际上是解决不同价值和不同生活方式之间冲突的方法。不过，在当代网络媒介生活中，汉语文化与英语文化相较却成了弱势文化，而前者的传统显然要比后者的传统性强得多，但并不能说二者之间的冲突就不存在了。相反，传统一经与现代性媒介文化接触，往往会将东西方文明的内在冲突凸显出来。因为文化是通过象征符号表现出来的意义模式，而网络就是传播现代性文化，尤其是强势文化的一种符号系统。然而，传统是提供组织化社会生活的媒介，如《人民日报》《光明日报》和《求是》等主流印刷媒体就是反映和指导中国人民政治生活的，而网上的一些小众化媒介空间的网页、专栏则提供另类生活内容。也就是说，网络政治舆论在传播过程中会出现种种焦虑和失序的情形（张爱军，秦小琪，2019）。曾几何时，营造良性的网络空间和社会舆论已成为网络治理的当务之急。传统媒体与主流媒体的融合已成为大趋势，人民网、光明网、求是网等也应运而生。当然，社交舆情的导控还需要建立在共生理论的前提下进行（曹海军，李明，2019）。网络生活的现代性不仅是人的实际生存的转变，更是人的生存标尺的转变。在网络生存过程中，人们扩大了人类生活境界，甚至改变了人类的生活世界，因此也表现了“网络人”的生存能力和理性求知能力。

可以预见的是，社交网络传播作为移动传播时代的新媒介力量，随着它对当代日常生活的全方位介入，必然会对全球范围内人们生活品质的提升及多样化生活风格的确立不无裨益。社交网络媒体，将和传统的电视、报纸等媒体一起对人类的思想和生活方式产生持久的影响。

本章参考文献

[1][英] 安东尼·吉登斯 . 现代性与自我认同 [M]. 赵旭东，译 . 北京：生活·读书·新知三联书店，1998：1.

[2][德] 彼得·科斯洛夫斯基 . 后现代文化———技术发展的社会文化后果 [M]. 毛怡红，译 . 北京：中央编译出版社，1999：69.

[3] 曹海军，李明 . 共生理论视域下移动社交网络舆情导控机理研究 [J]. 哈尔滨工业大学学报社会科学版，2019（2）：7–13.

[4] 成伯清 . 现代性的诊断 [M]. 杭州：杭州大学出版社，1999：61.

[5][英] 戴维·巴特勒 . 媒介社会学 [M]. 北京：社会科学文献出版社，1989：13.

[6] 冯鹏志 .“数字化乐园”中的“阴影”[J]. 自然辩证法通讯，1999（5）：35.

[7][德] 哈贝马斯 . 交往行动理论 [M]. 洪佩郁，等译 . 重庆：重庆出版社，1994：175–194.

[8][德] 哈贝马斯 . 公共领域的结构转型 [M]. 曹卫东，译 . 上海：学林出版社，1999：33.

[9] 张爱华，赵国龙 . 线下熟悉度在社交网络信任中的调节作用研究 [J]. 北京邮电大学学报社会科学版，2015（1）：18–24.

[10] 张爱军，秦小琪 . 网络政治焦虑与舆论传播失序及其矫治 [J]. 中国社会科学文摘，2019（2）：98–99.

[11] 杨善林，王佳佳等 . 社交媒体用户行为研究现状与展望 [J]. 中国科学院院刊，2015（2）：200–215.

[12] 衣俊卿 . 中国日常生活批判的理论视野 [J]. 求是学刊，2005（6）：6–12.

[13] 佘碧平 . 现代性的意义与局限 [M]. 北京：生活·读书·新知三联书店，2000：2.

[14]HABERMAS J.The Theory of Communicative Action：Vol.2[M]. Boston:Beacon press，1987：130–132.

第三章　网络社会意涵及其本体论诠释

随着当下网络社会生活与生产实践的展开和深入，网络社会本体及其社会意义也越来越凸显出来。网络社会的意涵及其诸多问题，均需在社会本体论的阐释中获得新的认识。网民社会作为一种全新的、以网民和虚拟实在性为基础的存在方式，它既包含了一般现实公民社会的文化结构与特质，又具有自身的独特之处。只有建立在中国虚拟社会经验基点上的网民社会的本体论研究，才能更好地把握网络社会的本质和网络文化的意蕴，处理好网络化时代所面临的各种管理问题，并由此提升我们政府的社会管理水平、推进国家的文化总体发展战略。伴随着网民社会的兴起和成熟，我们的社会形态已从一个单一的现实社会发展成为一个虚拟现实并存的社会，从网络社会本体论的意义上说，人类社会的现代化和发展模式正在被改写。同时，各种虚拟社会管理问题也接踵而至。作为价值主体的网民个体或社群，势必会呈现出带有公民社会性质的文化价值意识及其相应的社会形态。只有以中国网民社会经验为基点，对网民的虚拟文化实践—认识过程进行深入细致的分析，才能更有效地进行创新性网络文化建设和虚拟社会管理。

第一节　关于“网络社会”的意涵

作为一种社会哲学研究对象的“网络社会”，它既是一个实体的哲学社会学问题，同时也是一个语词的哲学社会学问题。

一、网络社会：是什么和应该是什么？

关于网络社会的概念。换言之，就是网络社会是什么和应该是什么的问题。这个问题看似简单，但却众说纷纭，莫衷一是。比如，有人认为网络社会有所指和能指的区分，网络社会是在互联网架构上产生的社会形式，它是一种全新的社会和“另类的空间”（何明升）；郭玉锦和王欢在《网络社会学》一书中则认为，网络社会存在是一种现实的存在，它们具有两个或三个层次（郭玉抵帐、王欢，2010）。一般说来，网络社会的概念归结起来主要有3种。

首先是网络化社会说。它实际上是将网络社会视为一种特殊的社会形态。以被誉为网络时代第一哲学家卡斯特为代表，他在《网络社会的崛起》一书中认为，“网络社会即作为一种历史趋势，信息时代的支配性功能与过程日益以网络组织起来。网络建构了我们社会的新社会形态，而网络化的逻辑的扩散实质地改变了生产、经验、权力与文化过程的操作和结果”（卡斯特，2011）。网络社会的后果，几乎可以在当代人类生活和社会形态的一切方面看见它的痕迹。

其次是互联网社会说。这种说法认为，它以互联网技术为基础并存在于互联网空间（赛博空间）中的网络社会。由此，互联网社会也就成了具有现代性和后现代性的“虚拟社会”。但这种说法曾经受到过普遍的学术责难和质疑。李普曼在好多年以前提出的“拟态环境”概念，竟然最大限度地在今天的互联网时代实现了。这不能不说是一个奇迹。

最后是互联网社群（社区）说。这种看法主张网络社会存在于互联网社区中的一个个具体的网络社群里。

关于网络社会的本质。就网络社会的本质而言，目前主要存在4种观点：一是西方马克思主义的社会观；二是信息社会观；三是后现代网络社会观（即非主流、无中心、无结构或无界限且注重公共领域的网络社会观）；四是注重建构虚拟世界新秩序的超国家主义的网络社会观。它们分别代表了四种网络社会观。笔者认为，网络社会的本质是虚实二重性导致的传统社会本体的崩溃，以及引发社会的建构和知识的重构的文化过程。

二、网络社会的文化解释及范式意义

既然网络社会的概念是成立的，并且也是客观存在的“社会事实”，那么，我们就有理由对其进行文化解释。诚然，这种基于虚拟实在性的网络社会是具有范式意义的。其意义主要表现在如下社会哲学层面：

（1）网络社会的生成和演进是一个技术社会过程，同时也是一个文化过程；（2）网络社会具有文化变革（主要是网络文化的价值重构）、文化创新和社会建构性的意义；（3）网络社会文化具有科学与人文的双重科学范式的意义；（4）网络社会具有实然性和应然性；（5）网络社会将使旧的知识体系受到本体论、认识论和方法论的全面质疑；（6）网络社会在一定程度上，就是一个理想型的社会形态；（7）在网络社会和网络社区之间存在一个"网民社会"，它的出现和演化将网络社会变得更加真切和便于把握。

第二节 "网民社会"的结构及其发展

一、"网民社会"的结构分析

"网民社会"是一个全新的概念。在内涵和外延上，它有别于"网络社会"。笔者认为，网民社会是一种全新的、以网民和虚拟实在性为基础的存在方式。它兼具了网络社会的共性与个性特质。它作为一种网络社会的具体生存方式或生活形式，包含了网民主体具有的所有个体化和群体互动性的文化特质。很明显，网民社会无论是在本体论意义还是认识论意义上，都具有施韦泽所谓的"人人的文化能力和个人以及集体在物质和精神上的进步"（2008）。毫无疑问，本章提出的网民社会作为一个中层社会概念，它在认识当代人的虚拟日常生活问题上将具有现实意义。它使网络空间的虚实二元性得到了更为具体的表现和再现。

众所周知，中国的网民社会已空前强大，在网络人口数量上早已是世界第一。据中国互联网络信息中心官网消息，第43次《中国互联网络发展状况统计报告》（以下简称《报告》，CNNIC，2019）于2019年2月28日在京发布。结果显示，互联网普及率接近六成，入网门槛进一步降低。截至2018年12月，我国网民规模达8.29亿，普及率达59.6%，较2017年底提升3.8个百分点，全年新增网民5653万。我国手机网民规模达8.17亿，网民通过手机接入互联网的比例高达98.6%。2018年，互联网覆盖范围进一步扩大，贫困地区网络基础设施“最后一公里”逐步打通，“数字鸿沟”加快弥合；移动流量资费大幅下降，跨省“漫游”成为历史，居民入网门槛进一步降低，信息交流效率得到提升。线下支付习惯持续巩固，国际支付市场加速开拓。

从手机使用者看，截至2018年12月，我国手机网络支付用户规模达5.83亿，年增长率为10.7%，手机网民使用率达71.4%。线下网络支付使用习惯持续巩固，网民在线下消费时使用手机网络支付的比例由2017年年底的65.5%提升至67.2%。在跨境支付方面，支付宝和微信支付已分别在40个以上国家和地区合作接入；在境外本土化支付方面，我国企业已在亚洲9个国家和地区运营本土化数字钱包产品。

从新兴媒介技术看，开拓网络强国建设新局面。2018年，我国在基础资源、5G、量子信息、人工智能、云计算、大数据、区块链、虚拟现实、物联网标识、超级计算等领域发展势头向好。在5G领域，核心技术研发取得突破性进展，政企合力推动产业稳步发展；在人工智能领域，科技创新能力得到加强，各地规划及政策相继颁布，有效推动人工智能与经济社会发展深度融合；在云计算领域，我国政府高度重视以其为代表的新一代信息产业发展，企业积极推动战略布局，云计算服务已逐渐被国内市场认可和接受。

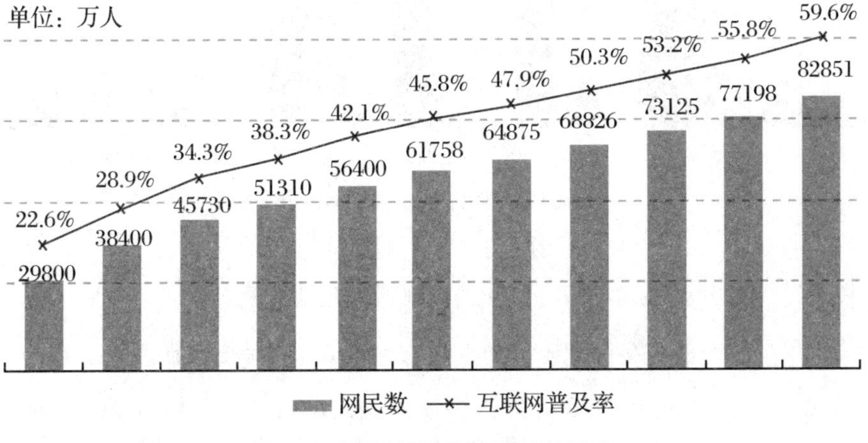

图 3-1 网民规模和互联网普及率

来源：2018年12月 CNNIC 中国互联网发展状况统计调查

截至2018年12月，我国网民规模为8.29亿，全年新增网民5653万，互联网普及率达59.6%，较2017年年底提升3.8%。截至2018年12月，我国网民规模为8.29亿，全年新增网民5653万，互联网普及率达59.6%，较2017年年底提升3.8%。

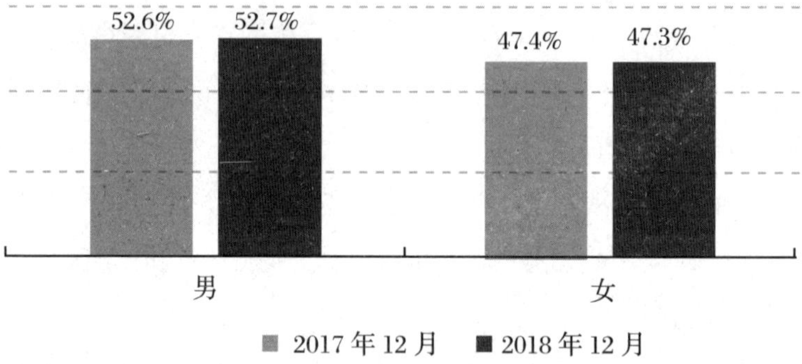

图3-2　网民性别结构

来源：2018年12月CNNIC中国互联网发展状况统计调查

由上图可知，我国网民男女比例为52.7 ：47.3，与2017年同期基本持平。

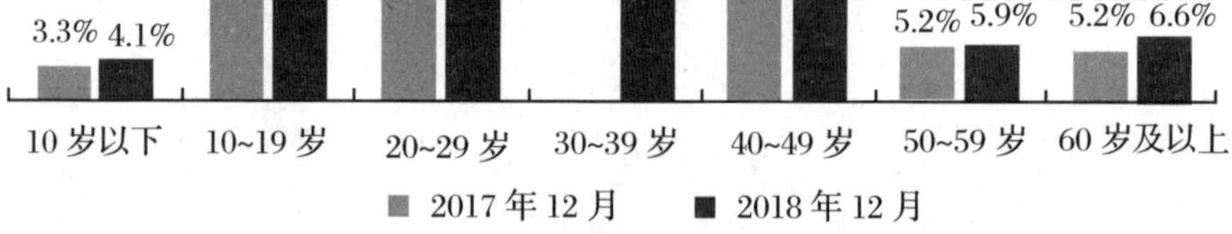

图3-3　网民年龄结构

来源：2018年12月CNNIC中国互联网发展状况统计调查

在年龄结构上，我国网民以中青年群体为主，并持续向中高龄人群渗透。截至2018年12月，10~39岁群体占整体网民的67.8%，其中20~29岁年龄段的网民占比最高，达26.8%；40~49岁中年网民群体占比由2017年年底的13.2%扩大至15.6%，50岁及以上的网民比例由2017年年底的10.5%提升至12.5%。

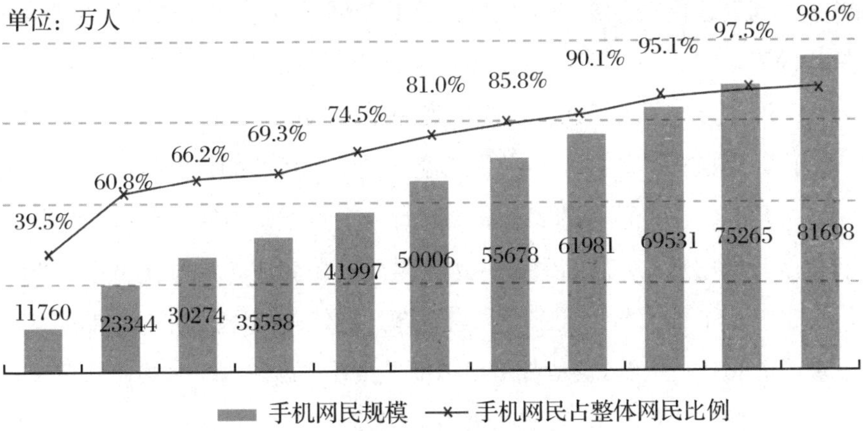

图 3-4 手机网民占整体网民比例

来源：2018年12月 CNNIC 中国互联网发展状况统计调查

截至2018年12月，我国手机网民规模达8.17亿，全年新增手机网民6433万；网民中使用手机上网的比例由2017年年底的97.5%提升至2018年年底的98.6%。人均周上网时长为27.6小时。

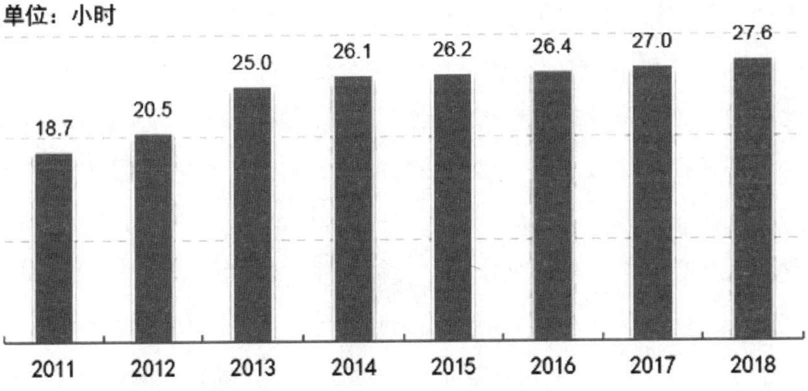

图 3-5 网民平均每周上网时间

来源：2018年12月 CNNIC 中国互联网发展状况统计调查

2018年，我国网民的人均周上网时长为27.6小时，较2017年年底增加0.6个小时。

二、对网民社会的虚拟生活经验的分析

随着网民社会的兴起与成熟，虚拟空间中网民的自主性也变得越来越突

出了。同时，网民社会的出现也在公共领域受到了越来越强烈的社会控制。如此说来，网民社会将自由与限制的二律背反或二重社会逻辑演绎得十分充分，并因此形成了复杂社会性或互动性的虚拟社会征候。

正如袁祖社、高扬所说："网络空间是一个巨大的价值共在的共同体，同时，又是一组单个节点的相互联结，每个节点就是被联结在网上的个人，它们又是互通信息的，以各种符号语言系统互相交流与沟通彼此异质的多元的信息，组成了个人与个人，个人与群体，群体与群体共在的复杂的公共交往景观。"（2011）网民社会依托于虚拟世界，并在虚拟与真实共在的交互场景中生存。因此，我们只有合理地使用网络社会的多元交互平台，才能建构出一种网络多元生存空间。这是一种网民依照网络虚拟共同体的生存原则结成的实现自我、创造自我的虚拟生活世界。在网民社会中，虚拟生活主体的经验是如此重要，以至我们的网民行动都必须以此为基础。不仅如此，网络空间作为一种异常复杂的"虚拟生存场域"，曾经决定了网民社会的生活状态和各种面貌，以此来与现实世界的生活实践交互作用。我国网民的在线和谐，也会成为网民极力追求的理想生活的价值目标。这种体现了人类的主体性的网民世界的和谐价值，无疑有助于良性的网络化生存的实现。

德国逻辑哲学家维特根斯坦曾指出，在社会科学中，重要的不是追问到底是个人还是社会结构才是社会生活的本体的问题，而是对受历史状况制约的自主个人活动过程的考察。剑桥大学科学哲学与科学史博士、美国波士顿大学哲学系教授曹天予先生也认为，应特别注意考察社会秩序和结构与个人的实践的关系问题、行动意义与实践基础的关系问题、规则与行动的关系问题（曹于予，2012）。这一切，既是一个对虚拟世界规则的解读和反思问题，同时也是一个是对网民社会结构的不断解读和重构的演进过程。

语言哲学家塞尔在《言语行为：语言哲学论》和《社会实在的建构》两部名著中，曾经论证了语言的交流的功能和制度性实在的意义问题，这些思想无疑有助于对网民社会生活世界的解释。无论是从话语分析还是科学事实的建构论和本体论上看，都是如此。特别是塞尔的社会本体论对区分制度事实和原始事实开始的原因的分析，可以说明网民社会各种事实的产生的深刻根源（宋春艳，蔡曙山，2011）。

与维特根斯坦和塞尔不同的是，法国社会学家布迪厄在符号资本和权力理论中突出地强调了“惯习”和“场域”的社会建构意义。在反思社会学中，布迪厄倡导和实践的批判态度却表明了他对社会的另一种想像，即认为社会是在无条件的反思和具有批判精神的理性化过程形成的（李化斗，2012）。布迪厄的社会本体论体现为惯习与理性之间的张力，以及辩证性的理论优势。这些理论对我们解释网民社会的本体性存在和社会模糊逻辑的演化具有重要的借鉴价值。

三、网民社会结构的形成及其对中国社会发展的影响

一是关于网民社会影响的架构问题。显而易见，网民数量的大幅增加和网络技术的架构条件，将给中国网民社会的发展进程带来深刻而积极的影响。对此，许多未来学家和社会学家的研究工作都指明了这一点。就近期而言，移动性、宽带和云的共同作用将迎来真正意义上的网民社会。因为它们是实现网民社会的一个先决条件，同时还是网络社会的权力与反权力、经济体与社会体之间博弈关系的实现的技术社会场域。吉登斯的系统结构理论和哈贝马斯的交往行动理论等现代社会理论，都将成为我们解释上述网民社会影响问题的有效理论资源。

二是关于网民社会的影响因素问题。这里包括了现实社会的延伸、全新的社会存在方式和彼此互动的另类空间，以及中观层面的技术性社会结构诸因素对网民社会所施加的作用和影响。

三是关于网民社会的建设与管理问题。我们必须认识到的是，既然现实社会是可以建构的，那么，网民社会现实也是可以建构的。我们所强调的网民社会的建设和虚拟社会管理，可以理解成为一个长期或短期的虚拟社会治理和价值目标实现的过程。

第三节 网络社会的本体论诠释

一、何谓本体论诠释?

所谓“本体”中的本就是根源，是历史性，是时间性，是内在性。体是整体，是体系，是空间性，是外在性。本体包含了一切事物及其发生的宇宙系统，更体现在事物发生转化的整体过程之中。在伽达默尔看来，本体就是对真理与方法的动态开发。简言之，本体就是本源与整体，真理就是本体的体现于理和价值。至于诠释，就是用已有的文化和语言的意义系统，给对象做出具有新意的说明和解释。它是一种理解、体会和认知，比如，朱熹《四书集注》、红学、圣经学和《资本论》研究等。诠释的最终效果是理解，这一点至关重要。由此看来，就网络社会的意义而言，有时不是使用而是解释。因为，适度的学术解释或文化解释也是一种文化自觉和诉求（成中英）。本体论的诠释，就是从社会世界的本源或真理出发，借助成熟的范式或知识体系对相关的文化现象进行有价值的文化解释。

二、本体与诠释的理论资源

网络社会本体论研究所需的重要理论分析工具包括马克思与卢卡奇的历史唯物主义的社会本体论、韦伯的社会行动理论、胡塞尔现象学的生活世界理论、海德格尔此在世界的现象学理论、伽达默尔的“客体化”的解释学、利科的本文世界与社会行动理论、滕尼斯的社会互动理论、梅勒的理解社会理论（如复杂社会、现实社会、偶然社会、必要社会、现世社会、默会的社会和复兴的社会）、波普尔的世界三理论、布劳的交换理论、科尔曼的理性选择理论，怀特海、科布和格里芬的过程与后现代理论、吉登斯的社会结构理论、哈贝马斯的社会交往理论，以及朱熹的经学理论、李泽厚的历史本体论和实用理性理论）、成中英的真理呈现与意义创生理论（注重返本开新、文化的融合与冲突）等。这些理论资源，一经与网络社会的社会行为、虚拟生活现象相结合，便可以得到应用。

以马克思的社会本体论为例，它对包括互联网在内的各种社会世界都具有很强的理论解释力。美国女哲学家古尔德在她的《马克思的社会本体论》一书里，对马克思的经典著作做了出色的文本分析，提出了一个对马克思的新的理解。她认为马克思启动了对传统哲学的根本变革，认为马克思是一位伟大的系统哲学家和社会本体论的变革者，并使用社会、劳动、因果性、自由和正义等概念符号详尽地阐发了历史唯物主义的社会本体论思想。这种对马克思社会本体论的解释与重建，对我们科学地、本底性地解释网络社会世界显然具有无可替代的理论工具意义（古尔德，2007）。

戈兰·瑟伯恩在《辩证法之后：后现代性、后马克思主义及其他站位与立场》一文中也指出，重视网络源于社会学经典理论家迪尔凯姆、滕尼斯等人的思想。在他看来，持后马克思主义立场的社会学家卡斯特，基于新型社会管理观念和信息网络技术，将所谓的“网络社会”打成一部社会分析权威著作中的核心概念，并且没有打算把它和从前的社会学理论相关联（德朗蒂）。

一般说来，网络社会的本体论诠释既依赖于理性选择，同时也依赖于感性的诠释。刘少杰教授在他的一篇文章中曾经指出，人的选择行为不仅可以由理性思维支配，而且也可以由感性意识支配，并且后者有更基础的支配作用。他还从西方社会思想史出发，对韦伯、西蒙、凡勃伦和波兰尼等人在这个问题上的看法进行了比较分析（刘少杰，2006）。认为，韦伯和西蒙强调了选择行为的合理性以及理性选择的条件限制问题，并建立了有限的过程理性理论。但他们却都忽视了选择行为中的感性意识形态，因而导致片面性。而凡勃伦和波兰尼等人在论述了经济行为时，则充分认识到了感性选择及其意识的重要性。

从先秦道家思想上看，我们似乎可以将网络世界看成是“可道”和“常道”（通常意义上的经验世界）两个世界，这相当于“虚拟世界”和“实在世界”，网络社会之“道”就反映了网络社会本体论的虚拟实在特质。在“可道世界”或经验世界中，本体论的形态都可以表现出实存性、有限性和超越性的特征（苟小泉）。 网络社会本体论的这种情形，恰好跟“形而上学”一词原本所包含的模糊意思相呼应。只是传统意义上的“本体论”主要是针对“实在的最普遍的关系”而言的（如文德尔班就是这样界定的“本体论”）（王浩），而如今我们的网络社会本体论则必须关涉到“虚拟”和“实在”两种本体论形态的特质。

三、网络社会本体论的若干次级本体层次

1. 虚拟实在社会本体

关于虚拟实在的社会本体论问题，是我们必须首先要面对和解释的问题。在这个问题上，笔者认为迈克尔·海姆和翟振明的解释性和论证性工作是最有智力含量的。作为技术社会幻想家的迈克尔·海姆，一开始就将虚拟实在看成是一种我们可以度过一部分生命的人工形式。中山大学翟振明教授在《有无之间——虚拟实在的哲学探险》一书中，明确指出：虚拟实在或赛博空间揭开了我们在形而上学层面上的自我认证结构。同时，由于虚拟实在基础部分的遥距作用，我们产生了一种类似于自然活动的后果性。也就是说，虚拟实在与自然实在的本体论具有对等性（翟振明，2007）。如果我们把人工物创造出来的浸蕴体验系统推广到身体领域的话，那么，赛博空间中的生活便有了一种全新的生存意义和本体论根据 。

2. 虚拟关系社会本体

众所周知，互联网（万维网）的本质就是人与人、人与群体的关联，而云计算时代的物联网也引导着人类社会关系的变化。这一切显然需要我们在关系本体论的进路上，加以适度的社会本体论诠释。

虚拟关系社会本体论解释的依据主要是指网络社会的人际性和互动性，以及二元社会本体哲学、诠释学和过程哲学。英国学者戈伊尔在《社会关系》一书中阐明的网络博弈、协调与合作和社会学系的内在关联性（戈伊尔，2010），对我们解释网络社会关系本体论具有一定的参考价值。后现代学者大卫·格里芬等人所提出的基于怀特海过程哲学的、建立网络时代后现代秩序的思想，也同样对我们网络社会关系本体论的构成具有重要本体论意义（格里芬，2006）。曾几何时，这种重构的后现代主义理论为网络社会提供了各种关联性的文化资源 。

在过程哲学看来，世界是由相互联系的过程构成的网络，我们每个人都是这个网络的组成部分。世界万物又具有生成和灭亡的规律，这就是潜藏在

所有事物之中的终极事实。倘若我们将这种终极事物看作创造性的话，我们便可以寻找到世界的本原。宇宙因而是向创新性演进的过程。然而，传统哲学视域下的“实体”的存在却导致了哲学的二元论及宇宙观的平面性和静态性社会状态的延续。为了打破这种困境，就需要我们采用一种生成变化的过程哲学的思想来颠覆“实体”概念的禁锢，解决心物二分问题，重建宇宙观。网络社会的虚拟现实性和互动性，为我们提供了一种建构网络社会关系本体论的绝好机会（赵玲，郑敏希，2011）。

3. 虚拟生存本体论

“网络化生存”作为一个颇具现代性的学术话语流行开来，无疑是一个特定语境下的奇迹。它既与网络日常生活实践结合，又和生存哲学理念的张扬不无关系。浮现，才有意义。换言之，基于虚拟生活状态的本体论解释是十分有力的。这种“网络化逻辑”下的社会哲学反思，不仅可以部分地满足我们对网络化社会的日常生活的经验性描述，同时也可以反映出中国语境下生存的内在社会本体根据。

从一定意义上说，“网络化生存本体”的命题中具体包含了一个中国网络生活世界的语境问题。相对于网络化生存的世界性和全球化而言，中国网民具体的网上生存状态中体现了网络生活方式的特殊性。不了解这些特殊性和具体性，就不能很好地把握它的网络化本体生存价值。在生存本体论语境下对生存的意义的追问，之所以是可能的，是因为我们有限度地承认“网人”的自由存在。而在这种为他们最个体化自由存在成为可能生存状态，便是所谓的“网络化本体存在”。从在线生存的意义上看，这也是一种具有现代性意义的本体论意义的生存呈现。

当代虚拟生活实践表明，我们面对虚拟生活世界带来的诸多本体论问题，却很少有人认真审视。事实上，“网络化存在”就是一种特殊语境下的人类生存感受。网民的最隐秘的本质不仅表现在“我思故我在（在线）”的命题中，而且也表现在“我欲故我在（在线）”的命题中。因为网络生存行为是网民存在的最根本前提和本体论意义。也就是说，在网络化社会背后还存在着生存的可能性和必然性问题，对此问题的内在需求将有助于我们进行虚拟生存的本体论反省。对此，我们还可以将马克思的实践本体论思想作为虚拟社会本体论的出发点，因为人类生存是马克思社会本体论的理论基石。由此出发，我们才能认清人类社会虚拟化生存和发展的本质，重新审视我们所共同面临的各种本体论问题。

4. 虚拟和谐社会本体论

鉴于和谐是自然世界和人类社会的基本存在方式之一，所以，我们倡导的社会本体论理应具有社会和谐的根源、状态和属性。在我看来，虚拟和谐社会的思想在某种意义上来说就是对马克思主义社会存在本体论的全新发展和阐释，它不仅使社会和谐思想在现实世界开花，而且也是网络社会本体论的思想结果。卢卡奇的社会存在本体论和古尔德的马克思的社会本体论理论阐释中（俞吾金，2012），就包含了许多对我们建构虚拟和谐社会本体论很有价值的成分。任何哲学体系都有自己独立的“本体论承诺”，这是我们建立和诠释一切本体论哲学理论的基础和前提条件。

5. 虚拟公共社会本体

对网民社会虚拟生活和社群性质有一定理解的人都知道，网络社会实际上是一个公共领域。在这个充满复杂性的网络社会空间里，无时无刻不发生各种网民活动或公民舆论事件。如果忽视了虚拟事件本体或虚拟公共社会本体的本质，我们就无论如何也不会认清网络社会的真实面目（向平，第205-208页）。 当然，从本体论的批判和开新的角度上看，虚拟公民社会本体的建构还有很长的一段路要走（谢维营，第337-348页），这就要求我们必须在新的虚拟社会实践下发掘和运用马克思主义社会本体论的理论资源。

6. 虚拟全球社会本体

毋庸置疑，网络社会是具有全球化、体系化、风险化等诸多社会形态的特征的。换句话说，就是经济、政治、文化的全球化与网络社会的指向是一致的。与此同时，网络社会的复杂性本体特质和技术社会本体异化现象，在全球化的网络空间中也比比皆是。这一切，都为我们诠释网络社会的本体论打下了国际化的大尺度社会的基础。

除此之外，虚拟社会本体的建构还可以被视为一个知识社会学意义上的建构过程和特殊形态的现实的社会建构，并且也可以在网络日常生活、作为客观现实社会和主观现实社会三个维度和进路上加以全新的社会建构（伯格，卢克曼）。只有如此，才能跟传统的社会建构区分开来。

综上所述，我们认为网络社会是我们这个时代一个伟大的社会建构体。毫无疑问，它的出现和存在，将改变人类社会本体论格局，也将在很大程度上影响中国的社会转型和发展进程。这是一个不容忽视的社会哲学问题，同时也是一个需要认真对待的社会事实及社会行动体系。

本章参考文献

[1][法]阿尔贝特·施韦泽.文化哲学[M].陈泽环，译.上海：上海世纪出版集团，2008：52–61.

[2][美]彼得·伯格，托马斯·卢克曼.现实的社会构建[M].汪涌，译.北京：北京大学出版社，2009：1–17.

[3]曹天予.社会本体论与另类现代性——一条维特根斯坦式的进路[J].哲学分析，2012（3）：78–86.

[4][美]成中英.本体与诠释[M].北京：生活·读书·新知三联书店，2000：15–26.

[5][美]大卫·格里芬.全球帝国主义与另类的后现代主义[J].世界哲学，2006（4）：84–91.

[6]荀小泉.中国传统哲学本体论形态研究[M].北京：北京师范大学出版社，2013：64.

[7][美]C.古尔德.马克思的社会本体论——马克思社会实在理论中的个性和共同体（导言）[J].世界哲学，2007（2）：92–97.

[8]郭玉锦，王欢.网络社会学[M].北京：中国人民大学出版社，2010：19.

[9]何明升等.网络互动[M].北京：中国社会科学出版社，2008：13.

[10][英]吉拉德·德朗蒂.当代欧洲社会理论指南[M].李康，译.上海：上海人民出版社，2009：238.

[11]李化斗.惯习与理性的张力——布迪厄社会本体论的“模糊逻辑”[J].重庆邮电大学学报社科版，2012（2）：42–46.

[12] 刘少杰 . 理性选择理论的形式缺失与感性追问 [J]. 学术论坛,2006(3):123-128.

[13][美] 曼纽尔 · 卡斯特 . 网络社会的崛起 [M]. 夏铸九等，译 . 北京：社会科学文献出版社，2001：561-569.

[14] 宋春艳，蔡曙山 . 塞尔哲学的新进展：社会本体论 [J]. 哲学动态，2011（4）：46-53.

[15][美] 王浩 . 超越分析哲学 [M]. 徐英瑾，译 . 杭州：浙江大学出版社，2010：196.

[16] 项平 . 公共网络舆论事件研究 [M]. 北京：人民出版社，2012：205-208.

[17] 谢维营 . 本体论批判 [M]. 北京：人民出版社，2009：337-348.

[18] 袁祖社，高扬 . 虚拟与实在二重景观下多元交互主体价值存在的探讨——网络生活场景的公共性价值理想的反思与吁求 [J]. 江苏社会科学，2011（3）：59-63.

[19][英] 戈伊尔 . 社会关系 [M]. 北京：北京大学出版社，2010：10-97.

[20] 俞吾金 . 被遮蔽的马克思 [M]. 北京：人民出版社，2012：88-92.

[21] 翟振明 . 有无之间——虚拟实在的哲学探险 [M]. 北京：北京大学出版社，2007：157-158.

[22] 赵玲，郑敏希 . 过程哲学对传统实体概念的批判 [J]. 山东社会科学，2011（9）：35-38.

[23] 中国互联网信息中心 . 第43次《中国互联网络发展状况统计报告 [R].（2019-02-28）[2019-06-25].http.//cnnic.cnlgywn/xw2x/rdxw/20172017_7056/201902/t20190228_70643.html.

第四章　网络空间中的人类身心关系

从现代心灵哲学的观点看，网络空间（即虚拟空间、赛博空间）中的身心关系问题是一种"意向性生活"问题。由于网络化生存状态是基于"身体不在场"而实现的，这就注定了网络主体的心灵世界也是复杂多变的。网络实在世界的身心关系既是断裂的，又是统一的。在本质上，虚拟空间就是心灵、自我与社会和谐的映射及话语表征过程。身体的价值在我们所处的网络时代里日益突显，就是心灵的孤独与纷乱达到了一定的程度，因而使早已被笛卡尔等科学家思考过无数遍的身心关系问题又再度成为显学，抑或是新的哲学话语下的复归。本章是以扬弃的态度借助心灵哲学的某些观点，对网络空间的身心问题所做的一种初步探讨。

第一节　网络社会的身心关系

身心关系问题，一直是西方许多近现代哲学大师所关注的核心哲学命题之一。从笛卡尔到布伦塔诺、卡尔纳普、梅洛－庞蒂、罗蒂、普特南，再到戴维森、金在权、塞尔、丹尼特、麦克道威尔和福多，都从心灵哲学的基点上对具有现代性意义的身心问题进行了属于自己的形上思考，从而形成了迥然不同的认识论思想。然而，在我看来，这一切主要是在"实在的"哲学情境下做出的研究，其中有很多观点已不能充分地解释网络时代虚拟空间（或虚拟实在世界）中的身心关系的本质。如此说来，这里意在提出问题而非解决问题，希望它能对学界的心灵哲学与网络哲学的研究有所助益。

一、身心问题的网络心灵哲学意义

许多年后的哲学史家会承认，“网络空间”的出现乃是一个包蕴了无尽心智变数的“全球化事件”（XIE WENJING, 2005）。伴随着这一“全球化事件”的出现，中国人和美国人、日本人、澳大利亚人、伊朗人、埃及人，以及世界上任何一个拥有电脑网络的地域的人们之间，只要愿意，就可以进行跨时空的虚拟交流。换言之，人们的行为结构在心灵与身体交织的过程中被重构了。用法国现象学家莫里斯·梅洛－庞蒂的话说，就是：“将知觉的外部原因与它默想的内在对象分离开来，身体本身变成为一团物质性的东西，主体相应地撤离身体以便在自身中凝思其表象”（梅洛-庞蒂，2005）现在的情况是，与其说是主体“暂时撤离”了身体，不如说在线生存者彼此的交往方式就是身体的“不在场”，除非是在现实情境下同处一室（如在一个网吧里的网友）的共时性交往。显然，传统的身心关系问题是在实存世界而不是在虚拟实在世界中展开论证过程的，因为后者至少增加了“过程性”与“情境性”的分析因素。

首先，虚拟空间的过程性与情境性因素的作用，本身就给身心问题及其本质的揭示带来了新的机会，从而具有心灵哲学研究的拓展意义。即便是实在论也不曾如翟振明先生从“交互超越主义”出发那样宣告的已经“最后崩溃”了（翟振明，2005）。但在笔者看来，虚拟实在经验最低限度上也为人类增长了新的心灵哲学的知识，并使实在论平添了新的“面孔”——而这“多副面孔”的实在论格局是具有“合理性”的（普特南）。

网络社区中，人们的生存状态是“身体不在场”，但是，来自在线者身体和感知觉的影响却是存在着的。正如怀特海在《过程与实在》一书中所指出的：“来自身体的因果影响不像那些以外部世界流入的影响那样具有极端的模糊性，但是，甚至对于身体，因果效应仍受到与表象直接性相较而出现的模糊性的困扰”（怀特海，2006）更何况虚拟身心关系往往是通过表象的世界象征符号来实现的，因此，也就注定了它所具有的丰富性与复杂性过程哲学特质。不过，网络社区中人们所期待的身心理想秩序，应该是自然秩序与心灵秩序的统一。

其次，对虚实世界身心关系问题的讨论，有利于认识人类的自身存在与时间之间的相关性。虽然依照现象学大师海德格尔的说法，空间之于存在（实体性）的意义远不如时间对它的影响和决定性为大（陈嘉映），但正是因为空间的虚实一体化使得传统的心灵与身体之间的虚实关系获得了一次真正意义上的二元重构的机会，抑或是为所谓“存在的遗忘”提供了虚拟实践的可能。唯其如此，我们对虚拟空间之于身心问题所施加的作用视之为一种革命性或解构性的影响并不为过。

另外，心灵所隐喻的“空间性”和“虚拟性”是耐人寻味的。因为网络空间的出现，它给心灵与身体之间的因果相互作用提供了一种可能性与现实性。对虚实世界心理事件以及身心关系问题的系统研究，不仅有助于揭示网络化生存的本质和秘密，而且对心灵哲学的深入探索具有建设性价值。更为重要的是，借助于对虚拟空间中身心关系问题的省思，还会推进我们对意识本质和思想生成机制，以及“意向性生活”和行为模式的认识。

毫无疑问，网络化生存作为一种数以亿计人类个体所共有的日常生活经验或体验，对其过程与行为细节的感知和梳理，对于克服这种具有世界原初性和不可还原性的意识本质来说，认识价值是无论如何不容低估的。至少有了这样一个凸显人类个体和社群行为互动的虚拟生活机缘，必定会在某种程度上减少人们对意识的神秘感，以及对心灵与世界关系长期以来的过度形上诠释。同时，随着虚拟空间的扩大、数字化生活的普及以及哲学形态的转型过程，我们对存在本质与真理意义的认识也会不断地得到深化。其中，这种对虚拟社区生活的感受性的研究，将导致塞尔、黑尔之类的哲学家关注与意识有关的一系列问题（如心灵的性质与句法—语义的转换问题等）（任晓明、李旭燕，2006），从而引发他们研究意向性行为的兴趣。比如，我一直认为，像网瘾（主要包括网络聊天、网络游戏与网络色情成瘾）这样的对人类身心结构影响很大的心理事件或社会性行动的背后，必然会隐藏着对脑和意识状态以及人类沟通方面的某些“致幻（或致癫）元素”。虽说目前我们对此还无法进行有效的精神分析和心理治疗，对其发生机制——特别是因果链的认知还停留于表象层次，但毕竟已经有了一个相对独立的区隔化的可用于体认、经验或观察心—身研究的“理想场域”。尽管从上述语境中提升出来的话语行动理论，还只能在很小的范围内被扩充和使用，但它却是“真的”，是包蕴着“在线生存”本质的东西的（如昔日痞子蔡的网络小说文本《第一次亲密接触》中的“假如我有一千万……”的著名虚拟化句法所体现的心灵表征功能）。

诚然，在网络空间的身心关系缔结过程中，实际上话语实践起到了推波助澜的作用。在一定的虚拟情境下，语言为人们提供了某种特殊的信念理性、信任资源与心理支持。这一切都具有心灵哲学的反思与体验意义。

二、网络主体的心灵世界

众所周知，西方心灵哲学家曾不厌其烦地从各自不同的，甚至是奇特的视角来论述“有心”或“无心”之人的所谓“心灵世界”，从而形成了诸如物理主义、功能主义、取消主义、行为主义、本质主义、解释主义、解构主义和计算主义等近乎语言游戏的“心灵哲学”流派，使我们感到应接不暇、无所适从的同时，也提升了自己的“心智”能力。不仅如此，有时它还会从反面强迫我们去重新思考主体问题和本体论问题，从而使我们能够在新的哲学视域下对于“自我的观念”“心的概念”有一种全新的思维尝试。

如果我们没有深陷到“跬人”和“中文屋”等思想实验中而无法自拔的话，那么，就有机会使用自己的判断力，尽管如塞尔在《心灵的再发现》一书中所说的，“我们许多人在内部心理状态下所关心的事很可能是没有直接因素联系或完全没有因果关系”的（Hon Searle，1992）。不管心灵哲学家是多么的“空灵”，也不论他们的实验是否论证了“心性”与“物性”以及“时间性”与“空间性”之间存在着多么大的差别，总之，我们不能否认身心关系问题的实在论基础和主体性状况。即便是人类有了普遍意义上的“虚拟生活”，也不能无视虚拟主体及其“虚拟实践”的存在，更不能过早地宣称“实在论的崩溃”。我认为，实在论的存在不是某些哲学家偶然发现的，它有其存在的必然性，它将伴随人类哲学思辨活动的始终。

必须指出的是，在后信息时代中，主体不仅没有“死亡”，而且也不曾

"隐没"和"缺席"。正如尼葛洛庞帝所说:"在数字化生存的情况下,我就是我。"(1996)在他看来,由于信息流通更多地体现为个人化、自我化,因而事实上更强化了主体性的功能。换句话说,虚拟主体的心灵世界是一个真实而又开放的世界。在这个世界里,主体使"实在"显得像是一种"虚拟品",它被彻底地数字化和符码化了。此时主体变成了"敏感的主体",心灵也随之变成了"漂泊的心灵",乃至"疯狂的心灵"。

当然,这种主体心灵状态的取得是与所受网络(虚拟)经验过程的影响分不开的。或许感觉印象使得主体看来似乎是"身体延伸"的结果,而且暗指虚拟主体应该理性地适应上述情形。然而,在某些心灵哲学家看来,主体的心灵世界是由个体自我的"内部经验"建构起来的(麦克道维尔,第151页)。即是说,"内部经验"的对象在身体感觉上的特殊性同样也需要通过体验它的具体情况来把握。包含在主体的思想或心灵之中的感受,不可能是别人的"疼痛",除非主体考虑的是他的经验对他而言是什么样的情况。以"网恋"为例,它属于典型的"内部经验",其失恋所感受到的"不幸"和"心痛"不可能是别人的"不幸"与"心痛",乃是一种纯粹"个体"的心灵体验。

在赛博空间,作为网络世界虚拟主体的人之所以表面看来似乎已经忘却了"身体"的存在,是因为实体如此之"纯粹"以至于到了不可承受之轻的程度。由于主体暂时退出了实体的存在而进入一个虚拟的世界,其显露由虚拟实在而衍生出的"游牧状态",这种"游牧"构成了"游牧的部落",并为心灵找到了一个栖息的家园。如果没有这种游牧,就不可能有从身体到心灵之间的联系,也不可能有数字化意义上的"心灵史"。

网络世界的"心灵史"或"生活史"表明,任何网络社会现象和行为问题都不是心理状态的直接反映,也绝少是"纯粹的理性行为",这一切乃是难以抑制的、自由意志的结果。因而,除了对心灵和身体的行为过程加以强力控制与规制的情形之外,网民实存的在线行为往往就是一种主体自为的身心活动。这与其说是一种在虚拟世界表现的心灵冲动,毋宁说是一种试图超越自我(包括身体的限制),以使自己能够更好地适应新概念生活或现象世界的心灵探索的努力。具体说来,就是人们有时因为个人意志和判断力缺失的关系,往往会产生诸如无目的的网上冲浪、漫游和渴望放纵身心的"裸聊",以及“顶帖”的冲动。而这些在线心理冲动与行为，实际上就是主体“心灵的显现”。

我们不禁要问：互联网能否塑造现代人的世界观和“心灵世界”？如果不能，那么，它对人的主体思想方式或知觉方式的影响是通过怎样一种理性的或“概念的图式”来表征的？这不啻是一个值得进行本体论和心灵哲学反复思考的问题。

三、网络世界身心的断裂与同一

从笛卡尔的身心二元论到罗蒂的“不含身心统一性的唯物主义”，以及丹尼特的心灵解释学，可以说西方心灵哲学家们走过了一条漫长的、相互更迭，甚至反复交叉的“心路历程”。在这个历程中，开始先是将身心关系视为“断裂”体或两个独立部分的二元论占上风，到了20世纪中叶，将心灵与身体之间的关系看成是一种“物性还原”过程的身心同一论（包括类型同一论与个例同一论）登场，再到最近20年以来英美分析学派心灵哲学的高飚突进，使得身心关系问题长期游弋于“断裂”与“同一”的哲学价值取向之间。而且，虽然心灵哲学曾经历过“取消主义”和“计算主义”如此极端化的“重击”，但仍无法从根本上终结哲学家对身心关系这一元哲学命题的思想行为。我认为，即使是在虚拟实在世界的身心关系中，仍然存在着“断裂”和“同一”两个具有异质性的过程。

（一）网络世界心灵与身体的“断裂”

这里所谓网络世界，即“虚实世界”一词实际上是对笔者在探讨虚拟哲学同时仍不承诺放弃“实在论立场”的一种表述。正如这一术语所显现出的“虚拟”（网络化）与“实在”语词上具有的相对独立性一样，它们在网络社会行为以及身心关系的事实上包含着某些分裂的二元性或二重性趋向。同时，由于互联网的联结特点就是建立在大尺度的人们之间身体分离（即“不在场”）基础之上的，因此，这更使得原本就难以“相遇”或“重合”的心灵与身体之间的距离拉得更大了，从而降低了人际间身心近距离交流的频率。以远程教育为例，它固然有这样或那样的好处，但苏格拉底、孔子和他们学生之间身心贴近的“对话录”式的师生互动关系却不复存在了。难怪有人曾把笛卡尔的“我思，故我在”改为“我在线，故我思”了。在此，网络世界虚实身心二元论，是以“与身体分离的存在”为前提的。

不过，这种身心之间的二元断裂，也并非毫无益处。比如，一般地说，这种状态往往会比在同一个真实空间中的身心接触更简单、更安全，至少可以避免人际交往中直接的身体冲突。笛卡尔在论证身心二元论时，就曾将主要精力用于证明身心的绝对区别，以及“思”与“广延”之间绝对的不可还原性上（周晓亮，2005）。他认为，心灵与身体是有本质区别的，任何一个都可以不依赖另一个而存在。这比之当代“计算主义”心灵哲学家把人看成是机器或“人工生命”的观点并不显得过分。从一定程度上说，虚拟空间中身体的“区隔化”及身心的分离意向是有存在价值与意义的。

（二）网络世界心灵与身体的“同一”

如果说身心二元论所强调的心理的东西与物质的东西存在着显而易见的差别确有几分道理的话，那么，身心同一论就更具有真理的属性了。因为“人”可以被视为一个整体的身心相关的复杂性过程（安乐哲，2006）。这也正是身心问题看似简单，却成了几个世纪以来一直久置未决的难题的原因所在。与身体的客体特质相比，心灵状态主观性和私人性的心理的色彩似乎更浓一些。按照丹尼特的心灵哲学观点，我们对于心灵及其意向性内容的探讨应本着一种部分地、适度地解释的立场来进行。同样，戴维森的新解释理论与他所倡导的行动哲学，也十分注重在物理事件与心理事件之间寻求“节制原则”（高新民、殷筱，2005）。不同的是，后者更倡导对身心同一性做“简洁的、彻底的解释”和“心灵的解构”。就一般意义讲，在虚实世界中身心同一性的表征是非常突出的。从关注实体向关注属性和关系的心灵哲学发展趋向的角度来看，（主语）与虚拟社会心理状态颇为契合。虚拟世界的自我认同与社会认同，在根本指向上是与虚拟身心同一论的精神相一致的。退一步说，若是站在还原主义的哲学立场上，现代社会则可以还原为网民之间的网络行动及其相互作用。而且，我们对虚拟哲学的研究也无异于是一种对虚拟心灵世界和身体世界的描述、解释和解构。

综上所述，从经过整合的心灵哲学的观点看，如果我们将网络空间视为一个整体，那么，本质上它就是心灵、自我与社会和谐的一种映射和一种解释，抑或是一种虚拟性话语的表征过程。也可以认为，虚实世界身心关系的同一乃是主体虚拟认同与虚拟实践统一的结果。因此，从某种意义上说，互联网以其特有的方式改变了我们的心灵世界，延伸和隐喻了我们的身体，并且为我们的身心同一性找到了一个理想的“场域”。

第二节　心、身体与互联网

从现代心灵哲学的观点看，网络空间中的身心关系问题是一种“随附性生活”问题。由于网络化生存状态是基于“身体不在场”而实现的，这就注定了网络世界虚实主体的心灵与互联网世界之间存在着复杂的关系。网络实在世界的身心关系的理想在于心灵与身体的齐物合一。在本质上，虚拟化就是心灵、身体与互联网和谐统一的社会映射及文化表征过程。

从心灵哲学的理论视角上看，心灵、身体与互联网三者之间的和谐互动关系乃是再现贯穿于西方哲学始终的身心关系命题的一次新机遇。众所周知，身心关系问题自近代以来一直占据了西方许多一流哲学家和心灵哲学探索者（如笛卡尔、休谟、黑格尔、布伦塔诺、胡塞尔、维特根斯坦、赖尔、罗素、石里克、卡尔纳普、奥斯汀、汉普夏、马尔科姆、金在权、塞尔、丹尼特、麦克道威尔和福多等）的思考中心。特别是随着20世纪末21世纪初网络社会在全球范围内的崛起以及虚拟化现象的显现，心灵、身体与互联网世界的联动性便成了当代心灵哲学所关注的一个颇为前沿的形而上问题（唐魁玉，2007）。本节是笔者对虚拟世界的身心问题进行的心灵哲学探讨，目的在于借此来推动这方面的研究工作。

一、心灵与身体的随附性

在一定意义上，网络空间中的身心关系问题是可以转化为心灵与身体的随附性问题的。而且，虚拟世界的和谐互动也体现在这种心灵与身体的“随附性生活”中。“随附性生活”的概念是笔者首次提出来的，意指将“心灵”

和“身体”视为一种特定语境（如互联网所标志的物理—心理语境中的一个谓词与一组谓词的关系）创造的可以引起两种属性（如 A 属性与 B 属性）联动变化或保持同一性的生存状态。

何谓“随附性”（Supervenience）？从语义学的意义上来说，它固然是指“意外发生”“随后出现”或“附带发生”等意思，但是，如果从当代心灵哲学的视角上看，“随附性”的真实含义则表述的是“一种存在于客体与客体、属性与属性、事件与事件之间的协变、依赖或决定关系”（高新民）。在此，需要特别强调的是，笔者界定的互联网环境下所包蕴着的心灵与身体之间的“随附性”不是表现于“客体”与“客体”（如万维网之系统中的任何两台实体电脑）之间，而是表现于“属性”与“属性”（如网络空间中“心灵”主体与“身体”客体的各自产生的社会属性）抑或是“事件”与“事件”（如在线“心理事件”与“身体事件”）之间的。有过网络生活经验或体验的网民都不能否认，上述数字化生存状态（如聊天室或 BBS 中的“信息浏览”“心情故事”甚至网恋网婚经历）往往是不乏“随附性”情形的。可以毫不夸张地说，互联网数亿网友每日每时都在不间断地演绎和呈现着极富“随附性”的、心灵与身体交织缠绵的网络生活实践。因而，心灵与身体的随附性关系问题是我们无论如何都不能忽视的一个心灵哲学研究的课题。

在“随附性”心灵哲学研究的知识谱系中，黑尔、戴维森和金在权的名字处在核心的位置。虽说“随附性”这一哲学术语及其哲学观念可以一直溯源到古希腊哲学大师亚里士多德的《尼各马可伦理学》一书中，但是，自伦理学家黑尔关于“好”与“不好”及其所显现的随机性差异的创造性研究之后，戴维森和金在权的智力工作便交替开展起来。在分析哲学领域卓有成就的戴维森的思想可以概括为：“精神（即心灵）活动即生理（身体）活动，但这并不意味着我们能够用生活法则套在精神上”（彼得·J. 金，2007）。也就是说，心灵与身体行为之间是重合的关系。即便不是如此，至少精神（心灵）与生理（身体）活动是存在着某种因果或随附性关系的。在他看来，被视为心灵事件所描绘的东西，如果包含在因果关系中，这事件实际上必须是身体的行为，尽管它的精神描绘不能被归纳为生理描绘。简言之，心理（心灵）特征在某种意义上依赖于或伴随于物理（生理）特征。那这种随附的意思是：“除非在某物理（生理）方面有差异变化，否则就不可能有两个事件在所有心理（心灵）方面一模一样。或者说没有某些物理（生理）方面的改变，就不可能有某些心理方面的改变。这类依赖性或随附性无须经过规律或定义的可还原性。”（D.Davidson，1985）

在运用随附性哲学概念来分析虚拟世界可能的身心关系时，自然地就会遇到逻辑上的还原性问题。然而，在网络情境下随附性表述的种种依赖和决定关系是否会导致还原现象的发生，这在心灵哲学家们看来是一个值得争议的事情。金在权从作为决定关系起作用的“强随附性”出发，认为还原至少在逻辑上是确定无疑的。但丹尼尔·博恩瓦克却评论说，“如果我们把随附性看成是上帝心灵中的还原，就像我曾说过的，实在论者可能这样认为，那么我们就可以将心理状态等同于物理状态，而无须相信：我们终究会掌握甚至可能掌握把心理王国和物理王国连接起来的心理物理规律。我们所获得的规律要么果然是局部的，从属于一种有限制的情境，要么是普通的而不是严格的规律”（高新民、储昭华，2002）。在他看来，随附性通常被理解成了属性的种类之间的一种关系，而还原则被理解为理论之间的一种关系。就强随附性和整体随附性的哲学意义而言，笔者也倾向于认同上述确定的还原论的看法。尽管要想在本体论、认识论和逻辑学上彻底地揭示网络身心关系中的还原性规律并非易事，不过，笔者也并不完全承诺反对在具体的、特定的虚拟境遇中的一些语词意义上的非还原唯物主义观点，只是认为即使是“心灵”的多样化亲身体验里存在着的官能性作用和个人性特质，也必须遵守公认的主体性原则与客观性尺度。

如果我们进一步考察和分析网络空间中的身心生存经验或事实，还会发现，这种心灵与身体的随附性生活不仅与“还原性”相关，而且也和因果性密不可分。对此，心灵哲学家金在权在《随附性的概念》和《作为一个哲学概念的随附性》等论文中，做了很好的阐释和说明。只是他对心灵的解释工作，当时不可能包含对后来网络世界的可能生活的认识。

在多数西方心灵哲学家看来，身心关系就其实质而言，是存在因果作用机制的。这一方面是说，心灵世界包含的有意识的行动总是伴随着某种特定的身体实践，另一方面则是说，任何身体实践往往都会产生心灵主体相应心理状态的变化结果。正如心灵哲学家在解释心灵的因果性问题时常常有着严重分歧一样，我们今天在运用因果论说明网络空间中身心关系所附着的因果性时也可以有截然不同的立场。比如，既可以有理由论和心理实在论甚至工具主义抑或折中主义的立场，也可以持心理语义学和心灵解释学的立场。这里笔者只想倡导一种以网络实在性或虚拟实在论为基础的新心灵因果论的视角来尝试解释网络空间中的身心连带行动的因果关系状态。

必须指出，网络生活世界中的纯粹心灵行动是不存在的，因而对此所做的心灵行动的因果解释也是不能成立的。这是因为，在虚拟实在论的基本立场上来探讨身心因果性问题，绝对不可以将虚实世界的心灵与身体视为是"断裂"的过程，而是要把心灵与身体之间的同一性本质紧紧抓住。因为从经过整合的心灵哲学的观点看，如果我们将网络空间看成一个整体，那么，本质上它就是心灵、自我与社会和谐的一种映射和一种解释，抑或是一种网络性话语的表征过程。而从心灵因果论的角度看，关于网络世界中身心行动或实践的本原与根据的解释就是因果解释。在此，戴维森所谓"行动的基本理由就是它的原因"的论断，还不算过时。问题的关键只在于，要完整地、准确地解释网络日常生活中的身心行动的因果性链条，就一时也不能停止复杂性的整合思维。

二、身体与网界的疏离

如果说网络空间中心灵与身体的随附性具有实在意义的话，那么，身体与网界之间的疏离关系也是社会事实。换句话说，在由互联网技术和人工产生出来的对各感官的刺激综合起来从而使人进入浸蕴体验的系统之中，"身体的不在场"或疏离状态一直是伴随着网络主体实践始终的。正如翟振明先生所说："所谓（虚拟实在世界或网络生活世界）的浸蕴体验，就是一种与自然空间绝缘、在人造三维视场里被各种人造物体影像包围而把自己的身体也看作人造视场中的存在物的体验。"（2001）在他对自身浸蕴环境所做的叙述中，"身体"不仅是可以发出"信号"的机关，而且也是能够遭遇感官刺激的"场域"。拥有无数个终端的互联网结构或统一体，在形式和内容上自始至终都呈现着各个组成部分及其相互联系。

当我们掌握了互联网世界，诸如浸蕴体验系统的规定性、统一性和普遍性以及相应的“身体之外”的各种形式之后，我们就理解了“虚拟现实”生活的本质。相反，我们看到的是由许多虚拟行动整合起来的部分构成的一个生活事件，是由其网络社会结构的各个部分构成的“统一体”。实际上，一个网络生活事件（如在聊天室中通过视频方式同远方的恋人之间的感觉与感情交流等）存在着的“身体不在场”的状态规定性，就是那种在我们心灵深处保持认同感的全部同质性网络行动本质的一种反映。如果有异质的规定性，则它就变成了我们无法解读的网络生活事件。

让我们继续讨论“身体不在场”这一关于虚拟生存状态的著名哲学表述。以之为基础来探讨心灵是否可与身体分离抑或是可以重新结合，这对传统生物学的心灵、身体绝对不可分的观念是严重的挑战（沈骊天，2006）。一个心灵哲学所关注的网络生活体现了这样的社会事实——它借助于可以和实物世界、场世界共在的“网络世界”（即网界）的“遥在性”存在，保证了身体从“虚实世界”中的分离，这一分离既是概念性的，又是认识论意义上的。当我们试图将人类的生活空间从实物粒子、场扩散到计算机互联网组成的虚拟心灵信息系统时（沈骊天，2006），那么，网络世界便被赋予了智慧生命的意蕴。以“虚拟生存”为例，我们之所以把“网界”分为“在线”和“在世”两种生活“呈现”方式（何明升、白淑英，2004），最重要的是在体验“在线”与“在世”的时候，我们能够如其所是地接触它，而不仅仅是我们一种来自“身体场域”的感觉，这实际上是一个领略虚拟实在生活的过程。在认识网络社会过程的时候，我们需要摈弃由于“存在的遗忘”所造成的境遇——即那种认为在对虚拟事件进行考察过程中，我们不是热衷于感受网界的“身内之物”，而是热衷于感受网界的“身外之物”。“身体的不在场”，其实也是一种特殊的“场域”。只是这一“场域”的社会关系网络支持系统所体现出的虚拟社会力量和因素更复杂而已。

那么，“身体的不在场”意义何在呢？在揭示其虚拟生存意义的时候，我们将如何避免身心二元论的危险呢？

首先，从哲学现象学的角度上看，“身体不在场”的生存论意义如此重要，以至于我们必须将其与主体性的概念相联系才能有深刻的体认。问题的关键在于，在网络空间中，与其说是主体“暂时撤离”了身体，不如说在线生存者彼此的交流方式就是身体的“不在场”，除非是在“现世”情境下同处一室（如在一个网吧里的网友）的共时性交往。显然，传统的生存哲学是在实存世界，而不是在虚拟实在世界中展开论证过程和表现意义的，因为后者至少增加了人学存在价值的“过程性”与“情境性”的解释因素。

其次，对“身体不在场”的生存论意义的理解不能拘泥于身体与网界是否处于直接接触状态，而是要充分重视来自网界边缘上的“身外的感觉”或“心灵的感应”。事实上，即便是“来自身体的因果影响也不像那些从外部世界流入的影响那样具有极端的模糊性，但是，甚至对于身体因果效验仍受到与表象直接性相比较而出现的模糊性的困扰”（怀特海）。诚如法国哲学家莫里斯·梅洛－庞蒂所说：“正是某些以身体为其处所的现象构成为知觉的充分必要条件，身体成为从此以后彼此分开的实在世界与知觉之间的必不可少的中介。知觉不再是对某些事物的一种占有：它应当是身体之中的一个内部事件，它产生自这些事物对身体的作用。世界一分为二：既有处于我的身体之外的实在世界，还有为我的、从量上区别于前者的世界。”他还强调指出：“应当将知觉的外部原因与它默想的内在对象分离开来。因为身体本身会变成一团物质性的东西，主体相应地撤离身体以便在自身中凝思其表象。”（2005）当然，倘若换个视角来看，在网界中所谓“主体撤离身体”无异于是说“身体不在场”竟成了“心灵远程呈现”的一个契机。如同尼采所言：“我们的心灵向上飞；这是我们身体的意象，是一种前进和上升的意象。”（Nier zsche，1961）他的“多重身体”和“主体精神”的思想，无疑有助于我们对网界中身心状态的本质的认识。虚拟化存在的一切事物，不管它是以什么样的“身外”方式呈现的，都会保有“主体心灵”的意义，而决不会因“身体的不在场”而完全遗忘。

第三，人身与网络界面的疏离性显示出虚拟主体的超越意向。所有的虚拟实在论或网络实在论者都相信，关于“网络心灵”是什么的问题，存在着我们目前仍没有掌握的东西。德里达《声音与现象》《论文字学》《写作与差异》等著作中显示的电子文本的主题，包含了许多网界与“体外”的心灵世界的秘密：意义在主体心灵之中，而不在网界与身体之间。德里达认为，在我们这个电子写作时代里，“线性写作”与“书本”都已走到了“尽头”（波特曼，2010）。而从法国哲学家莱维纳斯的观点看，网界的主体心灵是可以超越或“异于去是，或在是其之所是之外”而成为一“我而为他者”（2007）。对网界中他者的应承就是主体性这一无处的置身之处，以及何处这一问题之特权的“失身”之处。应该说明的是，“在线”主体或心灵之“失身”，并非本质上的“消失”“迷路”或“不存在”，而只是“暂时性的遗忘”以及为了“异于去是（存在）”而“别犹未别”身体之行动。抑或是说，网络空间上的身心分离或区隔目的在于进一步地以“语言”显现，即将虚拟事件或网络事件的意义呈现给我们。这与维特根斯坦的语言哲学和莱维纳斯的“存在哲学”的精神实质是一致的。

三、心灵与互联网世界的和谐

心灵与互联网世界的关系是和谐的抑或是“断裂”的，这是我们最后将要讨论的问题。在探讨上述问题之前，有必要先对“心灵”的本质以及互联网能否塑造现代人的心灵世界（即世界观）做一概要的说明。

就“心灵”的本质属性而言，我认为，它是一种人类主体的“个人意识”“自我思想”和“意向性状态”。正如美国哲学家威廉·詹姆斯在《心理学原理》一书中所说：“这每一个心灵将它自己的思想保留给自己。心灵之间不存在给予或者是交换。甚至没有任何思想能够直接进入在另一个个人意识中而并非是自己的意识中的某个思想的视野。绝对的隔离和不可还原的多元是这里的法则。”（2007）然而，他在强调人们个体心灵的“屏障性”的同时，也承认心灵或意识是可以融合和流动的。同样，我们也有理由认为，心灵与互联网世界的意识是可以转换的。换句话说，互联网是可以借助其特殊的、普适性的技术理性方式来塑造现代人的心灵世界的面貌的。但如前所述，这种影响的施予并非源于“共时性、空间上的接近，以及性质和内容的相似性”因素，而是来自虚拟“身体的不在场”。

基于这种对“心的概念”的认识，我们几乎可以为赖尔对人的两种生活和两个世界的表述投“赞成票”了。因为，在他看来，在这种比喻的说法下面，还有一层更深的哲学上的假定。人们假定，有两种不同的存在或地位。

存在的东西或发生的事情可以具有物理和心理存在的双重地位。“心与物之间因而存在着一种两极的对立，这种对立常常得到如下的说明。各种物质对象都处于一个叫作‘空间’的公共领域之中，位于空间某个部分的一个物体所发生的事情与位于空间其他部分的其他物体所发生的事情具有机械的联系。但心理事件却发生于‘心灵’的各个互不相通的领域之中，或许除了心灵感应之外，在一个心灵中发生的事情与另一个心灵中发生的事情彼此之间没有直接的因果联系。只有以公共的物理世界为中介，一个人的心灵才能对另一个人的心灵发生影响。”（赖尔，2005）如此说来，互联网之作为一种现代“公共的物理世界”的中介，它的存在必然会给人们心灵带来难以估量的影响。

不过，互联网对人的心灵，尤其是对人的世界观的影响或塑造，除了与“概念的理性演绎”紧密相连之外，还与虚拟实在的“经验世界”的表征过程不无关系。事实上，无论是塞拉斯心灵哲学经验的观点还是戴维森的信念论思想，都有助于我们从不同的方面来认识虚拟心灵世界的本质与意义。

按照上面的思想，我们接着考察心灵与互联网世界的相互作用后果，即断裂性与“同一性”的问题。与网络世界心灵与身体之间存在着的“断裂”与“同一”相类似，心灵与互联网世界之间间或出现的“断裂”和“同一”性境遇也是客观实存的。不仅如此，从互联网发明和普及伊始，人们就对虚拟世界的“心网”问题抱有二元论的传统看法，即把心灵和互联网分别看成是两个彼此具有“孤在性”的部分，甚至因互联网所处的虚拟实在空间的复杂情境，更加增加了某些心灵境界的神秘色彩。只是随着人们对“在线生活”的认识的深入，对“心网”关系的实质有了更全面的理解。特别是当传统心灵哲学中的身心同一思想成为“心灵解构”的主流意见时，心灵与互联网世界的和谐状态便成了一种人们对虚拟社会系统的理想诉求。就一般意义来说，在空间中“心网同一性”与“身心同一性”一样，其表征都是十分突出的。从关注实体向关注属性和关系的心灵哲学发展趋向的角度来看，与网络社会心理状态颇为契合。网络生活的自我认同与社会认同，在根本指向上是与虚拟身心同一论与心网同一论的精神相一致的。退一步说，若是站在还原主义的哲学立场上，现代社会则可还原为网民之间的网络行动及其相互作用。而且，我们对虚拟哲学的研究也无异于一种对网络心灵世界和身体世界以及网络世界的描述、解释和解构。因此，从一定程度上说，心灵与互联网世界的和谐互动关系是我们唯一想要的虚拟生活，没有心灵感知的网络互动，也没有无网络和谐互动的“心灵感知”（塞尔，2005）。意向性发生在网络行动与心灵感知的相互融通之中，这就是互联网与心灵世界构造的逻辑，也是人类“心灵再发现”的绝好时机。同时，这也再一次印证了“生命存在与心灵主体之作用”的观照虚境性（唐君毅，2006），以及不可避免性的存在。在康德的心灵思想中，实体的生活经验是一个指涉或表现“我思”的过程（尹洁，2018）。这个实体，通常需要在认知意义上将其与其他个别事物区别开来。

综上所述，从经过整合的心灵哲学的观点看，如果我们将心灵、身体与网络视为一个两两相关和互动的关系体的话，那么，本质上网络世界的“齐物合一”与“心网融通”的和谐理想就是我们这个时代精神的一种呈现和一种解构，抑或是一种网络文化的表征过程，以至于我们不能不说：互联网以其特有的方式重塑了我们的心灵世界，“延伸”了我们的身体，并且为我们创造了一种“合和共生”的理想化的、多样化的生活方式。

本章参考文献

[1][美] 安乐哲 . 古典中国哲学中身体的意义 [J]. 世界哲学，2006（5）：49.

[2][英]A.N. 怀特海 . 过程与实在 [M]. 周邦宪，译 . 贵阳：贵州人民出版社，2006：240–241.

[3][英] 彼得 · J. 金 . 大哲学家100——世界上最伟大的思想家生平及成就简述 [M]. 戴联斌，王了因，译 . 北京：生活 · 读书 · 新知三联书店，2007：160.

[4] 陈嘉映 . 海德格尔哲学概论 [M]. 北京：生活 · 读书 · 新知三联书店，2005：152.

[5] [法]E. 莱维纳斯，任晓明 . 异于去是，或在是其之所是之外 [J]. 世界哲学，2007（3）：4–21.

[6] 高新民，储昭华 . 心灵哲学 [M]. 北京：商务印书馆，2002：276，964.

[7] 高新民，殷筱 . 戴维森的解释主义及其心灵哲学意蕴 [J]. 哲学研究，2005（6）：79.

[8] 高新民 . 人心与人生——广义心灵哲学论纲 [M]. 北京：北京大学出版社，2006：204.

[9] 何明升，白淑英 . 在线生存：现代性的另一种呈现 [J]. 哲学研究，2004（3）：108–112.

[10][英] 怀特海 . 过程与实在 [M]. 周邦宪，译 . 贵阳：贵州人民出版社，2006：240–241.

[11][英] 吉尔伯特・赖尔 . 心的概念 [M]. 徐大建，译 . 北京：商务印书馆，2005：6–7.

[12][美] 马克・波斯特 . 互联网怎么了？ [M]. 易容，译 . 郑州：河南大学出版社，2010：144–153.

[13][法] 莫里斯・梅洛 – 庞蒂 . 行为的结构 [M]. 杨大春，张尧钧，译 . 北京：商务印书馆，2005：280.

[14][美] 尼葛洛庞帝 . 数字化生 [M]. 胡泳，范海燕，译 . 海口：海南出版社，1996：192.

[15] 任晓明，李旭燕 . 当代美国心灵哲学研究述评 [J]. 哲学动态 ,2006（5）：47.

[16] 沈骊天 . 心灵的哲学求索与科学探索 [J]. 华中科技大学学报（社科版），2006（5）：103–110.

[17] 唐魁玉 . 虚拟空间中的身心问题——对心灵哲学观点的辨识与吸纳 [J]. 哲学动态，2007（4）：30–34.

[18] 唐君毅 . 生命存在与心灵境界 [M]. 北京：中国社会科学出版社，2006：583.

[19][美] 威廉・詹姆斯 . 心理学原理 [M]. 郭宾，译 . 北京：九州出版社，2007：517.

[20][美] 希拉里・普特南 . 实在论的多副面孔 [M]. 冯艳，译 . 北京：中国人民大学出版社，2005：19.

[21] 尹洁 . 康德心灵理论研究 [M]. 上海：上海三联书店，2018：9.

[22][美] 约翰・麦克道威尔 . 心灵与世界 [M]. 刘叶涛，译 . 北京：中国人民大学出版社，2006：151–153.

[23][美] 约翰 · R. 塞尔 . 心灵的再发现 [M]. 王巍，译 . 北京：中国人民大学出版社，2005：161.

[24] 翟振明 . 虚拟实在与自然实在的本体论对等性 [J]. 哲学研究,2001(6): 62.

[25] 翟振明 . 实在论的最后崩溃 -- 从虚拟实在谈起 [J]. 求是学刊,2005(1): 16–27.

[26] 周晓亮 . 自我意识、身心关系、人与机器 -- 试论笛卡尔的心灵哲学思想 [J]. 自然辩证法通讯，2005（4）：48.

[27]D. Davidson. “Reply to Lewis” . In vermazen. Essays on Davidson[M]. Action and Events Clarendon Press, 1985: 242.

[28]Jhon Searle. The Rediscovery Mind Cambridge[M]. MIT Press, 1992：50.

[29]Nietzsche. Thus spoke Zarathustra, trans.R.J.HollingdaleMiddlesex: penguin, 1961: 101.

[30]XIE WENJING. Virtual space, real identity: Exploring Cultural identity of Chinese Diaspora in virtual community[J]. Telematics and Informatics, 2005（22）: 395–404.

第五章　网络文明、网络文化价值及其核心价值观

网络文化是一种以信息网络技术为基础，迅速形成和发展起来的现代文化形态。它的出现标志着人类已经进入了一个新的时代和社会，即信息时代和网络社会。由于网络文化从它诞生之初就具有自身特点和多种文化品质，所以网络文化也具有许多结构性和功能性的社会属性，对这些具有现代性和后现代性文化社会属性的讨论，无疑有助于我们认识和把握时代的本质和精神，从而更好地适应时代的挑战。

第一节　网络文明、网络文化的兴起

网络文化和网络文明的生成及勃兴，几乎是同步进行的。这一演进过程体现着人类的技术社会发展的基本规律，既开拓了人类社会相应的物质文化疆土，又深化了人类社会以及与此相关的精神文明。

一、网络文明与媒介技术革命

（一）何谓网络文明?

毫无疑问，网络对人类文明的影响和精神气质的打造，已经成为我们这个时代的重要特征之一。互联网不仅为人们提供了日益丰富的器物层面的文

明形式和资源，同时也为人们创生出了一种前所未有的心理呈现和内向文明的形式和资源。网络之于文明更深层的意义，在于使一些原本就十分要紧的人类“关系网络”和“网络关系”变得更加复杂和充满着彼此互动的味道。随着时间的推移这种具有新质的网络文明在形式和内容上还将发生更多变化，甚至会演变为“智能文明”。

所谓网络文明，并不是不可思议的纯粹虚拟化的人类生活方式，它是指依托于互联网（万维网）等电子信息技术工具（包括计算机符码、图像、声音等载体）和人类主体间的互动关系而形成的一种全新的、辐射力极强的文明形态。就如同人类学家、考古学家曾几何时强调的诸如腓尼基字母、克里特人出土的泥版、驯鹿时代遗留下来的让人惊奇的各种洞壁图案一样，表征着人类某一个时期的“文明刻度”（马雷特，2013）。当然，网络文明并不仅仅体现在物理性或“器物性”的文明层面，还体现在一切具有时间的遥在性、延展性和赛博空间的张力所建构的网络身心关系和生活实践中。以网络流行语言为例，它不仅是“虚拟世界的信息符号”（陈榴，2002），而且由于这种“在线”语言的现实扩散性的作用，还会成为“线下”人们普遍使用的流行语。比如，“菜鸟”“哇噻”“套路”“洪荒之力”“不明觉厉”“怪我咯”“吃瓜群众”“工匠精神”“友谊的小船，说翻就翻”“蓝瘦，香菇”“ 主要看气质”“明明靠脸吃饭，偏偏要靠才华”“吓死宝宝了”，如此等等，不一而足。正是因为有了上述层出不穷的网络语言（尽管它们的语言成活率不尽相同）的新文化元素的介入，才使我们的日常生活变得更加丰富多彩和充满时代感。

（二）网络媒介技术与网络文明

众所周知，计算机及网络技术是20世纪中后期人类最伟大的发明。它不仅引发了一场网络生产技术革命、网络流通技术革命、网络金融技术革命，而且也引发了一场网络媒介技术革命，进而影响了人类的日常交往行为。

首先，网络媒介技术催生了网络文明的器物形式。从传播学的观点看，任何人类传播行动都必须借助一个媒介渠道才能得以实现。也就是说，包括网络信息在内的一切媒介信息都要有物理形式方可完成。互联网作为强大的人机或人人互动工具，不可能不使用相应的电子设备（包括硬件和软件）。比如，我们要利用光纤和路由器才可以进入电脑或微信空间。否则，我们的身体无法处于“在场”或“在线”状态。加拿大传播学大师麦克卢汉在谈及媒介与广告的关系时，也曾使用过“机械的新娘”一词。就是说，离开了冷媒介、热媒介这些“机械”工具，再好的广告策划案也是枉然（殷晓蓉，1999）。麦克卢汉的创新思想，事实上也是离不开计算机物件的。正如罗斯扎克所述，人们“勾勒出了一幅动人的理想场景：电子村村民傍着计算机而坐，凭借着数据转化器和卫星的传送名村民可以和地球另一边的伙伴聊天、通信。对未来社会的这种想象洋溢着浓郁的田野色彩，以至于人们要把计算机比作未来电子村里的一种新式犁具”（1994）。因此说，麦克卢汉是一位了不起的预言家。

其次，网络媒介技术塑造了网络文明的精神气质。网络媒介技术不仅体现为一种现代文明的器具，而且还将通过人类的互动行为由物化的因素拓进到精神的因素之中。网络文明形成的标志之一，就是看看网民是否普遍具有民主精神、公平正义的意识以及网络社区的社会公信力高不高。当然，网络文明的精神气质还体现在网民的人文素养和政府约束网络行为的适度和具有道德建设性。

再次，网络媒介技术建构了网络文明的感知模式。在传统媒介社会里，人类个体的感知方式是单一的和视觉化的。但到了电子媒介时代，“技术的影响不是发生在意见和观念的层面上，而是要坚定不移、不可抗拒地改变人的感觉比率和感知模式”（GLenn Mcluhan，1996）。在网络文明建设过程中，我们无论如何都不能脱离感觉器官的身体功能去侈谈文化意义（梁虹，2004），因为要深刻地理解网络时代的本质就必须运用感性逻辑和正视网络世界的生态平衡。由此，网络媒介技术便彰显了网络文明中的核心价值关系。

总之，从人类技术演化与文明进化的过程看，每一个新的重大技术阶段，都会对应着一个相应的历史阶段，同样也对应着一个具体国家或民族以及相应的文明体系的崛起和文化的兴起（芒福德，2009）。

（三）数字化媒介与文明征候

关于媒介与文明的关系问题，麦克卢汉的老师伊尼斯曾经有过一段精彩的论述。他指出：“一种基本媒介对所在文明的意义是难以评估的，因为评估的手段受到媒介的影响。实际上，评估本身似乎是某种类型的媒介的特征。”

他还特别强调说：“媒介类型一变，评估类型也随之而变，因此一种文明理解另一种文明并不容易。”（2013）数字化媒介代表的文明的演进情形也大体印证了这一点。我们称之为网络文明的观念和交往行动，正在对人类生活世界进行着前所未有的数字化媒介塑造。

正如何哲所说，在网络文明时代里，人类社会在行为特征上发生了以下五个根本变化或文明征候：一是从物理生存到现实与虚拟空间生存的转变；二是社会信息由相对匮乏向相对丰裕与透明的转变；三是社会结构由等级科层制向平坦网络型转变；四是生产合作由近距离向跨时空转变；五是各种人类社会组织形态将跨越全球而存在（2017）。

诚然，数字化媒介给人类带来的文明征候实在是数不胜数。比如，它给我们带来了媒介化生产，即把数字化传播技术转变为文化符码，创造了各种文字、声像产品，从而加快了社会生产的数量和品质。再比如，它给人类带来了媒介化生活，从而改变了社会生活的内容和节奏，产生出无与伦比的媒介权力和阶层、性别生活的各种风格。还比如，它给人类带来了前所未有的媒介化民主，这是一个弥尔顿、卢梭和古登堡都不曾设想过的网络政治参与的格局，同时自由表达也有了绝好的机会和平台。

可以预见的是，随着网络技术逐渐向人工智能技术转变，这场数字化媒介革命还将把触觉伸向人类文化和生活方式领域，并且最大限度地实现麦克卢汉的“地球村”人的理想，为解构和再造属于这个数字化时代的现代生活方式而拓展自己的身体感官的功能。

二、网络文化的兴起及新启蒙意义

（一）网络文化兴起的必然性与可能性

前文说过，网络文化是一种以信息网络技术为基础，迅速形成和发展起来的现代文化形态。它的出现标志着人类已经进入了新的时代——信息时代、网络时代、大数据时代和智能时代。从哲学人类学或技术人类学的观点看，网络文化的兴起既有必然性，同时又有可能性。

首先，网络文化的兴起是网络技术发展的必然结果。何哲认为，网络社会的出现和崛起乃是人类社会最为重大的一个历史性事件。它至少在三个社会属性层面，产生了颠覆性的变革：那就是新的空间领域属性、新的社会结构属性和新的活动主体属性（何哲，2013）。什么是网络社会崛起或网络文化兴起的必然性？哲学家阿伟森纳认为，所谓事物的必然性一定是某种事物存在和本质属性的反映（何博超，2017）。就外部现实层面而言，网络化的存在是存在者的客观属性，因为网络社会是一个虚拟现实界面的存在体；在认识论层面上说，网络文化即可以看成是源自网络化生活经验的观念形式，也可以被视为一种“先验”观念。而且，从网络社会的虚拟现实文化演变过程来看，可以说是从偏倚虚拟现实性向偏倚现实性转变。即是说，网络社会和网络文化发展的趋势越来越倾向于弱化虚拟性和强化现实性。

其次，网络文化兴起的可能性有赖于网络社会从幼稚走向成熟。如果说，网络文化的兴起是网络技术发展的必然结果的话，那么，其可能性就存在于现实社会的网络生活经验和体验中。也就是说，网络社会的逻辑中也包含了网络文化的兴起和发展的可能性。反之，这种可能性也将印证和回归于网络社会的必然性逻辑。应该说，这种可能性就普遍存在于全球性和地方性文化的建构及共享中。

（二）网络文化兴起的全球性与地方性

网络文化的兴起，大致可分为全球性和地方性两种情形。本章为了更突出网络文化的中国经验，故而将地方性又分为外域性和中国性两种情形。总体来说，就分为全球性、外域性和中国性三种情形。

第一，网络文化兴起的全球性。由于计算机网络技术是以美国为中心的西方科学家、企业家（以罗素、怀特海、香农、明斯基、图灵、安德森、盖茨等为代表）发明并推进的，所以网络文化的真正起点在欧美诸国。其中，美国政府的信息高数公路计划（1991年）的制定和实施尤其显得重要，真正意义的网络文化（以万维网为标志）就肇始于此。当然，又因为美国是世界上最发达的网络媒介的传播者，所以在英语霸权的背景下美国化一下子就变成了全球化或全球性。这种网络文化兴起的全球性，被一些学者称之为现代性（吴晓明、邹诗鹏）。

第二，网络文化兴起的外域性。人类学家通常将现代文化分成全球化（全球性）和地方化（地方性）是有道理的，也是极富概括性的。这里的外域性，显然是以中国为语境的一种表达，也可表明各个国家或地区网络文化的相对性。比如，印度、日本、南非和朝鲜相对于中国就是外域的文化实体。他们的网络文化实践经验我们可以学习，我们的网络文化经验他们也可以借鉴。这是一个各国文化软实力的比较视点，其文化的兴衰强弱是衡量或判定国家能力和人民生活质量的重要参数。

第三，网络文化兴起的中国性。中国网络技术的引进和发展原本是后发性的，但是追赶的速度惊人。到2019年，中国互联网普及已经经过20年。从开始的几百万网民到如今的22亿网民，以及更多的手机化网民和金融网络支付者，表明我们已经进入了一个网络化社会。换言之，网络文化在中国大地上已经开花、结果，并且势头强劲。享受和开发网络文化是一件值得骄傲和认真对待的事情。

（三）网络文化兴起的新启蒙意义

美国著名学者卡斯特在《网络社会的崛起》一书中指出："人类从工业革命时代走向网络社会，这不是历史的终结，而是人类历史刚刚开始。"（2001）作为一种新启蒙方式的网络文化，其可能发挥的新启蒙意义主要表现在三个方面。

第一，网络文化的传播者接续了启蒙时代张扬现代性的历史任务。启蒙思想范式和文化命题，它自19世纪中叶至20世纪末以来经历了一个从引入、兴盛到出现危机的过程。启蒙及其思想的文化遗产，不仅具有宣传民主和科学的历史价值，也对21世纪中国的社会发展，特别是"网络化中国"的健康发展具有现代性意义。康德在《何为启蒙》一文中说过："启蒙运动就是人类脱离自己所加之于自己的不成熟状态"，"不成熟状态就是不经别人的引导，就对运用自己的理智无能为力"（1991）。通过网络，可以将有价值有理性的知识传播给公众，从而避免在网络空间中的过渡管制和不文明行为。对此，网民和政府都应该保持理性和勇气。只有这样，普通网民和政府网管者才能彼此获得理解和受益良多。

第二，网络文化的创造者应摒弃躲避启蒙的慵懒无为的消极心态。曾几何时，作为启蒙者和文化创造者的知识分子一直是大众所崇敬的启蒙思想的代表。他们拥有文化的解释权，同时也是整个社会思想进步的先驱者。他们作为舆论领袖，向公众进行各种社会教育，以此来实现其启蒙民众的志业。

然而，进入网络社会后，知识分子群体消隐于网众之中，再也发挥不了以往的启蒙作用。久而久之，网络文化也会缺乏活力和思想深度。这是必须要改变的，否则网络社会主体将导致整体平庸。

第三，网络文化的建构者需要有全球化、民族化的启蒙思想素质。21世纪是一个具有多元现代性的全球化、民族化和网络化“共相”的世纪，这一点学术界已有了认同。因此，中国的网络文化的建构者（包括治理者）必须要以此为基点。新启蒙的意义，将体现在对网络文化的判断和正确引导上。还要在保证国家利益的基础上，恰当地将中西方文化结合起来，同时还应以马克思的意识形态作为新启蒙的主导思想。只有如此，才能建立起有利于社会发展和全面实现小康社会人民美好生活理想的新启蒙网络文化体系。

第二节 网络文化的特质、功能与载体

与传统文化和其他现代文化相比较，网络文化具有许多特质、相应的功能，以及所选择的载体或形式。不全面、透彻地了解网络文化的基本特质、社会功能和传播载体或显现形式，就不能把握好网络时代的文化现象和本质，也就无法解释纷繁复杂的网络文化实践。

一、网络文化的特质

（一）网络文化的关键特征

英国文化学者威廉斯曾经给文化下过一个令人印象深刻的定义：文化是“社会秩序得以传播、再造、体验及探索的一个必要的表意系统”（Williams，Raymond，1981）。联系到网络文化问题，这至少帮助我们避免了对网络文化本质的不求甚解，并将我们的注意力引到“网络文化的特质”的讨论上来。网络文化不是一个简单的社会学、文化学概念，它涵盖了许多因素的互动，例如文化演进的维度和更广义的社会系统和社会行为之间的彼此互动。网络时代的“真理意识”已经很模糊（董玉整，2005），但是至少应该表现在我

们对网络文化的特质的认知上。在关于网络文化本质的解释中，存在着不少悖论。比如，常晋芳就提出了技术与人文、一元与多元、开放与封闭、自由与规范、民主与集中、平等与差异、虚拟与实在、理性与价值、创新与价值、个人与社会等十个网络文化的悖论，真可谓是一时之完备（2003）。

时至今日，随着网络社会的发展和网络文化的演进，网络文化的特质已经发生了一些或大或小的变化。在此我们从三个大的维度出发，将网络文化的关键现代性特征重新归纳为如下几个：①网络文化的技术性（工具性）特征，主要包括虚拟仿真化、地域的全球化、空间流动化、信息数字化、文化符码化、大数据化、人工智能化等（张元，赵保全，2016）；②网络文化的价值维度特征，指的是新旧媒体的融合化（骆睿，徐岩，张铱晗，2015）、真理虚拟化、多元共享化和身心一体化；③网络文化的社会性特征，包括遥在互动性、主客体交互性、复合亚文化性、个体社会性和社会隐喻性等特特征（陈羽，石坚，2016）。

（二）网络文化的其他特质

第一，网络文化正从亚文化变成普遍文化。在网络社会的早期，由于上网技术的普及不够，加之中老年人不易接受新鲜事物，因此网民绝大多数是年轻大学生，尤其男生的比例更高一些。就是说，网络文化的演进大体经历了从青年亚文化到普遍文化转化的过程，至少中国的网络文化实践是这样。当然，现在的网络文化还存在很大一部分亚文化的东西（比如青年直播、各种网红和少数性取向群体社区的文化），但主流文化和精英文化的空间和权力也不同程度地存在着，并且常常发生文化意义上的反抗和文化趣味上的差异。在阅读、书写和声像形式方面，也呈现出了大量的无中心化、分散化、碎片化和无序化等后现代文化的特质（唐魁玉，2015）。

第二，网络文化区隔我们的身体与身份。网络文化作为一种以“时间与空间中的互动”为主要特点的新型文化（吉登斯，2009），它总是或多或少地隔离或区分我们的身体和身份。这也是一种后现代话题。首先体现在网络文化可以塑造我们的身体，因为人类的身体技术（例如网络“在线”状态下的男人或女人的身体语言等手段）会承担许多重要的网络沟通作用。与此同时，也可能自觉或不自觉地制造出文明、健康和低俗甚至色情文化产品。其次，体现在网络文化作为一种权力或话语权力的方式塑造我们的身份。直到今天，网络文化不同层次的边界还不同程度地存在着，尽管网络上的通俗艺术和高雅艺术之间的界限事实上已经淡化了许多（阿德恩.鲍尔德温等，2004）。网络文化的态度，也会因为文化立场和态度的不同，展开或明或暗的“被谈判”和“被抵制”。比如，网络空间中诸如英语、法语和汉语的文化身份地位或是所在比例，还在悄悄地发生着某种改变。

第三，数字化、数据化、智能化与网络文化表征的未来。首先，数字化技术还一如既往地在网络空间中扩展自己的文化地盘，并以它特有的文字、照片和图像等符码方式影响网络文化的表征。其次，大数据技术的登场和不断更新，占有了越来越多的网络文化后果的精准表达方式，至少大数据因素对以往人们的传统思维方法是一种致命的打击和挑战。最后，人工智能技术又将信息网络技术和其他相关技术整合起来（沃特森，2017），向现存人类社会结构、工作方式和生活方式体系发起了新一轮全面“进攻”。随着智能化社会的到来，未来人们的生活、思维甚至相爱表达模式都会受到冲击和影响。

二、网络文化的功能

（一）网络文化的经济功能

前文我们曾谈及文化生产问题，这实际上已涉及网络文化的经济功能。如果将网络文化看成是一种可以交易或消费、使用的产品的话，那么，它一定存在着某种文化体的经济作用。显然，这能帮助我们建立起一种文化品经济效用的概念。理解了这些，我们就可以仔细而又准确地考量或评估特定网络文化（比如网络游戏所代表的一整套网络娱乐文化）的运作模式了。

一般说来，网络文化的经济功能或经济作用，常常体现在文化商品的交易过程中，有在购物网站上购物经验的人都不难理解。再比如，作为一种微文化的微商行为，虽然有别于专业市场上的公司文化行为，但就其实质而言却是相同的。即便是一些网红，其网络行为并不仅仅给他们带来经济收入，也会产生一些连带的经济社会效果。因此，网络文化的经济功能可以包括直接的和间接的，或是显现的和潜在的等情形。从经济社会学的观点看，网络文化行为还是与文化资本的投入和文化交易成本的多少，以及“互惠性交换”

状况、公司网络关系等不无关联性（格兰若维特等，2014）。

（二）网络文化的社会功能

网络文化的社会功能不是一个所有权和商品化的问题。作为网络文化行动的社会基础的嵌入性互动关系、信任关系和组织结构关系，在分析网络文化的社会作用时是至关重要的。以嵌入性网络文化的功能为例，它所获得的诸如社会效益、社会声誉、社会形象或社会表征等功能都依赖于网络伙伴之间的良好或和谐关系的缔结和维持。当然，与传统文化功能相比，这种网络文化功能已不再源于血缘、地缘或者业缘关系了。

（三）网络文化的政治功能

尽管网络文化具有很强的自由性、娱乐性和非主流性，但是仍然存在着意识形态制约、权力话语干预以及行政管控方面的成分。说起来这也是一个在网络化时代证明国家政治和国际政治关系存在的标志。而且，这种网络文化运作功能的发挥还会很强烈地影响某些国家或地区网民的竞选投票、发声等政治参与行动的种种社会面相，从而表现出网络文化的作用。

（四）网络文化的传播功能

一提起大众文化的社会传播功能，我们就会自然想起美国传播学四大奠基人之一的拉斯维尔。他在1948年出版的一本叫《传播在社会中的结构与功能》的小册子中，曾将传播的社会功能归纳为环境监视、社会联系与协调，以及社会遗产传承等三种基本功能（1964）。随后，赖特、施拉姆和拉扎斯菲尔德等人又将传播功能做了补充，增加了社会地位赋予、解释与规定、提供娱乐和负面的麻醉精神作用等社会功能（郭庆光，1999）。这种说法，大体上可以解释当下网络文化所发挥的社会传播作用。时至今日，用新的学术话语来为网络文化的传播功能做个诠释便是：①网络舆情监控的功能；②网络社会互动的功能；③网络声名传递的功能；④网络社会化的功能；⑤网络解释的功能；⑥网络娱乐与游戏的功能；⑦网络信息分享的功能；⑧网络感性刺激与麻醉心智的功能。如此等等，不一而足。从网络文化传播功能的性质上来看，可以分为正面的、负面的和中性的三种功能类型，因为互联网平台本身就是一把双刃剑，反映到网络文化传播功能上也是如此。总之，作为互联网介质的新文化传播结构及功能，必将取代或部分地取代旧的传播结构和功能。

三、网络文化的传播载体或形式

（一）网络文化的文本载体

文本载体是最富于人类文化深度的文化形式之一，同时也是网络文化的重要内涵式文化表征工具。它以文字、语言及其相应的符号化系统为主要形式。法国哲学家德里达和符号学家罗兰·巴特等人曾经深刻地揭示了以文字为中心的文本文化形式的本质。德里达在《论文字学》一书中向人们展示了一种新的文本和阅读风格与策略（1999），并以此为基础阐明了结构文本的规律。而《神话学》的作者罗兰·巴特则在女性主义者克里斯蒂娃“互文性”或“文本间性”的概念基点上，论述了“作者之死”现象。在他看来，文本是一个多维度空间，多种多样的写作没有一种是起源性的。在其中相互混合，相互冲突。换言之，文本是那些由特定文化的引语所构成的“编织物”（1977）。不过，文本并非单纯构成“贯穿”“分割”或“中止”的文字游戏形式，它为人类创造了大量极富表现力和隐喻性的网络文化。

（二）网络文化的数字载体

以数字化媒体为基本文化工具的数字化或“可计算数”的数码化文化形式早已成为人们认识网络文化和网络世界面貌的“一把钥匙”。网络化生存的本质，就是“数字化生存”。英国数学家、逻辑学家，被称为计算机科学之父和人工智能之父的阿兰·图灵对科学贡献良多，但一生只发表过近30篇论文和文章，其中两篇文章造就了他流芳百世的声望。“论可计算数”（On Computable Numbers）是他的第一篇不朽论著（佩措尔德，2012）。可以说，他的关于数字化的思想及其“图灵机”“图灵测试”概念的提出，为人类进入计算机及信息网络时代打下了一个坚实的基石。从此，数字化将成为伴随人类日常生活始终的网络文化工具。

（三）网络文化的图像载体

从视觉人类学的角度说，图像乃是人类文化的生成与进化的重要形式，在网络生活世界的虚拟文化实践中，图像也扮演着重要的工具角色。理解图像这种符码化文化塑造规律，对破译网络文化具有极为重要的符号学意义（王海龙，2007）。作为符号学要素的图像，不仅可以成为影视、广告、摄影、舞蹈等的意义建构方式，而且也可以成为网络文化意义建构的元素。正如著名哲学家卡西尔所说："在语言、艺术、科学中，人们能做的不过是建造他们自己的（符码化）宇宙，一个使人类经验能够被他们所理解和解释的符号性的宇宙。"（2003）在罗兰·巴特看来，图像也有文化符码的作用。他认为，一个图像可以分成语言讯息层、外延图像层和内涵图像层三个层次（闵锐，彭彤，2009）。可以说，图像作为一种文化形式，在网络生活世界中还会发挥出更重要的网络沟通作用，并使可能在网络文化实践中丧失了主体精神的网民个体恢复生命活力。

（四）网络文化的声音载体

德里达除了强调文字符号系统的语言文化价值之外，还将声音现象提升为一种文化哲学的策略（2010）。德里达将"声音"与"现象"置于平等的地位，足见其很重视声音的话语中心作用，甚至将"声音"视为一种思想、意识。这种辩证思维无疑有助于我们理解和把握网络文化的一些文化现象。比如，直播现象中就包含了声音和图像的复合作用。由此，可以更好地利用各种符号进行意义的分享，以表达或实现共同体的意愿和目的。

综上所述，主要介绍了网络文化的文本、数字、图像和声音等四种基本载体的情况。必须说明的是，通常人们接触到的网络文化往往是两个或多个载体复合而成的。另外，从网络文化的形式来看，还可分为客观文化形式（包括电子邮箱、聊天室、社区、QQ 群、人人网、论坛、贴吧、微博、微信、直播等）和主观形式（主要指网络价值文化、网络伦理文化、网络审美文化等内在观念形式）两大类。由于本章篇幅所限，具体的网络文化形式还将在别处换个话题加以探讨。

第三节　网络文化的生产及限制

网络文化实践表明，它不仅是一个文化消费或文化分享问题，而且也是一个文化生产问题。随着网络社会的演进，人们开始以自觉的方式而不是以自发的方式来面对网络文化的生产。

一、关于网络文化生产问题

（一）网络文化生产的定义与特质

既然网络文化是一个边界模糊、形式多样、具有无限张力和变体的空间文化，那么，我们就有理由认为网络文化生产也是一个复杂性的信息与资源的组合过程。因为网络文化是以计算机技术融合为物质基础和以精神财富为理想目标的，所以网络文化生产也应该是一种兼顾了虚拟与现实、有形和无形等双重特质的文化生产。而且，从循环经济学角度看，网络文化生产在本质上还是一种文化再生产的过程。往大了说，它还包含了网络文化生产力和网络文化产业的功能或旨趣（金元浦，2012）。著名经济学家刘诗白指出：现代文化生产过程所产出的文化产品，既具有一般商品的使用价值性质，又具有非市场经济原则之外的社会意识形态的性质（2005）。当然，网络文化生产的产品，可以是软硬件的（如在线播放的《战狼2》《盗墓笔记》等），也可以是软件的（如华为、苹果、三星手机等），或者软硬件兼而有之的。为了提高网络文化产品的品位和趣味。还可以做出调适（2017），还可以此来形成市场或社会效益上的成功。

（二）网络文化生产的三要素

第一，网络文化生产的主体。网络社会是一个个体张扬的社会，每一个"在线"个体网民都是网络文化的生产者、创造者和使用者。换句话说，只要遵纪守法，在网络文化生产上人人平等。你可以在新浪微博上发长微博，她可以在当直播网红，我可以在慕课空间里传个课件。如此等等，没有身份地位的差别。网络文化主体（网人）的知识、才华和气质，只决定着自己作品的特殊性而已。然而，依据马克思的异化劳动理论可以分析解释网络文化生产出现的种种异化现象，王晓升认为，网络文化工业中贯穿了一种工具理性精神，而这种工具理性精神背叛了文化的本质特点。具体说来，包括了文化劳动者与自己的产品间的异化劳动者与他的劳动间的异化、劳动者个人不能自己作为自由存在对待，以及人同人之间的异化等四个方面。

第二，网络文化生产组织。这里主要指20世纪末以来兴起的网络文化产业。它包括了高技术武装和扁平化等组织特征，无论从产业社会学、文化人类学和产业经济学的角度看都存在着文化生产诸方面的变迁与延续问题。并且，这种网络文化生产在经济领域和社会领域的作用也是有目共睹的。

第三，网络文化生产的作品。一般说来，没有足够多足够好的作品的网络文化生产是低效的和低品质的。换句话说，衡量网络文化产品的重要指标只有两个：一个是数量，一个是质量。当前我国网络文化生态问题，就是文化产品秩序混乱、道德建设不足和商业化严重（刘胜枝，2015）。

（三）布尔迪厄文化再生产理论的意义

法国社会学大师皮埃尔·布尔迪厄的文化再生产理论，对当下网络文化生产行为与实践有一定的启示意义。他以文化、权力和区分为核心，强调文化场域各类能动者在文化生产中对文化产品的合法性垄断权利进行抗争（芮小河，2016）。在他看来，包括网络文化生产在内的任何文化生产都具有明显的排他性，即一种场域的网络文化对另一种场域的网络文化会构成一定的文化压力。布尔迪厄还认为，文化总是处于一个不断生产、再生产的过程中，并在这一过程中发展变化（宗晓莲，2002）。

由此可知，相对于一般文化变迁而言，网络文化在内容和结构上的变化也与其他异文化（包括外域网络文化等他者文化）间的相互作用不无关系。当然，相对于旧的传统文化惯习而言，网络文化的“新的惯习”也会在文化资本的作用下被生产出来。与此同时，网络文化在作为“物体系”和“人文本位”的消费品也会源源不断地产出。

二、网络文化产业及其文化解释视角

（一）网络文化产业问题

如何客观、理性地解释和分析方兴未艾的网络文化产业的社会学、人类学意义？究竟是技术、经济抑或是文化本身的因素主导或影响了网络文化产业的发展机制的形成？到底是产业催化了文化，还是文化催化了产业？

这些显然都是难以回答，同时又值得深度探讨的问题。但无论如何，我们在研究网络文化生产和网络文化产业时又都无法绕过。英国文化学者大卫·赫斯蒙德夫在《文化产业》一书中认为，文化产业通常指的是与社会意义的生产（the production of social meaning）最直接相关的机构所进行的文化生产（赫斯蒙德夫，2016），它们包括电视、无线电广播、电影、广告以及表演艺术等。而核心的网络文化产业应该包括上述传媒机构作为传统媒体的“网络融合体”，以及全新开创的那些数字化产业（如微软、百度、谷歌、当当、阿里巴巴、亚马孙、爱奇艺公司及其各种组织化的大小“新媒体”）。

（二）三个文化解释视角

从学科的大视角来看，一般有三种简化了的决定论解释工具可供我们选择。

第一种，“技术决定论”。应该说明的是，这种比较“粗暴”地强调从电话、广播、电影、电视到电子计算机、移动手机等技术影响人类生活的谱系的说法，已经越来越被一种温和一些的“数字乐观主义”者的表述所取代。但是，它或明或暗仍然是一种对网络文化产业解释的工具。尤其是近年来关于大数据和人工智能社会来临的众声喧哗，再一次掀起了“技术决定论”的宣传波澜。

第二种，“经济决定论”。尽管对网络文化产业的分析已有了比较多的理论工具，但是马克思、卢卡奇等马克思主义经典作家和新马克思主义理论家的经济决定意识形态的思想仍然是我们分析网络文化及其意识形态的重要指导思想，而且还会发挥其理论武器的作用。

第三种，“文化决定论”。当我们在谈网络文化产业时提到它，还颇有一点“文化决定论”的味道。事实上，这一理论执意强调文化是首要因果因素，就是认为媒介给予人们想要的东西。在这一理论背景下，受众对网络文化的需求与期望的作用，被大大地高估了。

三、网络文化生产的限制

（一）限制如何可能

网络文化生产是现代文化研究领域的重要研究方向之一，但是其核心却是通过考量网络文化的自由生产与社会权力控制的关系，试图对网络文化进行考察与反思。以上所讨论的网络文化产业的路径确是具有现实性的。反过来说，我们现在要做的是论证网络文化生产是否需要引入限制策略？这种旨在对网络文化生产的限制与约束在多大程度上具有可能性？

首先，从全球化的文化视角看，作为来自“文化霸权”的世界性权力话语约束已然弱化。也就是说，全球化背景下的网络文化限制的可能性降低了。如果说“文化帝国主义”是一种文化学者提出的反殖民文化的概念的话，那么，到了信息网络时代这种“文化帝国主义”观念似乎已因全球化的介入弱化了许多。就连所谓互联网上的英语霸权问题也几近无人过问。当然，这并不是说网络作品借助产权与结构方式而造成的限制问题都一一得到解决了。网络文化世界仍然是信息共享和不平等两种状态并存。简言之，在全球化语境下对网络文化生产的限制已变得不太可能。

（二）对网络文化生产限制的两种策略

第一，国家的网络文化安全意识。网络文化不仅仅是一种大众文化或流行文化，它也是一种国家能力和政治潜力或者软实力。诸如来自域外或他国的黑客攻击和意识形态的渗透，都会给国家造成不安全的受损网络文化局面。习近平总书记曾强调指出，网络安全和信息化是事关国家安全和国家发展、广大人民群众工作生活的重大战略问题，要从国内国际大势出发，努力把我国建设成网络强国（于世梁，2015）。这是一种时代任务与重托。

第二，提升网络文化安全的治理水平。网络文化是一种日常文化，但也在一定程度上存在着意识形态化和主流化的成分。比如，通过媒体的融合的途径，建起人民网、光明网和求是网。这本身也是一个加强网络文化安全和精细化治理的社会行动。此外，有人提出了网络文化安全治理的国际经验和措施（单美贤等，2017），以及网络文化安全的无缝隙治理（吴璟，王义保，2016）。前者着力于以国家至上原则在网络空间中争取网络主权，提高我国网络文化安全治理过程的民主性和透明度；后者则特别强调将网络文化提升为国家意识形态的重要组成部分，并注重消除西方网络文化中的渗透性、多变性和异质性等威胁我国国家安全的多重不良因素。

第四节　网络文化的价值及核心价值观建构

随着当下网络生活实践的展开和深入，网络文化所负载的文化价值和意义也越来越被凸显出来。网络文化价值所肯定的内容，指涉了网络社会客体或现象的存在、作用和它们的变化对于一定主体需要，以及文化进步的某种适合的、接近的或一致性的文化意含。在进行网络文化价值建构的过程中，包括了特殊性与普适性两种价值文化选择维度。网民社会作为一种全新的、以网民和虚拟实在性为基础的存在方式，它既包含了一般现实公民社会的文化结构与特质，又具有自身的独特之处。只有建立在中国虚拟社会经验基点上的网民社会的核心价值观的研究，才能更好地把握网络价值文化的本质，处理好网络化时代所面临的文化融合与冲突问题，并由此提升我们民族的文化软实力、推进国家的文化总体发展战略。

一、网络文化价值与网民的价值观

从价值论的角度来看，我们要探讨网络文化就必须对两个概念进行界定与分析：即网络文化价值和网民的价值观。所谓网络文化价值是针对网络文化的客体而言的，其价值属性兼具了客观实在性和多元性。我们对网络文化价值问题的探究，对具有普适性和民族性的网络文化具有一定指制导作用和社会建构意义。

（一）网络文化价值问题

1. 作为虚拟社会范畴的"网络文化价值"概念

在日常生活与文化哲学领域，所谓文化价值问题就是文化的"好坏"或"优劣"问题，假如我们认定文化是存在着比较性、参照性社会事实的话。"好"或"坏"乃是虚拟日常生活语言中对网络文化的积极（正向）价值和消极（负面）价值的文化判断和文化表达。网络文化价值的基本含义是指"可珍贵的、可尊重的或可重视"的网络文化特质（李德顺，1987）。这是一种反映了积极意义的、"好的"网络文化意味，而被称为"坏的"（如网络暴力与色情）的网络文化意义则是负向文化价值的具体表现。

作为社会哲学或文化哲学范畴的"文化价值"，显然是来自人类当代网络生活实践的一种抽象概括。网络文化价值是指网络社会客体或现象的存在、作用以及它们的变化对于一定主体需要及其文化进步的某种适合的、接近的或一致性的文化意含，具体的网络文化价值则都是上述网络文化价值的特殊表现形式。比如，在线的网络交往与网络互动方式中体现出的文化价值，就是具有特定意义的网络文化价值。人们对网络文化价值的认识，经历了一个短暂而又复杂的过程。

2. 网络文化建构价值观念的机制

运用价值社会哲学的思维研究和探讨虚拟心灵与网络文化世界的交互作用是怎样发生意义、意识并积聚、内化、整合为某种价值意味、价值心态的，具有十分重要的网络文化哲学意义。

首先，网络世界是一个文化世界，是一个以虚拟现实为背景和空间的文化世界。网络文化世界是指人类在虚拟实践过程中创造的由不同的文化特质负载的有文化意义的世界。网络文化世界是人类个体（计算机、专家、网民）和群体创造或建构起来的，“这个世界是由以独特形式存在的特质构成的”（司马云杰，2003）。各种网络或网页技术，都是人类创造的网络文化载体或特质；网络上的书写世界也都反映了人类建构的网络文化特质。不论它们采取哪种文化形式（如英语或汉语），作为人类对客观网络世界各种存在的价值思维的肯定，都负载着特殊的文化意义，并且作为一种新文化的力量独立存在于人类的物质文化与精神文化世界之间。

其次，网络文化世界还是负载着虚拟实在文化意义的人与物、主体与客体、个体与社群、网络社会关系等具有多样性的虚拟现实世界。尽管网络文化世界是一个具有独立意义的世界，但它并不是孤立地存在和演进的，而是与网民的发展、网络社群与网络社会关系的发展以及整个网络社会经济、政治等的发展紧密地联系在一起的。总之，丰富的网络文化产品和资源一经被人们所创造和开发出来，其相应的文化形式或特色也就被肯定下来，并在人的心理机制里发生了文化意义，甚至作为网络世界日常生活的主人——网民也成了网络文化的基本创造者、提供者和实践者。也就是说，网络文化之所以有价值，不仅在于它的某些单一化的技术特质，而且更重要的还在于其多向度的文化张力和社会互动的品格。

还要指出的是，正是因为网络文化世界具有意义性，才能在网民的心理机制上建构网络文化价值意义或观念。网络文化世界与生活世界的同构性、网络“文化场”与“行为场”的“互构性”，也必然成为推动和影响多元化、开放化的网络价值文化建构的内在与外在的文化力量。因为网络空间本身就是一个承载着不同文化的社会空间。对我国网络文化的价值建构而言，网络文化的经验与价值意识之间存在着的文化共享性及文化限制性，也将成为有中国网络文化风格的价值意识建构的主导因素。

3. 文化价值建构的特殊性与普适性

当我们对网络文化进行价值论意义建构时，不可避免地将遇到文化的特殊性和普适性这两个范畴。一方面，我们在对网络文化进行价值建构时必须要遵循来自地方性、民族性、个体性、语言性等网络文化的特殊性原则，将网络文化置于特定的虚拟文化经验之中；另一方面，我们在对网络文化进行价值建构时还不应背离于诸如全球性、一般性、平等性、互动性等网络文化的普遍性规则。如果我们将以往的文化看成是一种具有某种前规定性的习惯的话，那么，网络文化便是一种新形成的人类生活习惯。以维特根斯坦的一句名言“言词即行动”（1987）为例，作为一种网络文化的价值体现的网络语言与网络互动，就包含了上文提到的网络文化的特殊性和普适性因素。同样，在线与在世的虚拟生活关系及存在状态中也明显地体现了网络文化的两种价值向度。

4. 网络文化的价值判断与社会评价

网络文化只有被自我经验或体验时，才是有价值的。文化则是人类精神客观化的产物，是一种普遍的经验。不过，对网络文化价值进行评价还必须从社会认同出发加以价值判断和社会评价。

我们认为，网络文化的价值评价的本质是网络文化主体对网络化社会及其文化事实、文化存在的一种反映。网络文化价值意识与网络文化主客体的价值关系的现实联系，即价值意识朝向网络世界的对象性精神活动或身心行为，就是网络文化的价值评价。对网络文化价值进行评价的主体，可以是网络个体（网民）和社群，也可以是包括政府、学界、媒介和公众在内的国家和社会。至于网络文化评价的标准则应以虚拟生活实践为标准。比如，我们不能简单地以主观意愿来评判“我们为什么要上网”“应该多上网还是少上网”和“网游是好的还是坏的行为”这样一些问题。当然，我们对网络文化价值进行评价除了应以实践为标准之外，也不应无视人的心理评价和社会评价两者间的结合，还要依赖于对客观的虚拟实践的观察与思考。比如，谷歌离开中国事件就反映了不同文化背景下人们的虚拟实践和价值评价的差异问题。

（二）网络文化主体——网民的价值问题

在许多网络专家看来，互联网作为一种技术突出地改变人类生存方式。它不仅改变着人类的日常生活行为，而且也创造着独特的群体共享的文化价值体系。网络文化不仅有其内容而且有其结构，并因此形成网络文化的价值系统。从显性角度看，网络文化可以表征为局内人向局外人（相关公众）的文化描述；从隐性方面看，则可传递一种网络社会的集体意向或价值文化体系。网络文化"传统"虽属短暂，但迅速累积成一种新文化，并衍生出关乎人类生活前景的文化价值。

1. 文化的主体——网民

众所周知，网络文化勃兴的受益者是整个人类，但归结起来其影响所及和最大的受益者当属每天在线忙碌不休的网民或网民个体互相称之为"网友"的网民。因而，我们不能不把网民看成是网络文化最活跃的主体。网民通常是指经常在网上进行社会互动的"上网者"和特定的虚拟人类社群。同时，网民还在数量上、性别上和上网年龄等方面存在着差异。这些将成为网络文化主体性和丰富性的基础。

2. 网民的价值观问题

作为网络文化主体的网民是活生生的人或社群，其网络行为是由一定的价值观指导的。反之，网络文化是网民或网人（包括计算机、社会和人工物的创造者在内的所有人）创造的，其价值意识的建构也不能脱离网络世界与虚拟生活实践的主体的共同参与和合理化地"介入"。要想全面深入地揭示网络文化的秘密和认识网络文化的本质，就必须了解和把握与此相关的网民的价值观问题。网民的价值观问题指涉网络文化主体的内隐式心理意向或价值倾向，并由此构造网络世界的内在逻辑和导引网络社会的发展方向。同时，也不可避免地包含着网络文化行为和网络生活中的所有或好或坏的意识倾向。网络文化的价值问题反映出的主流倾向、大众倾向与先锋倾向表明，网民的价值观是多元化的。此外，马克思主义的哲学价值文化、西方哲学价值文化和中国传统价值文化也都是可以参照的理论资源。

二、网民价值观的文化解释

（一）网民价值观的界定

所谓网民价值观就是指网民在其网络实践中形成的对网络行为所显示的是与非、得与失的价值判断。简言之，就是指网民对网络行为、网络问题的好与坏的总的价值认识或价值意识。那么，网民价值观何以成立呢？究其根源，网民作为网络行为的主体，他们在纷纭复杂的网络生活世界里是必须持有清醒的头脑（即价值意识）和判断能力（即价值判断力）的。如此网民的网络行为，特别是互动行为才是适度的、和谐的、符合社会伦理性、合理性与合法性原则的。诚然，网民的价值观的形成也不是一蹴而就的，而是有一个渐进性的生成、演变过程的。而且，就个体网民和社群网民而言，其价值观还会存在着某些不同或根本差异。这一切均与网络虚拟性、开放性、交互性、自主性等特点不无关系。

（二）网民价值观的深层文化解释

1. 网民价值观的价值哲学阐释

首先，谈价值和文化的关系问题。联系到网民的价值与网络（网民）文化的情形，我们会体验到这种二元文化价值之间的差别。鉴于网络文化的结构是多元性和多层次的，因而其深层反映出的就是网民的价值意识、思维方式和世界观。当然，这里的世界观主要体现的是一种网民的生活观或网际人生观。正如价值哲学学者王玉樑先生在《价值哲学新探》一书中所说：“价值与文化问题包括了价值与文化本身的问题，也包括价值观念与文化的问题；既属于价值存在问题，又与价值活动有关，也与价值意识、价值观念有着密切联系。”（1993）网民的价值观是网络文化所蕴含的价值和价值观念的总和，也是网络客体对网民主体的效应的总和。网民作为网络文化价值的主体，是在虚拟实践或网络（网民）的高频互动中形成和被创造出来的。网络文化的价值是网络客体（如网络界面、网络社区等）对网民主体的效应，没有成熟的网民主体，也就没有对网民主体的文化价值，就根本谈不上文化价值。

其次，谈网民价值体系的构成状况。如果我们将网民的价值视为存在于一个人或社群在一定时刻与客体发展联系时所体验的价值感受的话，那么，这种网民的价值就会附着于个体、集体或社会的层面的网络文化实践中。网民的价值体系包括了美的价值、得的价值和善的价值等部分。以网民的价值系统为例，它不仅体现在个体部分虚拟生活的美感价值、个体整个虚拟生活的获得性个人价值，而且也体现在虚拟社群生活和网络化生存的社会价值之中。

再者，谈网民价值观与自由观之间的关联性。网民的价值观之第一的价值指向就是网上自由选择和自由行动，由此构成网民的自由观。同样，自由在具有时空压缩性、异地交流性和开放性极强的赛博空间，更是如鱼得水，特征鲜明。互联网为人类生存，尤其是亿万网民的数字化生活提供了前所未有的自由选择的机会。以网络写手为例，各种网络空间中的自主性写作实践表明，自由表达已成为一种触手可及的现实生活方式。这里所说的网民的价值选择，兼具了可能性与必然性。网络时代，信息技术对社会生活及其个体自由选择和公平体系都构成了不同程度的影响（唐魁玉，2011）。网民主体需要的多样性和可变性，为各种网络价值选择提供了条件，但自由选择是必须要受到一定限定和约束的。网民的价值选择，必须要遵循社会选择与个人选择的统一、虚拟选择与现实选择的统一，以及合理性与非合理性的统一等几个原则。否则，网民的价值世界在自由观、真理观等诸多层面上就会出现倾斜。

2. 网民价值观的文化哲学阐释

从上文可以看出，正是价值选择过程这一看起来很复杂的情况决定了网民主体价值观上的差异。遗憾的是，面对着异质性很大的网民文化的变化，有时我们甚至于感到进行文化批评和文化解释上的困难。这一现象本身就表明，网民生活并不简单，他们从来就没有完全相同的价值观。从现象学的文化批评视角看，这种给定的生活世界包含着我们通常所说的日常生活的范畴，但是，不能把生活世界简单地理解为琐屑的经验的日常生活，它是主体性的意义构造。胡塞尔指出：“现存生活世界的存有意义是主体的构造，是经验的、前科学的生活的成果。世界的意义和世界存有的认定是在这种生活中自我形成的。”（1988）网络生活世界也是“可经验”的人之存在领域。我们对胡塞尔的生活世界概念的解释，无疑将影响对虚拟生活世界的价值判定。

的确，无论从网络文化事实还是生活形式来看，网民的价值世界都是一种可以观察、享受和评判的世界。如果采取批判的文化哲学的态度的话，那么，德里达等学者的立场便是不容忽视的了。德里达从后现代主义出发，认为消解一切固定的（文化）结构，拆解一切“在场”（即给定的东西）乃是实现最激进的表达的价值选择前提（2001）。在他看来，我们所关注的就应该是“结构—生成”这个首先在现象学领域之外的价值论问题。从文化哲学的角度看，文化可以视为人的基本的生存方式，文化的异化可以理解为人的深层次的异化或人的本质的异化。我们要扬弃作为大众文化的网民文化的异化，就必须扬弃网人的本质的异化，恢复审美、善和认识价值以及个性和创造性的本质特征，这就是恢复人的自由或自觉的网民文化。网络生活实践中的交往行动者正是在网络生活世界中形成意见一致的文化价值观念和行为规范，形成作为网络社群的网民的归属感和认同感，形成网民个体的同一性，并强化网络社会各种文化要素的整合。

三、网民文化核心价值观的社会建构意义

（一）网民文化核心价值观的界定

网民主体的价值观和网络文化的价值观之间的关系可以看成是实然和应然的关系。网络文化的价值意识是带有某种理性诉求色彩的，即网民的价值意识则是活生生的价值主体——网民在虚拟实践中自发或自觉地产生出来的。只要认真考察在线情境下网民的社区参与形式和具体活动方式，就会发现，网民总是积极主动地试图适应网络社会环境，不遗余力地展现他们独特的价值观。事实上，文明健康的网民生活只有在一种网络价值意识的指导下方有可能形成，而网民生活是理应得到某种价值观、特别是核心价值观支持的。所谓网民的核心价值观是这样一种价值意识体系，因为有了它的价值导向，才能更真实地感受或分辨出某种虚拟情境下的网民行为与其他人行为的差异性。这种核心价值观是指在人类生产与生活实践中处于价值中心地位，并起到重要价值导引或制约作用的价值意识系统。网民的核心价值观则是指在网络实践中处于主流地位和起到价值引领作用的价值观念谱系。

网络世界是不分国界、没有疆域界线的，但作为网络活动主体的网民却是有国家、地域、社群等具体特征和归属性的。我国网民的核心价值观，既是在中国网络生活经验基础上形成的具有国家意识形态、技术表现和民族文

化特色的主流价值观念体系，也是存在着中国本土化或“本网化”风格的。其核心地位表明，它是一种处于主流地位的，具有社会主义国家意识形态和优秀的民族文化特色的价值观念体系。尽管它以反映先进网络文化、倡导健康文明的网民价值意识为主要特质，但仍不失为一种被赋予了开放、自由、民主与平等的现代性文化特征的价值意识系统。应该说，我国网民的核心价值观在价值导向上是倾向于主流文化制导和约束的。在价值取向上则是多元化的，并不排除网络文化的多样性和普适性的统一。

我国网民的核心价值取向主要有三种：一是以网络在线的基础的个体自由本位价值取向；二是以网络社区或社群为基础的群体道德本位价值观；三是以国家和民族根本利益为基础的社会本位价值取向。这三种网民价值取向无疑都在塑造网民核心价值意识时起到了关键的、重要的作用。

（二）网络社会文化情景下网民核心价值观的意义

1.“网民社会”与网络文化的逐渐成熟

在阐述网民核心价值观的意义之前，笔者提出一个新概念“网民社会”。在内涵和外延上，它不同于“网络社会”概念。可以说，网民社会是一种新的、以网民和虚拟实在性为基础的存在方式。它既具有一般现实公民社会的文化结构与特质，又具有自身的独特之处。它作为一种网络社会的具体生存方式或生活形式，包含了网民主体具有的所有个体化和群体互动性的文化特质。很显然，网民社会无论是在存在论意义还是价值论意义上，都具有法国哲学家施韦泽所谓的“人人的文化能力”和“个人以及集体在物质和精神上的进步”（2008）。在他看来，网民社会作为一个中层社会概念，在认识当代人的私人生活和公共领域生活问题上将具有一定的文化解释力。它使网络空间的“不在场”性得到了某种程度的矫正，并由此向虚拟的真实迈进了一步。

随着网民社会的兴起与成熟，网络空间中的网民主体间的价值体现也变得越来越充分了。同时，网民社会的出现也使海德格尔的“存在”有了“时间”维度上的保证。海德格尔认为，“此在的世界是共同的世界。‘在此之中’就是与他人共同存在”（1987）。如此说来，网民社会的确为人们最大限度地提供了一个“共同此在”的机会，并因此而形成了一种可以在交互性、多变性、动态性中多元地把握的良性互动的虚拟实践形式。在这种“拟真”“超真实”的网民社会中，主体的核心价值观也将得到彰显，以及一定意义上的张扬。网络空间是一种异常复杂的“生存场域”，这就决定了它在造成“多种价值存在”的过程中必须将具有“核心地位”的价值观突出出来，以此来抵抗来自海量的复杂性的和无序化的网络文化体的影响。我国网民的核心价值观就是人的和谐，人的和谐也是网络世界审美价值与真理认识的最高法则。这种体现了人类的主体性的网民价值观立论于当代人类文明社会价值观基础上，它主要表现在自由选择、平等参与和“利他”精神等核心价值的“人的和谐”观念的张扬。

2. 建构网民文化核心价值观的意义

网民的核心价值观的建构意义重大。尤其是在网民文化这种尚未被定格化的虚拟行为的演进过程中，主体价值观的建构就更显得富有社会意义。作为一种结构的虚拟文化，其主体核心价值的体现无疑有赖于对虚拟社会这个“想象的共同体”的现代性认同。正如英国社会学家鲍曼在《作为实践的文化》一书中所说：“流动的范围与数量的增加是现代性的标记，因此，必然削弱地方性和地方网络互动的数量。基于相同的理由，现代性也是一个超越地方总体性的时代，一个寻求力量援助或渴望‘想象的共同体’的时代，一个建立民族以及组成、假定和建构文化认同的时代。”（2009）在人类虚拟社会发展史上，虚拟主体和虚拟客体本身都是在虚拟实践及认识活动中演变的。我国网民的核心价值观建构的意义主要表现为如下几个方面：

第一，网民核心价值观建构对网络主体的意义。既然真正意义上的人类主体本身尚处于从可能向现实的转化、生成过程中，那么，其主体间性也自然是在形成之中（郭湛，2011）。即是说，网民核心价值观——“人的和谐”观的建立将会给网民主体带来诸多好处。一种好的核心价值观的建立不啻是对网络主体精神的恢复或再造。

第二，网民核心价值观建构对网络客体的意义。网络客体主要是指虚拟主体——网民等赖以生存的虚拟条件和环境因素的总和，它作为在虚拟生活中的客体因素越来越带上主体所赋予的特征，就是所谓的“客体主体化”。（李德顺，第85页）网民核心价值观的建立对网络客体所涵盖的一切条件或环境因素都将起到改造的作用，其最直接的意义就在于能够在网络实践上按人——网民的方式同物——网络化环境建立起自然和谐的关系。

第三，网民核心价值观建构对网络实践的意义。互联网在很大程度上塑造和“再结构”了社会，并把具有开放性、动态性、互动性等特征的虚拟实践最大限度地推广开来。正如卡斯特指出的：“作为一种历史趋势，信息时代的支配性功能与过程日益以网络组织起来。网络建构了我们社会的新社会形态，而网络化逻辑的扩散实质地改变了生产、经验、权力与文化过程中的操作和结果。”（2001）。然而，网络实践是一个极为快速而又复杂程度极高的过程，犹如一艘“没有航标的船”。网民核心价值观的确立无疑对网络实践有着指导性意义。

第四，网民核心价值观建构对虚拟认识的意义。虚拟技术在改变人类的感知世界的同时，也创造出了一种具有新质的人类实践方式。网民价值观的建构对虚拟认识论的立论具有重要的价值论支撑意义。它将代表新价值哲学的方向。

（三）网民文化核心价值观意义建构的社会维度

通过对我国20余年来的生活与生产实践的考察发现，网民核心价值观意义建构的社会维度主要集中在以下几个方面：一是网民核心价值观的社会价值方面，其意义指向于正确价值观引导成熟的网民社会行动；二是网民核心价值观的社会经验评判价值方面，其意义指向于对复杂的网络社会事实进行的检验和判定，以促进网络生活实践健康而持续地运行；三是网民核心价值观的社会和谐互动方面，其意义指向于在网民世界中建立起良性互动的关系，以此强化网络社会责任；四是网民核心价值观的社会理性反思方面，其意义指向于在网民社会中强化社会理性化、合法化行为状态，因为只有如此我们才能把握住网络社会的脉络和本质，进而最大限度地实现网民的价值和网民社会的理想。

四、网络文化核心价值观的培育与国家网络文化

（一）对我国网民核心价值观的培育

如果说，现代社会哲学曾以获得“从知识论、真理论向价值论转向”为鹄的（孙伟平，2008），那么，如今社会哲学忽视了长期以来它所倡导的普遍

性与特殊性的统一的观念。应该说，无论是前文探讨的网络文化价值观还是网民核心价值观，都存在着如何以普遍性和特殊性原则来认识的问题。不仅如此，我们更应注重对中国网民社会及其特殊经验事实，特别是其独特的核心价值观的考察和省思。在目前网民社会还不很健全的时期对我国网民核心价值观的培育，就显得十分重要。因为就某一具体的网民社会环境域下，脱离对网民核心价值观的培育而一味地讨论网民核心价值观的确立或伦理秩序的建构，都是不切实际的。

接下来，我们将从主流文化、精英文化和大众文化的视角来展开我国网民核心价值观的培育问题。网民的核心价值观培育在于人学，如果否定了人的和谐价值，就从根本上失去了价值观培育的目标和意义。从这三个角度理解，我国网民的核心价值观将建立在人学价值论的基础上，着重解决网民主体间的和谐互动关系，复归于日渐扭曲的在线人性关系状况。网民价值观的本质在于寻求虚拟世界的自由、平等与秩序统一，自然和谐是我国网民核心价值观培育的最重要的价值目标之一。

首先，通过张扬主流文化来培育我国网民的核心价值观。这里的主流文化，是指在我国处于意识形态中心地位的马克思主义与中国民族文化特色相结合的文化形态。为了保证在网民社会和网络文化上的国家、民族的根本利益不受损害，我们必须摈弃网络文化认识上出现的非意识形态倾向，全面贯彻和培育以社会主义精神文明为主流的网民核心价值观。

其次，通过渗透精英文化来培育我国网民的核心价值观。知识精英的文化立场和内在影响力是不容忽视的，它代表着一个国家和民族文化的智力水平和文化反思、文化批判的深度。要想在广大网民中树立良好的、有品位的健康文明的核心价值观，就不能不正视知识精英的文化引导作用的发挥。应利用一切手段，集中相关社会精英的智慧及文化资源，在信息崇拜与通胀写作环境下强调精品文化意识，将网民核心价值观的培育落到实处。这是我国未来保持国际竞争文化优势的重要途径之一。

第三，通过引导大众文化来培育我国网民的核心价值观。如果从如今网民的年龄结构上看，那么，网民社会的主要文化倾向便是大众文化的。这说明，要想培育网民的核心价值观就必须注重对青少年网民进行有效的价值观教育，尤其是要利用各种个体的、家庭的和社会的渠道实施对青少年网民的网络意识的培养和引导。鉴于网民社会文化目前凸显出强烈的大众文化色彩，必须加强对这种新文化形式的反思、批判与引导，要把网民社会的文化生态建设好，并采取适度的方式来解决网民所遇到的现代性或后现代性问题，尽力减少和消除因网络消费社会带来的问题。只有如此，才能建构起人的网络哲学，提高洞察网民社会生活的能力，更好地推进网民核心价值观的培育过程。

（二）基于网民核心价值观教育与文化战略的网络文化建设

既然对网民核心价值观所进行的教育是有必然性和现实性的，那么，就有必要对其进行社会建设和文化建设。一个社会事实是，经过20余年互联网技术的普及与网络文化的“洗礼”，我国已出现了数以亿计的“网民”和新生代人类，他们在选择数字化生存的同时也接受了来自互联网的全部影响。由此生发出来的社会价值问题及其所产生的网络化后果，已远远超出了网络社会的范围，而扩展到了现实社会之中，并对国人的实体生活产生着不论怎样估计都不为过的深刻的影响。价值文化的重构和对网民核心价值观的教育既是网络文化世界之需，同时也被列入国家文化发展战略的议题中。

1. 网络文化建设的主题与中国经验

首先，鉴于国家已提出了关于文化发展战略及网络文化建设方面的具体策略，我们必须突出如下几个主题：一是借助马克思主义“生活的生产”和关于“人的全面发展”的经典理论资源对网民的价值文化建设进行指导，这是保证我国网民社会意识形态的社会主义性质的基本原则和网络文化建设主题；二是借助和谐社会与和谐世界理论资源对网民的价值文化建设进行导向，以人的和谐发展为思想内核和以价值取向的凝结来突出网络文化建设的主题；三是借助地方性和民族文化理论资源对网民的价值文化建设加以定向，以中国本土化汉语文化的民族特色为核心价值要素来匡正网络文化建设的主题；四是借助自由、美德、秩序等普适性文化理论资源对网民的价值文化建设进行考察，以保障人的个性与社会理性价值选择合理性的网络文化建设主题。

另外，要将上述网络价值文化建设的主题与网民社会生活的“中国经验”或“中国网络文化发展模式”紧密地结合起来。面向虚拟中国的文化价值选择与实践，之前产生了一个又一个新的网络文化形态。这其中充满了契机与危机、探索与追求。因而，我们没有理由离开这个经验基点来进行以核心价值观为中心的网络文化建设和规划未来国家的文化发展战略。

2. 围绕着国家文化发展战略目标进行网络核心价值文化建设

为了更好地突出国家未来的文化发展战略和网民核心价值文化建设的目标及主题，我们应注意处理好四个关系。在坚持马克思主义“生活的生产”（唐魁玉，解保军，2008）和“人的全面发展”理论基点上的网民核心价值文化建设主题的前提下，重视网络文化的现实价值与未来价值，处理好网络价值文化建设的个体性、社群性与社会性选择的关系。第二，在遵循和谐社会与和谐世界理论基点上的网民核心价值文化建设主题的前提下，注重吸取和谐互动的文化资源，处理好网络价值文化建设的自然性与互动性之间的关系。第三，在地方性和民族文化理论的基点上的网民核心价值文化建设主题的前提下，注重弘扬信息时代的本土化的优秀思想传统，处理好网络价值文化建设的全球性与地方性、民族性之间的关系。第四，在自由、平等、秩序化等普适性文化理论的基点上的网民核心价值文化建设主题的前提下，注重学习和借鉴西方启蒙时代以来文化规范的合理内核，处理好网络价值建设的自由与自律、平等与权威、秩序与多样性、私人领域与公共领域等诸多文化关系。

综上所述，通过对网络价值文化与网民核心价值观的系统研究，我们对以网民为行为主体的网络文化、网民社会生活都有了新的认识和判断。总之，我们在揭示网络文化实践的本质和对网民核心价值观进行现实的社会建构时，必须本着以“人的和谐发展”和有助于国家“文化软实力”的提升为最高价值准则来进行。唯其如此，才能更好地发挥中国网络文化建设的社会功能、实现其和谐价值文化的理想，以及科学地实施网络强国战略。

本章参考文献

[1] [英] 阿德恩 . 鲍尔德温，等 . 文化研究导论 [M]. 陶东风，等译 . 北京：高等教育出版社，2004：17–24.

[2][法] 阿尔贝特 · 施韦泽 . 文化哲学，陈泽环，译 . 上海：上海世纪出版集团，2008:52–61.

[3] 常晋芳 . 网络文化的十个悖论 [J]. 天津社会科学，2003（2）：53–59.

[4] 陈榴 . 网络语言：虚拟世界的信息符号 [J]. 辽宁师范大学学报（社会科学版），2002（1）：82–85.

[5] 陈羽，石坚 . 网络文化的隐喻性与微文化的主客体互动 [J]. 求索，2016（5）：172–177.

[6][英] 大卫 · 赫斯蒙德夫 . 文化产业 [M]. 张菲娜 , 译 . 北京：中国人民大学出版社，2016:2.

[7][法] 德里达 . 论文字学 [M]. 汪堂家 , 译 . 上海：上海译文出版社，1999：56–78.

[8][法] 德里达 . 声音与现象 [M]. 杜小真 , 译 . 北京：商务印书馆，2010：19.

[9][德] 恩斯特 · 卡西尔 . 人论 [M]. 甘阳 , 译 . 上海：上海译文出版社，2003：304.

[10] 董玉整 . 网络与真理意识 [J]. 学术界，2010（1）：106–114.

[11] 郭庆光 . 传播学教程 [M].2 版 . 北京：中国人民大学出版社，1999：103.

[12] 郭湛 . 主体性哲学——人的存在及其意义 [M]. 北京：中国人民大学出版社，2011:101.

[13][德] 海德格尔 . 存在与时间 [M]. 陈嘉映 , 王庆节 , 译 . 北京：生活 · 读书 · 新知三联书店，1987:146.

[14] 何博超 . 阿维森纳论可能性与必然性 [J]. 世界哲学，2017（4）：109–116.

[15] 何哲 . 网络社会的基本特性及其公共治理策略 [J]. 甘肃行政学院学报，2013（3）：56–66.

[16] 何哲 . 网络文明时代的人类社会形态与秩序问题 [J]. 南京社会科学，2017（4）：64–74.

[17][德] 胡塞尔 . 欧洲科学危机和超验现象学 [M]. 张庆熊 , 译 . 上海：上海译文出版社，1988:81.

[18][英] 吉登斯 . 社会学 [M]. 李康，译 .4 版 . 北京：北京大学出版社 ,2009：122.

[19] 金元浦 . 文化生产力与文化产业 [J]. 求是，2002（20）：38–41.

[20][德] 康德 . 历史理性批判文集 [M]. 何兆武，译 . 北京：商务印书馆，1991：22.

[21] 梁虹 . 大众媒介技术与个体感知的嬗变 [J]. 中国社会科学院研究生院学报，2004（6）：34–41.

[22] 李德顺 . 价值论 [M]. 北京：中国人民大学出版社，1987:1.

[23][澳大利亚] 理查德 · 沃特森 . 智能化社会 [M]. 赵静，译 . 北京：中信出版社，2017：17–26.

[24] [美] 查理斯 · 佩措尔德 . 图灵的秘密 [M]. 杨卫东，等译 . 北京：人民邮电出版社，2012：4.

[25] 刘诗白 . 论现代文化生产 [J]. 经济学家，2005(5):4–16.

[26] 刘琛，李艳红 . 在线视频与流行文化生产的"互联网化"[J]. 四川师范大学学报（社会科学版），2017(2):119–127.

[27] 刘胜枝 . 当前我国网络文化生态的问题、原因及对策研究 [J]. 北京邮电大学学报（社会科学版），2015(3):30–35.

[28][美] 刘易斯，芒福德 . 技术与文明 [M]. 北京：中国建筑工业出版社，2009：24–34.

[29] 骆睿，徐岩，张铱晗 . 网络文化与传统文化的冲突与融合 [J]. 电子科技大学学报（社会科学版），2015（5）：42–45.

[30][美] 马克 · 格兰若维特，等 . 经济生活中的社会学 [M]. 瞿铁鹏，姜志辉，译 . 上海：上海人民出版社，2014：123.

[31][美] 曼纽尔 · 卡斯特 . 网络社会的崛起 [M]. 北京：社会科学文献出版社，2001：34–45,569.

[32] 闵锐，彭彤 . 图像的编码与分层，天府新论 [J].2009（6）：150–152.

[33][英] 齐格蒙特 · 鲍曼 . 作为实践的文化 [M]. 郑莉，译 . 北京：北京大学出版社，2009:37.

[34][英]R.R. 马雷特 . 人类学与古典学 [M]. 何源远，译 . 北京：北京大学出版社，2013：2–6.

[35] 芮小河 . 布尔迪厄与英格利什的文化生产理论及其现代启示 [J]. 理论

导刊,2016(2):38–41.

[36] 单美贤，等．网络文化安全治理的国际经验探讨 [J]. 南京邮电大学学报社科版,2017(11):25–34.

[37] 司马云杰．文化价值论 [M]. 西安：陕西人民出版社,2003:2,85.

[38] 孙伟平．价值论转向——现代哲学的困境与出路 [M]. 合肥：安徽人民出版社，2008:113.

[39]T. 罗斯扎克．信息崇拜 [M]. 北京：中国对外翻译出版公司,1994：13.

[40] 唐魁玉．网络化的后果 [M]. 北京：社会科学文献出版社，2011:37.

[41] 唐魁玉．虚拟社会人类学导论 [M]. 哈尔滨：哈尔滨工业大学出版社，2015：189.

[42] 唐魁玉，解保军．论生产与生活和谐互动的社会理论基础 [J]. 马克思主义研究，2008(12):75–80.

[43] 王玉樑．价值哲学新探 [M]. 西安：陕西人民教育出版社，1993:10.

[44] 王海龙．视觉人类学 [M]. 上海：上海文艺出版社，2007：116.

[45][英] 维特根斯坦．文化和价值 [M]. 黄正东，等译．北京：清华大学出版社,1987:39.

[46] 吴璟，王义保．网络文化安全的无缝隙治理 [J]. 探索与争鸣,2016(11):123–125.

[47] 吴晓明，邹诗鹏．全球化背景下的现代性问题 [M]. 重庆：重庆出版社，2006：133–148.

[48][法] 雅克·德里达．书写与差异 [M]. 张宁，译．北京：北京三联书店，2001:290.

[49] 殷晓蓉．麦克卢汉对美国传播学的冲击及其现代文化意义 [J]. 复旦学报（社会科学版），1999（2）：84–91.

[50][加] 伊尼斯．帝国与传播 [M]. 何道宽，译．北京：中国人民大学出版社，2013：7.

[51] 于世梁．论习近平建设网络强国的思想 [J]. 江西行政学院学报，2015(2):37–43.

[52] 张元，赵保全．网络文化的现代性特征 [J]. 重庆科技大学学报（社科

版），2016（9）：83–87.

[53] 宗晓莲 . 布尔迪厄文化再生产理论的文化变迁研究的意义 [J]. 广西民族学院学报（哲学社会科学版）,2002(2):23–29.

[54]Barthes,Roland ."Death of Author"[M].Image, Music, Text Fontana P,ress,1977,P.146.

[55]GLenn Mcluhan. Modernism in Reverse[M].University of Toronto Press,1996,p.46.

[56]See H.Lasswell."The Structure and Function of Commnication in Society,in Lyman Brycon(Eds)[M].The Commnilation of Ideas,New York,Cooper Square ,1964,P.38.

[57]Williams,Raymond.Culture[M].London:Fontana,1981:p13.

第六章　追寻复杂性网络化社会和谐的理想状态

随着网络社会的崛起和“在线生存”的无序化，虚实世界的和谐建构便成了一个紧迫而又合理的命题。网络化和谐与现实和谐在构建和谐社会中，具有同等重要的意义。在信息技术社会场域下来探索网络化和谐的可能性和复杂性，体现了人们对网络社会系统的某种理想境界的追求。网络化和谐将成为一种有助于促进使赛博空间真正成为和合载体的全新的文明理念与社会行动。

一个幽灵，一个想象中的和谐幽灵在赛博空间中徘徊。和谐作为一个美的社会理想范式，不仅普遍地存在于现实社会中，而且也包含在网络社会（抑或是虚实世界）里。换言之，对虚拟和谐的追寻体现了人们对网络社会系统的社会关系或“亲社会性”的理想诉求和人文关切。这是一个注重“关系”甚过于注重“物”的研究的时代。因而，在对包括网络与社会关系在内的科技与社会的关系的形上认识或技术社会理想模式的建构过程中也应该贯彻这一研究路径。众所周知，在本体论思考上，重视“天人合一”和在社群生活上重视人际和谐一直是中国本土思想家努力的方向之一。在中国网民已超过8亿之众并成为美国之后的第二大“网络共和国”，以及网络化社会中的人际关系日趋复杂、失序现象日益增多的今天来探讨网络化和谐问题，无疑有着重要的实践意义和认识价值。

第一节 复杂性网络化和谐社会建构的意义与可能性

一、复杂性网络和谐社会的建构及其意义

（一）复杂性网络化和谐社会的实质内涵

什么是网络化和谐？网络化和谐是网人在线生活的一种理想状态，同时也是一种“和合共生”的网络社会征候。从某种程度上说，网络化和谐就是作为网络化社会信息产品和服务消费者的所有网民的“网络化享用”或“虚拟享用”的合目的性的理想环境。这里所谓“网络化享用”是指人在需要及其满足方式上的一个重要环节，同时也是一种心理机制和实践行为。不过，网络化享用还是一个悖论性的存在，即在使人的各种需要得到满足的同时，既可使个体同自然、社会与自己和谐相处，也可刺激人的占有、消费和炫耀的欲望，以致超出同代和代际规定给它的伦理界限，造成奢侈和浪费（晏辉，2005）。

如果说“网络化享用”本身无善恶之分的话，那么，“网络化和谐”至少应该是以人为本和以文明的伦理和公平正义为基点的良性社会运行目标。以游戏主题的虚拟享用品或“物体系”为例，它的生产和普及固然给技术发明人与电子商家带来了无数的经济收益，同时也极大地满足了亿万网人追求感官快乐的心理需要，但毋庸置疑的是，这些电子物品也成为网络社会混沌无序的始作俑者。与其说这些游戏的制作人在人性普遍的弱点上打开了一个缺口——赢得了技术史上的空前胜利，不如说他们的“智力性工作”致使信息网络技术面对着善良的人类永远蒙羞，并因此而使人与互联网之间的异化性达到了顶峰。

要强调说明一点，就是无论是网络化和谐还是现实和谐就其本质而言都是理想的“关系的配置”的结果（卡尔纳普，1999），应当把虚实世界的关系的本质问题与和谐的本质问题联系起来。因此，网络化和谐就是一种合目的性的、理想状态下的人类个体关系或社会关系。移动网络时代，人们的网络化交往或互动行为越来越具有真实感、事件感和存在感，“虚拟”一词变得更倾向于实体概念的意涵。

（二）在复杂性网络化社会中追寻和谐理想状态

谁都无法否认这样一个事实，那就是：20世纪发明并发展起来的以网络化技术为核心的信息网络技术，正在影响着人类的文明进程。曾几何时，网络化社会或“在线社区”的出现与扩张，不但最大限度地整合了现代技术世界，还革命性地改变了现代社会的面貌和形塑了网民的身体，从而实现着人类的共生的理想。以中国为例，从2010年到2018年，网民人口已从4亿多人发展到8亿多，一个巨系统的“网络化中国”和“智能化中国”已经出现。而且，随着时间的推移，人数还将不断攀升。

很显然，由不同性别、不同年龄、不同阶层的人们所构成的网络社会或网络共同体并非“理想国”，它在迈向“共生理想”的同时，也形成了复杂的交往行动关系。从复杂性的观点看，正如现实世界会创造“混沌与和谐”一样，网络化世界（即虚拟实在世界）也会创造“混沌与和谐”。因为如果我们把“数字化社会”看成是由人——多样化的生命所构成的、具有“有机团结”或“机械团结”功能的（帕特里克·贝尔特，2005）、可演进的社会有机体的话，那么，这种新型社会的社会结构、社会关系和社会行为中存在着或有序或无序、或混沌或和谐的情形就是顺理成章的事，抑或是网络世界的必然性使然。当然，自然界与社会的复杂性规律告诉我们，进化论关于“低等生物”不如“高等生物”更易于适应其环境的说法并非总是有效，我们不能盲目地认定“人的适应性就是长于长颈鹿或细菌的适应性”（郑春顺，2002）。道理很简单，人类虽比其他生命复杂些，但他们所面临或所赖以生存的社会环境也许会更为复杂、因而也就更是需要特殊的适应力。与其说网络社会是一个梦与花的世界，还不如说有时它也是一个充满风险与混沌的不和谐的世界。

然而，无论如何我们期望拥有一个和谐共生的数字化社会。谁之数字化社会？何种和谐共生？数字化社会应是以人为本、以网民为重的社会，和谐共生是“在线平等”、虚实并存的和合生态。简单地说，所谓数字化和谐社会就是指公平和有序的网络社会。理想的数字化和谐社会不仅创造新的人类生态环境，而且也将创造新的人类生活价值。

毫无疑问，任何理想型的、和谐的数字化社会都必须经过合理的建构。而和谐共生的网络化社会体系，就是这样一种“制序性”的、具有“和合”共生精神的社会建构。“从和合的实性追求到和合的虚性追求”（张立文，2004），体现了对作为虚拟实在空间的数字化社会建构的深层的、二维生存意义。这里对“和谐共生”的提倡，在我们现今的网络社会中具有十分重要的作用。因为在网络日常生活世界中充满了不和谐的元素和不良互动行为。对此，我们既不能强求遵从现成网络共同体的价值观，片面强调“和谐”与“协调”而把网人关系导向同质化的方面，同时也不能为了强调“和合”和“共生”的理念而致使网人关系丧失异质性。正如日本学者尾关周二所言，现代交往是有助于人类走向“共生”理想的（1996）。对数字化社会的和谐共生理想的追求，正是建构这种良性网络社会互动关系的努力方向。

在一定程度上，数字化社会是一个“风险的社会”。数以亿计的网民的事情若处理得不好，就不能和谐发展，而“共生”更是无从谈起。具体说来，如果网民的日常生活问题得不到合理的调适，那么，这既是不公正的，同时也是危险的，甚至严重了还会影响到国家和政府的信息安全。因为，网民的在线生存状态和信息生活质量长期得不到改善和提高，国际网络传播秩序不规范，就会造成网络资讯利益分配的失衡，从而侵犯到网络社会成员的合法化的交流权利，并激化网络社会矛盾的产生。因而，在当今世界，国家、政府或网络组织能否建构起完善的数字化社会安全保障理论与实践体系，不仅体现了国家能力、政府能力和网络组织能力的强弱，也体现了抵御“数字化社会风险”水平的高低。可以说，在复杂性的社会里进行数字化和谐社会的建构，既具有理论上的现代性与合法性，也具有实践迫切性。

二、复杂性网络化和谐社会建构的可能性

正如在现实世界中会存在诸多和谐现象一样，在网络世界（即网络空间）中也会存在各种网络化和谐现象。因为从混沌到和谐乃是客观世界和人类社会的基本存在方式或生存演化状态。当然，从本质论的意义上说，和谐还可以界定为具有某种完善性和潜在性的事物的理想状态。为了更好地把握和谐、特别是网络化和谐的可能性问题，让我们先来探讨一下网络化和谐的本质。

（一）网络化和谐的可能性

网络化（虚拟化）和谐何以可能？它是否存在着与前文所述的理想关系

“相符合”的内在可能性？在此，我们所说的“相符合”一词是海德格尔的概念。在他看来，“一切行为对存在而言都是‘显明’的，而一切‘显明的’关系都是（与那在场之物相符合的）行为”（2005）。

显而易见，网人在赛博空间或虚实场域中的社会行为（如在线行为）就是一种包含了自由本质的存在形式。从一定意义上说，网络之于人类，它是一种人工物或人工生命的延伸。在线经历与其说是一种恐惧和沉迷，不如说是一种偶然性的遭遇，一种寻求“无”的冲动与尝试，一种因摆脱现实世界的孤独而转换为虚拟生存中的对快乐和欲望的消费体验。比如，网络游戏可以给人们带来快乐。但快乐有两种不同的方式，一种是良性的快乐、一种是恶性的快乐，我们需要的快乐是良性的快乐。良性的快乐就是本质的快乐，就是蕴藉着真理意味的快乐或与和谐本质相符合的网络化和谐式的快乐。故而，为了寻求虚拟世界中的本真快乐就必然产生对具有和谐属性的关系状态的内在需求，和谐不啻为一种数字化生存的充要条件和可能生活的根据。

以某种和谐理念来限定和约束虚拟行为，其结果会让人认同某一种在线生活从而感悟到具有幸福意义的生活。正如赵汀阳先生在《论可能生活》一书中所说：“生活本身向多种‘可能生活’敞开着，就像思想向多种‘可能世界’（Possible Worlds）敞开一样。生活的意义就在它的种种可能生活中展开和呈现，生活的意义就在于生活自身，而不可能在别处”（赵汀阳，2004）。可见，要想在虚实世界中找寻具有幸福意义的可能生活，就不能不对“和谐”范式有更深的理解。在对虚拟和谐及其生存方式的理解过程中不仅体现着某种目的性，而且也包含着以人为本的精神。

如此说来，虚拟和谐乃是一种“杂多中的统一”或“整体性的存在”。在网络社会生活中，每个网人的经历都是一种叙述，一种或宏大或碎片化的现代和后现代叙述的一部分。作为以虚拟实践主体和主体间为基础的虚拟和谐是这样一种生态人类学全新演进过程，以致它如同一面镜子可以同时使自我、他者和社会呈现出来。

（二）处于虚实之间的和谐

虚拟社会的网络化和谐如何可能？这对没有在线生活经验的人来说，或许还是一个问题。但对熟悉虚实世界生活方式的人来说，却不是问题。和谐之于虚实世界的关系如此密切，以致我们不能不说“和谐就处于虚实之间”。

然而，网络世界的和谐并非天然的、本真的存在。网络化和谐可以说是被一系列虚拟现实技术及其社会理性作用方式“生产”出来的。换句话说，“它不是通过自发的发生（genesis spontanea）形成的”（胡塞尔，2005），而是一种经虚拟实践主体及其主体间的复杂性互动构造出来的。因此，网络化和谐从一定程度上说，既是网络在“生活的生产”的结果，也是虚拟技术“生产的生活”的结果。质言之，网络化和谐就是虚实合一的网络生活系统的产物，同时也是虚拟世界与现实世界得以统一的合理化根据。

第二节 网络社会中的复杂性现象及演化进程分析

网络化社会乃是一个充满和谐与混沌现象的两极世界或二度空间。一方面，呈现出无与伦比的和谐；另一方面，则呈现出异乎寻常的混沌。确切地说，混沌中包含着和谐的因素，和谐中又包含着混沌的因素。无论是混沌还是和谐，都可以借助于复杂性科学加以深度描述和系统分析。

一、网络化社会中的复杂性现象

关于复杂性问题，国外和国内都有很多学者投入了大量的精力进行研究。其中，对复杂性（包括混沌理论）概念的解释做出了较大贡献的学者有：科尔莫哥洛夫、洛伦兹、蔡廷、索尔莫哥洛夫、科恩、普利高津、雷谢尔、霍金、莫兰、巴克、霍兰德、沃德罗普以及钱学森、郝柏林、于景元、戴汝为、沈小峰、苗东升、姜璐、魏宏森、林德宏和曾国屏等人（吴彤，2004）。虽说至今学术界对复杂性概念尚无定论，但却提供了不少卓有成就的相关研究案例。比如，气象学家洛伦兹的“蝴蝶效应”说、圣菲研究所的遗传算法说和钱学森等人的“开放的复杂巨系统”说等（1990），都对我们的数字化社会和谐与混沌的现象的研究具有重要的启发意义。应该着重说明的是，无论从系统、子系统的结构，还是系统要素之间的关系上看，互联网都可以被视为一个“开放的复杂巨系统”(open complex giant systems)。推而广之，也同样可以认为，以因特网为核心的数字化(包含计算复杂性、文本复杂性)社会是一个典型的、具体的开放巨系统的实例或系统社会场域。

网络社会的混沌性首先就表现在万维网(WWW)的自组织机制上。它通过超文本文档组织信息，并有序与无序地向受传对象传递信息。超文本是包含一些词汇、句子或图片等作为超链接的指针的具有复合、非顺序、相互关联和非线性结构的文档，向人们提供符合思维惯习与学习情景的、极富想象力的主题内容。在某种意义上，人们所使用的键盘和点击的鼠标的创造就是赛博空间初始敏感性，随着它参考“奇怪吸因子”参与活动，就构成了一个动态的非线性的混沌世界——全球化的互联网络。随着发展，作为信息输出基础的网络系统越来越趋向于帮助国家和地方政府提供各种低成本的图书馆、电子邮件、决策资讯等公共领域或私人领域里的信息资源和相关服务。自由度如此之大、复杂性如此之大的互联网络，与其说是一个巨大的自生和演化系统，不如说是一种影响力极强的社会资本体系。

按照当代德国社会学家N·卢曼的社会系统理论的观点，网络社会可以被看作一个基于要素和关系的动态体系，这一系统的复杂性突出了选择的作用，也就是说，网络社会系统中的任何一个运作(如网络日常生活世界中的交流过程)都是在诸多可能性中的一个选择。他认为，社会系统不仅具有自我组织、自我调整的特性，而且具有自我指涉、自我再生的特性(丁东红，2005)。由于数字化社会系统具有开放性和封闭性二维特征，加之系统内部存在着的整体与部分的差异状况，使得网络社会在建构时总是游于规则与不规则、有序与无序之间。

数字化社会中的混沌与不和谐等复杂性问题，集中表现在网络空间及其主体之间的偶变性交互关系上。网络空间不仅可以形成具有交互作用和遥在性的网络社区，而且其本身就是一个可供社会成员共享的庞大的社会信息空间。这是一个使康德和波普尔的时空理论倍受挑战的、可以制造无数浪漫故事、理性事件和时尚产品或服务的数字化空间，同时还是一个蕴藏着无限可能性的、异常复杂的社会化空间。

网络空间中的复杂性现象或问题，广泛地包含在公共生活与私人生活、文本生活与意义生活、在线生活与下网生活之中。简单地说，有了赛博空间以后，生活已不在别处。这里，笔者无意长篇大论地去罗列网络社会空间中的种种“不和谐”“不完美”的“罪行”（比如：网络空间中存在着冗余文本、垃圾电子邮件、反社会宣传讯息，以及被无数网络研究者批判过了的英语文化霸权问题、电子游戏损害青少年身心健康问题、在线诈骗与计算机高智能犯罪问题、网聊信任感缺失问题，等等）。

众所周知，近年来随着宽带的开通和网民人口的激增，互联网公共论坛（即 BBS）的“协商民主”（陈胜勇，杜洁，2005）社会传播功能与“制造报复事件”的社会传播功能同时突显。BBS 作为网上人们交流信息的场所，其以文字为主的多向交流形式简便易行，为网络公众所欢迎。公共论坛的出现，为人们提供了一个超时空的“在线生活空间”，每个人都能在这里自由发表自己的意见。网民的意见通常以发表“贴子”和“跟进帖子”的形式进行，具有相近主题兴趣的人之间自由地展开讨论，从而形成网络舆论。它作为一种承载着公民的民主理想的特殊政治参与方式，逐渐成为公共协商和公共领域的传播通道。正如社会学大师哈贝马斯所说：“像整个生活世界一样，公共领域也是通过交往行动来实现的。”（2003）并且这种充满不同意见的交往网络有赖于对语言的深度掌握和理解。

应该强调的是，BBS 这种可以促进公共民主生活秩序建立的社会传播功能，就总体而言是能够给数字化社会带来和谐的。但是，也不能排除某些网众利用网络公共空间所特有的匿名性、偶然性、随机性、无序性和非均衡性，以及时空压缩性来谋求个人的不正当利益，“上网报复”者的行为就是非常典型的例子。在 BBS 这个大大小小的“网络共和国”里，常常会有一些思想偏激、观点极端甚至胸怀愤懑之人，他们已不满足于在现实生活中写匿名信或发起面对面冲突，而是利用到处贴帖子的方式来搞臭对方的名誉，或者破坏人家的“好事”。由于网络把关人或守门人对过往的信息无法一一过滤，所以，致使这种“上网告状”行为无法得到有效辨别与监控，从而造成网络社会传播过程的失范和混沌局面难以摆脱和得到根本治理。

毫无疑问，网络化社会乃是一个充满着无序和有序、混沌与和谐现象的两极世界或二度空间。一方面，呈现出异乎寻常的混沌和无序；另一方面，则呈现出无与伦比的和谐与秩序。确切地说，混沌中包含着有序与和谐的因素，和谐中又包含着无序和混沌的因素。无论是虚拟和谐甚或是虚拟混沌现象，都可以借助于复杂性理论加以深度描述或系统分析。

二、网络化和谐观念的复杂性演化进程

很显然，不管是从系统、子系统的结构，还是从系统要素之间的关系上看，因特网以及由它所形塑的网络社会都可能被视为一个“开放的复杂巨系统”（钱学森、于景元、戴汝为，1990）。这个复杂巨系统中，包含了计算复杂性、文本复杂性，也包含了过程复杂性和行为复杂性等因素。具体地说，因特网系统包括了开放性、巨量性、层次性、涌现性和复杂性等五个主要特征（孙东川、魏永斌，2005），并以此为基础构建着或混沌或和谐的网络社会系统。

耗散结构理论创立者、诺贝尔化学奖获得者伊利亚·普里戈金在2003年出版的《未来是定数吗？》一书中所指出的：“因特网给予我们大量的信息，很可能导致一种新的社会形式，但是我们不知道这样的社会将是怎样的。可以肯定的是，它会导致更多的相互作用和产生大众文化。”（2005）。更为有趣的是，他还创造性地将充满复杂性的网络社会和大的蚂蚁社会做了类比。在他看来，由数以百万计的蚂蚁组成的大的蚂蚁社会中采取的是集体行为，作为个体的蚂蚁既是微不足道的又是盲目的，一如网络社会一样。这种复杂性认识论观点中，包含着人类对混沌的虚实世界的组织和谐方面的忧虑和期望。生活在混沌的虚拟世界里，除了寻找通往和谐之路的出口，我们别无选择。

为了更好地把握网络化和谐观念的复杂性过程（Complexification）和渐进性的相对过程，我们一刻也不能停止对网络社会中的混沌现象的体验、观察和反思。事实上，这一观念，不再只是指一种具体的虚拟社会对象，在某些方面，它自成一体。所以，网络化和谐的观念应该而且必须被置入一种更为广阔的分析观察视角，这一观察视角所关注的，不是作为单一的网络社会现象的和谐，而是作为一种局部秩序的结构，因此，它关注的也是一种具体的，但却是中心的和无处不在的形态特性，它存在于建构人类网络社会行动的过程之中。同样，也存在于对人类的善良本性与社会秩序的不懈追求上。

人们彼此生活在网络中，缠绕着对方、映照着对方，从而引导着网络和谐的方向。

三、网络世界中的静态和谐与动态和谐

从无序到有序、从混沌到秩序，不仅是现实社会的一个普遍规律，而且也是网络和谐赖以存在的虚实世界的一个普遍规律。从复杂性理论的观点看，网络化和谐就是一种存在于“秩序和混沌边缘”上的动态过程，抑或是一种静态的“涌现”现象。当然，在我们的网络世界里所实存的“混沌的边缘”，亦可以视之为“和谐的边缘”，这其中的意义在于客观事物的初始敏感性总是“两极相通的”，而规律性与随机性、有序性与无序性彼此又总是在适中地结合起来的条件下才能实现最佳状态的。

诚然，赛博空间正是能够使无序性与有序性、混沌性与和谐性二者之间得以最好结合的一种具有现代性的理想环境。“虚拟空间是一个本真的场所，同时也是一个全体社区”（Xie Wenjing ，2005）。要知道网络社会系统中的主体不仅有一定的数量，而且还具有智能性和自适应性（卡斯蒂，1998）。尽管网络世界中网民人数如此巨大，但是，由于系统的复杂性必须借助于子系统各个要素之间的整合方能有效地发挥作用，因而网络实践主体往往并不知道其他主体在做什么，这就难以避免地会形成无序状态，从而影响网络化和谐行为目标的达成（Theodore Midis，2005）。网络化和谐要求我们在适当的虚拟情境或场域下建立起网络社会行为的有意义模式。

所有迹象都表明，有序与无序不仅是互为条件的，而且也是相互作用的。由此构成了虚实世界中的静态和谐与动态和谐的系统格局，同时也锁定了一切虚拟社会行为的意义结构。按照复杂性理论的出色解释者沃尔德罗普在《复杂》一书中的说法，“涌现”不仅能够说明诸如银河、云彩和雪花之类静态和谐的现象，而且还能说明像生命和心智这样的动态和谐现象的成因（1997）。倘若我们将网络世界视为一个广义的人工生命系统及其社会拓展形式，那么，就会很容易理解“涌现”所包含的从静态到动态和谐的演化过程及其真实意蕴。

事实上，从“涌现”的静态化到动态化之路并非遥不可及。这是因为，“涌现”在本质上就是能够不断地产生出整体的优异新质的复杂事物运行机制，

而这种整体性就是和谐性的根本属性的一种体现。在很多情况下，虚拟和谐的静态现象与动态现象是很难分清界限的。比如，计算机硬件设备和技术系统看来好像是一种静态和谐，但因特网是由成千上万台电脑所构成的网络系统，只要子系统局部有一个微小变化（假若有人制造了一个病毒），在没有相应的预防机制的情况下，就会导致不可收拾的局面，这就是所谓的“蝴蝶效应”。反之，如果有人发明了一个有效的杀毒技术软件，那么，就会促进网络世界的和谐。在线诊断、数字化教学、网上弈棋等行为，也都是“涌现性”在虚实和谐中的表现。只是在虚实世界的网络文化与虚拟社会行为中动态和谐总是多于静态和谐，这无疑是由世界运动的普遍性规律所决定的。一般而言，人们在建设性地的促进虚拟和谐方面的努力肯定要多于在虚拟混沌世界里的秩序破坏者的努力的。

四、网络化和谐社会的理想征候

在探讨网络化和谐社会建构问题之前，我们有必要弄清楚“网络化和谐社会”的基本特征是什么？

第一，利益均衡是网络化和谐社会的发展机制。现在的国际网络传播、我国信息经济与传播领域面临的问题不是要不要建立传播秩序的问题，而是必须得建立一个良性发展的传播秩序的问题，也就是要依据数字化社会的理想来建立一个好的网络传播或交往环境和有效的机制。没有这样的环境和机制，是当前我国产生“信息鸿沟”和网络文化冲突以及导致信息利益格局失衡的重要原因。在中国，这种不均衡突出地表现在网民的年龄结构的差异上。在“网龄”结构的背后，无疑存在着一个“网络社会里的传播、权力和反权力”问题（孙逊，杨剑龙，2010）。虽然这是一种世界性的特点和趋势，但还是应该采取措施加以调整，要鼓励中、老年人参与网络化生活。至于建立信息利益均衡机制，从根本上说还要解决信息网络经济的可持续发展问题。

第二，公平正义是网络化和谐社会的重要原则。所谓公平正义，就是网络社会各方面的利益关系得到妥善协调（金景山，2005），网民内部矛盾得到有效处理。一句话，就是要建立起“网上人人平等”和“在线一家”的数字化社会氛围，要从公正的意义上来维护广大网民的在线权力和信息权利。以代际公正为例，在网络社会的日常生活中我们要处理好“共时性的代际关系”（吴忠民，2004），年轻网民和中老年网民之间应该建立起一种彼此平等、合作与自由的互动关系，从而做到不同年龄上的“和谐共生”。

第三，诚信宽容是网络化和谐社会的良知基础。网络社会和现实社会一样，也是由有血有肉、有本能有情感的人组成的，其和谐取决于网民之间以及网民与非网民之间人们的和谐，以《论语》为代表的儒家伦理中把“信”和“诚信”一直视为朋友交往的最高道德准则，这是有其深层人性道理的。试想，如果网友在线聊天时言不守信，甚至相互长久欺骗，这种信息的不对称势必会“闪走”陌生朋友的。反之，如果大家都本着“己所不欲，勿施于人”的宽容精神与德里达式的宽恕态度，数字化生存一定会成为全球化时代人类“和谐追求”（尼葛洛庞帝，1996）的理想目标。

第四，和合有序是网络化和谐社会的主要标志。从《周易》《老子》到张立文的《和合哲学论》，都揭示了中国社会思想的整体性精神。“天人合一”“天、地、人三才”的中华精神与近代西欧的社会进化派社会学家的“有机团结”思想具有本质上的契合性。社会毕竟不是抽象社会，数字化社会也不是看不见摸不着的象征社会，它是一个复杂性的开放社会。网络经济的体制、电子商务的进行和网民们的在线搜索，都离不开一个安定有序的网络人文环境和团结的社会心理气氛。

最后，我们还应着重说明一点：美是数字化、网络化和谐社会的本质特征。不难看出，笔者在前文所归纳的几条数字化、网络化和谐社会的特征都可以跟“真”和“善”字挂起钩来，那么，美就必然成为殿后的主题。大家知道，在美学史上（毕达哥拉斯、周来祥）早就有过“和谐即美”的主张，这不啻是对自然和社会之美的最高概括。无论从“读图时代”的数字化艺术和网络文学作品的审美价值来说，还是从人们对数字化社会秩序的理想境界来说，都存在着美和审美的问题。当然，网络的虚实世界还存在着这样和那样的不美甚至丑的现象，但唯其如此，更有必要对其做和谐之美的强调。在承认数字化、网络化世界充满着的“人工生命”的均衡、分形之美的同时，还应努力提升包括网民在线交流的语言、文字和行为在内的一切网络社会宏观和微观层次的交往行为之美的水平。

不过，对网络化和谐社会的本质特征的认识，还有赖于我们对网络化社会规律的不断探索和反思。网络化和谐社会作为现实和谐社会的一部分或交互作用的一个方面，还有待于社会学者的独立研究以及和经济学、法学、哲学、文学、管理科学、自然科学和技术科学领域学者的共同研究。因为数字化、网络化社会不是单一层面的，而是综合性、复杂性的社会形态，对其的了解是一个不断深化的过程。

第三节 复杂性网络化和谐社会系统的建构

一、复杂性网络化和谐社会的建构路径

网络化和谐社会系统如何建构？这是一个十分重要的问题。为了更好地网络化生存，必须对网络化社会进行和谐化的建构。从一定意义上说，网络化生存乃是建构网络化和谐社会的逻辑起点。换句话说，“网络化生存”（如今已变成“数据化生存”“智慧化生存”）在这里不仅是一个时尚性或后现代味很浓的话语，而且也是一种理想的生活模式状态，同时，还是一个对网络化社会加以系统社会建构的研究平台。

诚然，我们主张对网络化和谐社会做系统化建构，并不是说我们将无视有机社会的动态机制的制约，而是在知识建构的前提下对充满生活活力的网络社会进行实践导向的建构。也就是说，这种社会建构是有限度的，是不违背虚拟实在世界所具有的主体与客体的实践关系的。我们都知道，在社会建构主义的学术史上主要有皮亚杰与维果斯基两大派别。一般认为，皮亚杰的认知建构主义比较注重每一个人对新知识的创建，而维果斯基的社会建构主义则侧重于文化和语言等知识工具的传播（赵涛，2003）。为此，有人曾生动形象地打比方说：前者面对的是 PC 机，而后者面对的则是万维网（Eggen，1997）。必须指出，网络化社会不是一个单纯的“个体社会”，而是一个“全球社会”。在全球化、地方化元素并重的数字化社会中进行和谐建构是一件

十分艰难的事，其中很要紧的一点是应该学会在线生存——在分散权力与赋予权力之间做出理智的抉择。从国家的利益角度来说，处理好网络政治主权的问题，更有助于中国民族在网络空间中的政治安全（张爱军，李文娟，2019）。

孙立平先生曾断言，中国当代社会已成为“断裂的社会”。其实，如果从传统文化和现代生活的根本问题及现代性状况上看，差不多已没有反驳的必要。特别是经过滕尼斯的“断裂”论述（1999），现代社会两大共同体——城市与乡村社会生活中的“断裂性”似乎是铁定的了。因为城乡生活世界所具有的礼俗社会和法理社会的主流征候的差异是那样明显，以至于我们不得不重新认真地审视网络化社会的现代性问题。

断裂乎？和谐乎？面对数字化社会，我们一时竟对此难以做出回答。网络世界不只属于城市，也属于乡村；不仅属于美国，而且也属于中国。虽说城市尤其是城里的年轻知识人占有了更多的信息资源和拥有更多的上网机会，但仍不能得出结论说“网络化社会也断裂了”。相反，随着时间的推移，网络化和谐社会还可能达成新的社会结合。那么，网络化和谐社会建构究竟有哪些途径呢？

首先，在个体层面上，应注重提高信息网络知识、技能水平和真假信息辨别能力，以及加强理性克制的心理适应性的修炼；其次，在社群层面上，应注重进行“网络平等”“爱心在线”“宽容诚信”“和谐共生”方面的教育，以提高网络社区社群的凝聚力和团结水平；最后，在社会层面上，应注重发挥民主法制、公共道德规范和网络社区管理等在线规制的约束作用，把以人为本的精神彻底贯彻到数字化社会和智能化社会，使网民人的生存论自觉化作合理化、合法化的交往行动。比如，政府在网络化治理中只有克服了伦理困境和选择了优化路径，才能促进网络社会资源的合理利用，从而达到建构网络空间命运共同体体系的目标（黄建伟，陈玲玲，2019）。

综上所述，我们从复杂性视角出发，对网络化和谐社会的建构做了社会哲学意义上的讨论。作为网络化社会的参与人和旁观者，我们有理由相信，在这一日渐融入复杂性的网络社会进程中，重新唤起对和谐美价值的尊重与实现对中国文化的超越性承诺，是最具现代性的社会责任。

二、网络化和谐社会理想的实现

如前所述，我们对网络化和谐的社会意义及其与复杂系统间的关系的真实性已深信不疑。这种复杂性解释，在本质上都属于整体性观点。因为，系统的组成部分似乎只能通过彼此之间以及与整体的关联才能得以了解和获得自我认同。而要真正理解网络世界的和谐问题，归根结底要把握住网络社会系统之间的关系，尤其是要搞清楚它们之间的整体联系。网络和谐不是抽象的整体性的反映，而是作为网络社会系统的一个复杂性的统一；但这个统一，作为复杂性相互作用的结果则是与和谐本身内在的规定性相一致的。唯其如此，在全球信息化时代里建构的网络化和谐才是具有普世价值的虚拟和谐，不仅可以在很大程度上规范和约束虚拟社会行为，而且也可以为人们理解现实生活世界的生存意义与价值提供一个理想的参照系。同时，自然与社会、心与身体、人与网络的关系在虚实世界中正演变为一系列新的和谐互动关系。然而，正因为和谐不能在主体自身内部独立形成和完善一样，网络化和谐也必须依赖于网络社会系统环境。

依据德国社会学家卢曼的社会系统理论的说法，网络社会可以被视为一个基于要素和关系的动态系统，这一系统的复杂性突出了选择的作用，也就是说，网络社会系统中任何一个运作（如某一种网站聊天室里的交流过程）都是在诸多可能性中的一个选择。在他看来，网络社会系统不仅具有自我组织、自我调整的特性，而且具有自我指涉、自我再生的功能（丁东红，2005）。由于网络社会系统具有复杂多样性的特质，加之系统内部和外部存在的异质性作用，使得网络和谐及其社会系统的建构过程异乎寻常地艰难。可以这样说，在特定的网络社会场域里要达到一次哪怕是微小的和谐都十分不容易，甚至于必须动员起某一个网络社会系统的全部资源和力量才能从不和谐的手中获得一次和谐的机会。

从广义系统哲学的角度来说，“一个以网络为基础的社会结构是具有高度活力的开放系统”（卡斯特，2001），能够创新而不至于影响其内部的和谐均衡状态。虚拟和谐在网络社会系统结构的开放和无限扩展的过程中，将或多或少、或快捷或缓慢地呈现出来。

不过，我们虽然主张对网络化和谐社会做系统化建构，并不意味着我们将无视有机社会的动态机制的制约，而是在知识建构的前提下对充满生活可能与活力的网络社会进行实践导向的建构。也就是说，这种网络化和谐的社会建构是有限度的，是不违背现实世界所具有的主体与客体的实践关系的规律的。鉴于网络社会系统所面临的大环境并不是一个单纯的“个体社会”，而是一个“全球社会”，再考虑到在这个特殊社会中每个成员都有意无意地追求他们的生活目标，即寻求如何在网络“共同体”中自由而又幸福地生活的可能性，我们必须学会对“在线生存”进行公平合理的权衡，并在分散信息权力和赋予权力之间做出尽可能明智的抉择。那么，我们究竟如何对网络化和谐社会系统进行建构呢?

第一，优化因特网的系统配置。我们完全有理由认为，在网络化和谐的形成过程中，那些最活跃的社会因素并不是自主作用的结果，而是通过各种互联网技术（包括各种硬件和软件技术资源）加以实现的。这些因特网的技术的系统配置的好坏，关系到网络社会中虚拟和谐的物质条件是否完备，同时也会成为抑制系统要素劣质属性发挥的“天然屏障”。为此，必须在科学发展观的前提下加强有限网络资源的优化配置，以使和谐保持可持续性。

第二，提升网人的道德素质。要实现“网络共同体”的网络化和谐理想，就不能离开网人的积极参与，特别是离不开他们自身道德修养的不断提高。主体性作为网络社会的第一种资源在网络化和谐社会系统的社会建设中，具有至关重要的作用。这里，我们提倡建立“以(网)民为本，推己及人”和“网人治网，高度自律”的道德约束机制，以此来弘扬中国优秀的人文精神传统并促进网络文明对话。

第三，增强网络社群的“和合”意识。一个和谐的虚拟社会不光需要外在的条件和内在的道德约束，而且也需要每个人的合作精神。其实，和合有序也就是数学化和谐社会的主要标志。从《周易》《道德经》到《和合哲学论》，都揭示了中国社会思想的整体性或和合性旨趣。但中华文化不只强调“天人合一”，而且也注重“和而不同”，就是说这里的关系含有辩证法意味。因之，“从和合的实性追求到和合的虚性追求”（张立文，2004）中，也将体现网络社会关系的二重性。对此，在我们提倡的“和合”意识与“和谐共生”理念里，也应该包括对网人关系的同质性与异质性的辩证理解。

第四，发挥网络社区的规制作用。没有规制，不成网络。网络化和谐社会系统既需要民主与合作意识，也不能没有法治与契约精神。按照法治与契约精神来对虚拟和谐社会进行建设，就需要形成一系列体现公平正义思想的网络社区规制，有了这些法律和伦理意义上的规制，也就有了和谐的基础。从这个意义上说，在线规制是网络化和谐社会发展和冲突化解的关键。

第五，推进全球网络与信息安全。网络社会的网络化和谐的建设，不仅有赖于本国或本地区的信息安全机制的发挥，而且更依赖于包括美国、英国、日本等信息技术大国在内的国际信息安全方面的协调努力。因此说，网络化和谐实际上就是追求“美丽中国”和“美好生活”以及人类共同体利益的产物，离开全球网络域名平等与网络文明平等对话基础的网络化和谐是不可想象的。只有立足于中国的网络经验和中国智慧，才能更好地实现网络强国的战略目标（谢新洲，2018）。

综上所述，我们对作为网络社会系统的一种理想状态与范式的网络化和谐进行了初步的讨论。这里，有必要重申的是，任何理想型的和谐社会系统都不可能经过一次性建构就圆满地完成它的预设目标，还需要在无数次的良性网络互动行为的基础上不断地做出超越性的努力，因为和谐性就存在于和谐的存在之中，建构网络化和谐和高质量的美好网络生活的前提，充其量只是建构可能形态的和谐生活，建构和谐生活本身并体验和谐生活才是网络化生存的真正意义。但网络化和谐范式的提出，将有助于成为一种促进亿万网民真正成为人和使赛博空间真正成为和合载体的文明共生行动。

本章参考文献

[1][德]埃德蒙德·胡塞尔.生活世界现象学[M].倪梁康，张廷国，译.上海：上海译文出版社，2005：89.

[2]陈剩勇，杜洁.互联网公共论坛与协商民主：现状、问题和对策[J].学术界，2005（5）：35–47.

[3]丁东红.卢曼和他的“社会系统理论”[J].世界哲学，2005（5）：34–38.

[4] 东鸟 . 中国输不起的网络战争 [M]. 长沙：湖南人民出版社，2010：2.

[5] 斐迪南·滕尼斯 . 共同体与社会 [M]. 林荣远，译 . 北京：商务印书馆，1999：84–91.

[6][德] 哈贝马斯 . 在事实与规范之间 [M]. 童世骏，译 . 北京：生活·读书·新知三联书店，2003：446.

[7] 黄建伟，陈玲玲 . 中国基层政府数字治理的伦理困境与优化路径 [J]. 哈尔滨工业大学学报（社会科学版），2019（2）：14–19.

[8] 金景山 . 全面把握社会主义和谐社会的基本特征 [N]. 光明日报，2005–08–02（10）.

[9][德] 鲁道夫·卡尔那普 . 世界的逻辑构造 [M]. 陈启伟，译 . 上海：上海译文出版社，1999: 35–36.

[10][德] 马丁·海德格尔 . 存在与在 [M]. 王作虹，译 . 北京: 民族出版社，2005: 133–134.

[11][美] 曼纽尔·卡斯特 . 网络社会的崛起 [M]. 夏铸九，等译 . 北京：社会科学文献出版社，2001：570.

[12][美] 尼葛洛庞帝 . 数字化生存 [M]. 胡泳，范海燕，译 . 海口：海南出版社，1996：269.

[13][英] 帕特里克·贝尔特 . 二十世纪的社会理论 [M]. 瞿铁鹏，译 . 上海：上海译文出版社，2005：5.

[14] 钱学森，于景元，戴汝为 . 一个科学的新领域——开放的复杂巨系统及其方法论 [J]. 自然杂志，1990，13（1）：3–11.

[15] 孙东川，魏永斌 . 因特网系统特性浅析 [J]. 系统辩证学学报,2005(2)：49–52.

[16] 孙逊，杨剑龙 . 网络社会与城市环境 [M]. 上海：上海三联书店，2010：25–45.

[17][日] 尾关周二 . 共生的理想——现代交往与共生、共同的思想 [M]. 卞崇道，等译 . 北京：中央编译出版社，1996：120.

[18][美] 沃尔德罗普 . 复杂——诞生于秩序与混沌边缘的科学 [M]. 陈玲，译 . 北京：生活·读书·新知三联书店，1997: 410–411.

[19] 吴彤 . 复杂性概念研究及其意义 [J]. 中国人民大学学报,2004(5) : 2–7.

[20] 吴忠民 . 社会公正论 [M]. 济南：山东人民出版社，2004：201–204.

[21] 谢新洲 . 网络强国战略思想的理论价值和时代贡献 [J]. 红旗文摘，2018（9）：48–49.

[22] 晏辉 . 虚拟享用：伦理辩护与批判 [J]. 中国社会科学，2005（6）：16—25.

[23][奥] 约翰 · L. 卡斯蒂 . 虚实世界 [M]. 王千祥，权利宁，译 . 上海：上海科技教育出版社，1998：230–231.

[24][比] 伊利亚 · 普里戈金：未来是定数吗？ [M]. 曾国屏，译 . 上海：上海世纪出版集团，2005：70–71.

[25] 赵汀阳 . 论可能生活 [M]. 北京：中国人民大学出版社，2004：13–15.

[26] 赵涛 . 网络、建构主义与世界3[J]. 南京社会科学，2003（8）：23.

[27] 张爱军，李文娟 . 网络政治舆论与政治安全 [J]. 哈尔滨工业大学学报社会科学版，2019（2）：2–6.

[28] 张立文 . 和合哲学论 [M]. 北京：人民出版社，2004：88.

[29][法] 郑春顺 . 混沌与和谐 [M]. 马世元，译 . 北京：商务印书馆，2002：384.

[30]Eggen，P. & Kauehak. D[M].Education. New york，1997：59.

[31]THEODORE M.The end of the internet rush[J]. Technological Forecasting & Social Change, 2005 (72) : 938–943.

[32]XIE WJ .Virtual space，real identity：Exploriny cultural indentity of Chinese Diaspora in Virtual Community[J]. Telematics and Informatics，2005（22）：395–404.

第七章　网络生活方式与网民生活质量

生活方式指人类作为个体的日常生活和社会整体的存在形式的总称，是人类普遍认同的活动方式和文明的具体化表现形态。在许多社会学者看来，社会学就是描述和分析人类不同时代或情境下生活方式的一门学问。在网络社会中，人们生活方式的现代性和后现代性变化，乃是我们考察和衡量信息网络技术对社会产生影响力大小的关键。在某种意义上说，网络生活方式就是网民生活方式。

第一节　网络生活方式

在讨论了网络社会化和角色表演之后，我们将把网络社会学研究的重点和问题焦点放到“网络生活方式”上。这不仅是由网络行为原理所决定的，而且也是网络化生活逻辑使然。随着互联网、移动互联网和物联网技术的迅速发展，以及网络（网民）生活方式的兴起、普及和成熟，网络时空中的网民主体间的关系网络和生活模式也变得日趋复杂和充满多样性。与此同时，也迫切需要社会学者对网络生活现象和生活事实加以深度描述和理论解释，以便使人们更好地认识网络生活方式的规律和生成机制，进而有助于网络社会学的学术积累和对具体的网民生活方式进行合理引导、社会管理和智慧管理。网络生活方式研究，应该包括诸如网络生活方式的概念诠释、生活结构、典型模式、生活质量和智能生活，以及美好生活的建构等内容。

一、网络生活方式的界定及特质

（一）网络生活方式概念的界定

生活方式的概念通常是对现实生活方式的内涵和外延的概括和归纳。这里，我们将提出的网络生活方式概念不同于“现实生活方式”的概念。一般认为，“生活方式”是回答“怎样生活”的概念。作为科学范畴的生活方式具有复杂、丰富的内涵。生活方式是指，在一定的社会条件制约下和在一定的价值观指导下，所形成的满足人们自身生活需求的全部生活样式和行为特征（王雅林，1988）。

王雅林教授在《生活方式概论》里给出的生活方式定义的表述显然是针对现实生活方式而言的。但在网络社会中，网络生活方式则是回答“怎样在虚拟现实时空关系和虚拟社区生活”的概念。可以说，网络生活方式或网民生活方式，是一种全新的、以网络生活主体和虚拟现实性生活关系和生活互动为基础的当代人类的生存方式。它既具有一般现实公民社会的文化结构与特质，又具有自身的独特之处。它作为一种网络社会或虚拟社区中的具体生存方式或生活样式或风格，包含了网民生活主体具有的所有个体化和群体化互动性的文化特质。简言之，网络生活方式是指在一定的虚拟现实环境、网络社会条件制约和在一定的价值观引领下，所形成的满足网民或网络共同体人们生活需求的全部生活样式和行为特征。从人类全球化和网络化的兴起和发展历史上看，这是一个包含了超越国家或民族群落的网络共和国的前所未有的一个概念。这是以往社会学家、传播学家、经济学家和哲学家都难以想象的一个巨大系统社会网络生存的共同体的生活模式，它的出现为人类生活开辟了一个崭新的存在方向。

（二）网络生活方式的主要特质

由于网络生活方式偏倚于各种信息网络技术，而这些技术发展的速度又特别快，因此使得网络生活方式也呈现出非常复杂的，甚至彼此相对的、不同性质的生活方式特征。这是矛盾或相对的，同步的或重合的，充满了时空变化的，但却是千千万万网络事件背后的原因和在线生活事实。

第一，网络生活具有虚拟性。这种虚拟性或虚拟现实性，可以说是网络生活方式中最突出和最早被人们发现并承认的一种生活特点。正是这种虚拟现实性技术功能的发挥，才把世界各地具有遥在性和地方性的人们彼此联系了起来，从而改变了人类的商业模式和生活景象。

第二，网络生活具有互动性。在网络空间中，人类实现了一次主体间进行广泛和频繁相互作用的机会。这是不容否认的，同时也是一次人类社会交往意义上的空前的革命。线性的和单向的人类交流一变而为双向互动的生活过程。

第三，网络生活具有日常性。和现实生活方式具有高频率、重复性和操作性的日常性特征一样，网络生活也具有日常性。而且，这种日常性既给人带来了快乐，又给人带来了繁琐和焦虑，以及更多生活的便利性和无限可能性。

第四，网络生活具有自体性。网络生活的自体性或自在性，是网络生活主体性或个体性本质属性的一种反映。随着移动互联网时代和人工智能时代的到来，具有自媒体性质的微博、微信技术给人们提供了内在传播或人内传播的微生活空间。

第五，网络生活具有共在性。所谓共在性也可以视为一种特殊的情境性，因为任何生活在赛博空间中的生活者都因为享有共同的信息资源和时间资源而变得亲如一家。麦克卢汉的地球村理想，在网络时代里真正成了一种媒介化生活现实。

第六，网络生活具有场域性。这是网络生活存在的空间性的特征，它的意义在于可以将具有相同或不同兴趣取向的虚拟社区、社群或族群（如微信朋友圈）的人们聚合在一起工作、交流、购物和游戏。

第七，网络生活具有智能性。也可以称作敏捷性、智慧性。任何网络生活都是依附在诸如互联网、移动互联网和物联网等或低级或高级的信息技术平台上的，唯其如此，才将网络生活的技术性、工具性和智能型、智慧性生活的层级更新上来。这是一个不断演进和迭代发展的技术社会过程，同时也是个体化和社会化、国家化信息生活能力和文化能力或软实力提升的过程。

第八，网络生活具有多样性。伴随着信息网络技术的不断更新和发展，网络生活方式的品种和样式以及风格也会越来越多。特别是各种信息网络多媒体技术的大量应用，使得人类生活呈现出多元化和多样化的多姿多彩的状态。

（三）网络生活世界及其意义构成

从现象学的观点看，依存于虚拟实在空间的网络生活的观念和行动系统构成了网络生活世界。这是一个人类社会交往史上全新的生活世界，其日常生活的现象和所呈现出的生活特征及其形态有别于以往任何一个历史时代。在网络生活经验基础之上进行网络生活方式的社会学研究，不仅具有生活实践意义，而且，更具有生活理论价值。

通过对近几十年来网络社会生活的观察、体验和归纳总结，可以窥视到生活世界发生的外在巨大变化和感受到隐藏于网络社会同一性中的内在张力。不仅如此，这种源自于信息技术对人类生活世界的影响趋势还在不断地加深，各种网络生活现象、生活事件的存在都表明了这个生活世界的形态和意义构成非同寻常。

可以预见的是，随着时间的推移，人类生活世界的面貌和生活行动的意义还将继续发生更大、更多、更深的变化。然而，谁也说不清接下来人类的生活世界究竟会走到什么尽头？或许本来人类对信息网络技术和人工智能技术所抱有的幻想就是没有边际的，又或者对此需要我们运用更丰富的社会学想象力亦未可知。正所谓，世界是网络的，网络是世界的，但归根结底网络生活世界是人类借助于技术创新所创造、维持和把控的。

二、网络生活方式的结构关系

（一）网络生活者及其生活观

在网络生活世界里，总是存在着令人遐想和反思不已的网络生活方式的复杂格局。在此，我们不妨把网络生活方式各个生活元素或要素（主要包括网络世界的生活主体或生活者、生活观念，生活客体、生活对象或生活条件，以及生活形式和生活行动等）的组合及安排的关系格局称为网络生活方式的结构关系。只有充分地了解这些关系，才能深刻地把握网络生活世界的本质和秘密。不管网络生活方式的构成是怎样的，网络生活主体及其生活观二者之间的联系都是至关重要的。对此，我们只做如下几点解析。

一是关于网络生活的主体。要解析网络生活方式的主体即赛博空间中的生活者，就是要说明到底是谁处于在线生活的状态。一般认为，网络生活者可以是个人，也可以是家庭、社群、民族，甚至社会、国家，具有从低到高的不同层次。我们可以在特定的层次下，考察网络生活的主体行为和生活观念的性质。

二是关于网络生活观念。在网络生活方式的主体结构中，一定的价值观和生活观对人们的在线生活活动具有这样或那样的导向作用，如果无视它的存在就会偏离适当的行为方向，甚至会堕落成无良或非法的网民。网络空间，并不意味着就是“任性空间”“游戏空间”和“逍遥空间”。比如，虽然网络出版具有一定的自由性或自主性，但因为网络主体生活观和核心价值观的不同，还会受到许多社会因素的约束及控制。

三是关于网络生活者和生活观的关系。作为网络生活世界中活力四射的主体——在线生活者——具体的个体网民，他们的一切活动都是有思想、有意识的，就是说是在一定的或明或隐的生活观念的作用下进行的。有什么样的网络生活者，就有什么样的生活观；反之，有什么样的生活观，就会有什么样的网络生活风格和网络生活模式。

（二）网络生活客体及条件因素

网民主体的生活总是处在特定的现实和虚拟现实社会环境中的，人们总是需有借助一定的客观网络生活资源和条件来安排自己的信息生活，这些条件因素就构成了人们形成丰富多彩网络生活的客观前提。这是一个复杂的网络社会系统，既有宏观“大时代”（网络时代）的一面，又有微观“小世界”（比如微生活）的一面。在马克思主义经典作家看来，“在这种条件下，生存于一定关系中的一定的个人生产自己的物质生活以及与这种物质生活有关的东西，因而这些条件是个人的自主活动的条件，并且是由这种自主活动产生出来的”（马克思，恩格斯，1995）。这里，有两个关系应该处理好：

第一，网络生活客体的数量与质量关系。我们必须澄清一点，在网络生活实践中，网络生活客体或网络信息技术资源不丰富、不充分以至匮乏固然不好，但同时也并不是说只讲求数量不注重质量。正确的方法是，应该找到一个比较适度和合理的数量质量关系。

第二，网络生活条件的需求与平衡关系。只有这样，才能解决广大网民之间日益拉大的信息网络生活的差距。这是一个值得关注的网络社会问题，它关系到我们能否建构起一个在良好的生活主体和客体的互动关系基础上的网络美好生活体系。

（三）网络生活形式与网络生活行为

网络生活形式，相当于狭义的网络生活方式。它是在网络生活主体和客体的相互作应下形成的一种外显的、由特定生活观指导的网络生活行动状态、模式和风格，通常具有可见性、可识别性和相对稳定性。具体说来，网络生活形式可能是被网络主体或互动对象的某种人口学统计意义上的诸如性别、年龄、阶层、文化程度等要素所设定的，也可能是被自我生活品位或志趣所决定的。倘若从微观意义上说，网络生活方式主要可以用来描述网民的特定虚拟生活风貌和生活格调（王雅林，2017）。换言之，它是在长期的网络日常生活实践之后逐渐积淀和定格下来的生活征候。

网络生活方式的外显形式除了网络生活风格之外，还有网络生活行动给予配合和维持。如果我们将网络世界当成是一个特定意义的社会世界的话，就可以把“网络生活行动”界定为透过自发主动性而赋予意义的虚拟生活经验或生活体验。从时间理论的意义上说，它具有当下性、回忆性和未来性。千姿百态的网络生活方式之所以能够呈现出来，正是由于网络主体间频繁的互动。我们只有在对网络生活行动或行为的观察、体验过程中，才能认知和把握全部的网络生活方式或模式。否则，网络生活方式概念就会流于抽象化和符号化。

三、网络生活方式的分类

（一）网络生活方式的基本类别

网络生活方式的分类，严格说来，也是由社会世界的主客观意义构成的（舒茨，2012，第37页）。我们是将这种网络生活世界的客观意义和主观意义当成相反的词语使用的。网络日常生活异常复杂，对其进行类型分析也比较麻烦，并且角度多样，众说纷纭。

按照网络生活主体的角度，可以将其分为三大类型：个体网络生活方式，即以个人为主的网络生活方式；群体网络生活方式，或称族群网络生活方式，如虚拟社区、微信群的生活方式等；社会网络生活方式，这是以社会整体为生活者的网络生活方式。上述网络生活方式的类型化，都是由社交网络的个体化、群体化和社会整体化以及虚拟社区的关联机制所决定的（赵联飞，2012）。

按照网络生活观念的角度，可以将网络生活方式分为前卫网络生活方式与保守网络生活方式、积极性网络生活方式与随意性网络生活方式，以及自我表演型网络生活方式与被动型网络生活方式，等。这意味着，网络生活方式经常会表现为一般性（共在性）、特殊性或个别性的形态。

按照网络生活功能的角度，可以将网络生活方式划分为网络经营型生活方式（比如各种微商的行为类型）、网络消费生活方式（包括在当当网、亚马孙、京东和淘宝空间的在线购物生活方式等）、网络政务生活方式、网络宗教生活方式、网络休闲生活方式、网络社交生活方式和网络民俗生活方式（比如网络节日、网络祭祀等行为模式），以及网络体育生活方式等等，不一而足。

按照网络生活的场域、知性等角度，还可以将网络生活方式分成数字化生活方式、“微社会”生活方式、智慧生活方式或智能生活方式等颇具时代性、现代性或后现代性的类型。

（二）典型之一：微生活

近年来，随着微博和微信技术平台的出现，形成了一种全新的网络生活样式——微生活，从而使我们的信息网络生活进入了微时代。特别是以自媒体为主要特色的微信生活，给我们的社交网络和微观层面的日常生活带来了极大的便利。正如人类学者赵旭东教授所概括的那样，微信作为一种媒介技术，它的来临和普及必然会对社会中人的生活造成直接的影响，并且由此产生了诸如人们的基础生活开始遭遇频频的颠覆、现实生活的功能紧迫性的改变在倒逼着社会结构的转型、网络式平台化世界日益凸显、信息的网络化搜索成为常态、移动互联致使时空碎片化、去中心化生活空间的形成、金融驱动消费方式、微信互动日常化、虚拟空间的群的生活方式凸显和作为人类共同体的世界共同体的场景想象变得更为突出和真实。这是微信时代的十大生活特征（2017）。

毫无疑问，在网络社会的演进过程中，微生活变得越来越具有现代性和后现代性意义，微信成为建构当代虚拟—现实日常生活世界的重要技术工具。就本质而言，微生活方式是个体社会在网络空间中的一种具有象征意义的自我和社会的呈现。微信互动过程中，朋友圈的个体展示和微信群体话语交流都呈现出个体对自我的塑造和群体对社会的建构。微个体在微生活中不断地通过自我选择来呈现自我，微社群中的个体互动的选择也引发了微社会的个体化呈现（邵力，唐魁玉，2018）。事实上，微生活作为高速发展的移动网络时代日常生活的表现形式之一，它建构了一种前所未有的人类共同表达方式。

（三）典型之二：智慧生活

智慧生活即智能生活，也有人称之为“智慧生活方式”，它是集数字化、数据化、人工智能化或物联网化的最前卫网络生活方式。具体说来，目前的智慧生活主要是由智能手机、智能家电、智能家居、智能交通、智能医疗、智慧城市等技术与服务所承载的。种种迹象表明，人工智能让生活变得更美好（彭训文，2018年）。简单地说，就是人工智能在推动人类进入普惠型智能社会的同时，将我们的生活方式更新到了“智慧生活”的新阶段。毫不夸张地说，智慧生活在很大程度上颠覆了传统生活模式。它不仅创造了身临其境的新世界的感觉，而且也创造了新型的人际互动、人人交互方式，从而跨越了空间与时间的界限（王莉，杨明辉，2016）。

当然，人工智能技术的社会生活影响也存在着需要规范和平衡的问题。有专家指出，“为了确保人工智能的健康可持续发展，使其发展成果造福于民，需要从社会学的角度系统全面地研究人工智能对人类社会生活的影响，应尽快制定完善人工智能法律法规，规避可能的风险”（谭铁牛，2019）。也有专家认为，正当人们沉浸于“智慧生活”之中时，“智慧起来的生活竟遭遇到信息技术的全面入侵，由此带来的风险人们还认识不足，本来是便利工具的技术有可能异化为全景式监控体系”（何明升，2018）。因此，必须对智慧生活及其环境相应地进行技术治理、规范再造和秩序建构。

随着时间的推移，5G的登场及5G网络的广泛应用是当前将发生的一次技术社会事件，也是一个关系到国家能力提升、国际竞争成败和网络强国战略实现的历史机遇。5G作为一种全新的智慧生活媒介载体的出现，将有助于在更高的通信技术平台和节点上建构文明、和谐、健康的网络美好生活体系和促进互联网与物联网的深度融合，以及解决人们日益增长的网络美好生活、智慧生活需要和不平衡不充分的发展之间的矛盾。

第二节 网民生活质量

本节通过对网民网络生活的分析，提出网民网络生活质量的概念，并试图对其评价体系进行归纳及概括，以此来寻找提高网民网络生活质量的途径与方法，从而优化网络治理方式，促进理想网络生活模式的构建（唐魁玉，张旭，2019）。

一、网络社会质量视角下的网民生活质量问题

这里主要论述网络社会质量视角下的网民网络生活质量问题，但在论述之前将首先介绍网络社会质量概念以及明确网民网络生活质量概念的含义。

（一）概念界定

1. 网络社会质量

“网络社会质量”的概念由“网络社会”和“社会质量”这两个概念及相关理论整合而来。荷兰社会学家迪克（Dijik.J.V.）在其专著《网络社会——新媒体的社会层面》中，将网络社会定义为一种新的社会形式。在这种社会形式下，社会关系形成于一种新的沟通网络。这种沟通网络源于其起中介作用的技术，有异于以面对面社会关系为代表的传统沟通网络（2014）。而美国社会学家曼纽尔·卡斯特（Manuel Castell）认为网络社会是一种社会结构的表示方法，这一社会结构来源于“社会组织、社会变化以及由数字信息和通信技术所构成的一个技术模式之间的相互作用”（2009）。社会质量在相关的理论研究中普遍被定义为“公民在提高福利和个人潜力的情况下参与社会和经济生活的程度”（张海东，2011）。

因此，我们将网络社会质量定义为网民通过网络日常生活介入作为其网

络共同体的社群与网络社会的程度。这种网络日常生活有助于提升网民生活能力与素质，并且有助于提升网络社会的正义与民生水平。

2. 网络生活质量

网络生活质量则是由生活质量这一概念移植而来，同时也兼顾了幸福指数的相关概念与评价体系，是指网络社会丰富网民生活的程度与网民日常生活需要的满足程度。网络生活质量所参考的幸福指数也是基于对人们主观感受的评价。同时，网民网络生活质量也关注网络环境这一客观要素，但是其着眼点在于个人对网络环境及网络社会环境的主观感受。网民网络生活质量是建立在一定技术社会条件下的，计算机、网络以及通信技术为网民的网络生活提供了技术基础，而网民在网络上的交流互动则源于社会存在的基础，即人是社会的动物，需要与他人建立关系。网民网络生活质量主要体现在网民主体对网民社会全体以及网络社会环境的认同感，认同感越高，网络生活质量越高。网民网络生活质量分为主观与客观两大维度。主观的网民网络生活质量主要关注网民的主观感受，包括个体对网络生活的预期、个人需要的满足程度、个人在网络社会的人际关系、个人对网络社会以及所处网络社群的归属感、个人网络日常生活对整体个人生活的改善程度等。客观的网民网络生活质量则主要关注网络安全以及隐私保护、网络言论自由、网络社会公平、网络社会道德、网络文化、网络法规的完善程度等。客观的网民网络生活质量虽然关注网络客观环境，但其评价依然来自网民的主观感受。

（二）网络社会质量视角下的网民网络生活质量问题

网络社会质量概念产生于对社会质量概念的移植，与社会质量一样具有其基本条件，包括网络安全、个人隐私的保护、言论自由、获得基本资源的平等性、避免歧视的存在、准确信息的可获得性、健全的法律法规等。但由于网络社会的特殊性，网络社会质量并未像社会质量一般，要求达到基本条件之后才能进行评价，这也就产生了网络社会质量视角下由于基本条件未完全达成而产生的问题。这些问题在一定程度上与影响网民网络生活质量的问题有所重合。

1. 网络安全问题

网络安全问题是自网络产生以来就被广泛关注的问题，其造成的危害无论是对网络社会质量还是网民网络生活质量都具有极其负面的影响。以电信诈骗为例，从最开始出现的盗取他人即时聊天工具以及电子邮箱账号密码，并假冒当事人进行的充话费以及其他虚拟票证的骗局，到如今花样百出的网络电信诈骗，其危害网络安全的本质并没有变化。另外大规模发展的网上银行、手机银行和第三方支付平台，以及电信运营商为方便用户所推出的多项服务，都可能被诈骗犯罪人员利用，成为诈骗个人及单位财产的工具。电脑的网络安全问题已经被关注多年，网民也多有警醒，亦有多种具有针对性的软件用以降低电脑的网络安全隐患，但我国网民个体以及机构，对电脑的网络安全意识仍需进一步加强。

2. 个人信息泄露问题

个人信息泄露也是随着网络技术发展被持续关注的问题。在部分情况下，个人隐私的泄露是网络安全的后续问题。而另一部分，则来自“传统”的个人信息泄露方式“人肉”搜索，以及近年来通过使用数据挖掘等大数据手段造成的个人信息泄露。因此，“人肉”搜索这一行为虽在一定程度上增强了对网络社会的归属感和认同感，但其对网络环境以及网络社会秩序都产生了十分负面的影响，因此其依然应被归为网民网络生活质量的问题。近年来对大数据技术的应用使得网民不再拥有自身行为所产生数据的所有权。这些大数据中，隐藏着网民自身的爱好、地理位置、职业、家庭成员、甚至包括个人信息和家庭住址等。而这些数据经过收集、整理、分析，可能会暴露网民自身的个人信息。对于这类个人信息的泄露，一些网民和机构尚未有清晰的认识。

3. 伦理道德问题

法律赋予的言论自由并不只是在现实世界中，在网络社会也是作为民众的基本人权存在。但是以资本控制网络舆论，并且以违背伦理道德规范而剥夺网民言论自由的现象也时有发生。基于国籍、地域、年龄、性别、种族、宗教、政治或其他信仰、婚姻状况和性取向等所形成的歧视，是全世界都需要应对的问题。究其原因，伦理道德问题乃是影响网民网络生活质量的又一个重要问题。

二、网民网络生活质量与社会质量的分歧及融合

网民网络生活质量与网络社会质量所关注的焦点都是网络社会，只是网络社会质量更加倾向于将网络社会作为一个整体研究，在网民的方面也只是注重其参与网络社会以及社群的程度；而网民网络生活质量则更加倾向于网民个体的需要，以及网络社会对网民的影响。这两个概念及其相关的评价体系在许多方面存在分歧，但是同时，随着概念的拓展和网络社会的发展，也将形成部分融合。

（一）网民网络生活质量与社会质量的分歧

从理论层次上看，网络社会质量更加宏观，其将网络社会整体作为研究对象，关注网络社会的整体环境、道德水平、安全层次，对网民个体的关注也仅仅在其对于网络社会以及社群的参与程度，这种参与会对网络社会以及社群产生影响。换言之，网络社会质量所关心的内容是由网民个体组成的社群对网络社会发展所产生的作用，而并非网民本身。而网民网络生活质量这一概念的理论层次更为微观，其研究的对象是网民个体，关心的是网民个体个人需求的满足。对网络社会的关注仅在于网络社会环境对网民个体网络生活体验产生的影响。从目标上看，网络社会质量的最终目标是实现网络社会的健康发展，且这一发展可以对现实社会的发展产生积极影响。而网民网络生活质量的最终目标是满足个人对网络生活的需求，促进个人发展，从而提高网民整体生活质量。

（二）网民网络生活质量与社会质量的融合

网络社会质量与网民网络生活质量的分歧从根本上来说是社会本位与个人本位的分歧，但是由于网络社群的介入，这种分歧得以融合，从而促进网络社会、网络社群与网民个体的共同发展。除了网络社群可以促进网络社会质量与网民网络生活质量的融合，还应注意到网络社会发展本身对两者，或者说是社会本位以及个人本位的融合作用。随着技术的发展，网络应用不断扩展与完善，网络资源日益丰富并且多样化程度逐渐升高，网民的网络生活方式的选择也越来越多，网民个体的差异性不断增高。但是由于网民的基数较大，他们依然可以很轻松地找到在某方面与自己有共同爱好的其他网民，

由此形成网络社群。与此同时，网络社会本身的发展也更加多样化，其对网民个体差异性的容忍程度也逐渐升高。由此，网络社会形成了多样化的网络文化。在这样的网络社会中，不再存在绝对主流的文化，大众文化可能随着时间的推移失去其优势，小众的文化也可以在传播中逐步壮大获得更多支持。各种文化的发展与衰落伴随着各种网络社区的兴起与弱化，对网络社会与网民个体的发展产生影响。在这一过程中，社会发展与个体发展的影响不断变化，在一个时间段内某种文化造成了部分个体发展对社会发展的抑制，而在一段时间之后，这种文化可能就会变成社会发展对另一部分个体发展的抑制。这种影响方向的不断变化使得社会本位与个人本位的分歧无法长期稳定的存在，分歧不断产生也不断发生融合，从而促进社会与个体的共同发展。因此，网络社会质量与网民网络生活质量在部分方面有所分歧，也在部分方面有所融合。

三、在网络社区中寻求网民生活质量

依前文所述，网络社群的存在对于网络社会质量与网民网络生活质量分歧的融合有一定的促进作用。在作为单一网络社群或多个网络社群集合体的网络社区背景下，高质量的网民网络生活在一定程度上等同于高的网络社会质量。为了更好地解释和分析网民网络生活质量，我们将在网络社区背景下的网民网络生活质量分为网民个体网络生活质量和社群网络生活质量。网民个体网络生活质量包括其对网络生活的预期达成程度以及其通过在网络社群中与其他网民的交流沟通等对自身需求的满足程度；而社群网络生活质量则将网络社群作为个体，衡量其在更大的网络社区或网络社会中的话语权与活动参与度。

（一）两种网络生活状态

一般说来，网民的网络生活状态主要分为个体和社群生活两种。换一个角度说，按照生活场域也可分成偏倚于虚拟生活和偏倚于现实生活两种状态。在这种社群的背景下，网民的网络生活状态偏倚或越来越偏倚于现实生活状态。虽然网民也会由于各种原因添加陌生人为好友，但在微信相对实名化的环境下，这种交流并不十分具有代表性。在这种网络社群背景下，网民的行为受到现实人际关系的影响，行为表现与现实生活中的较为相似。因此，无论是网民个体网络生活质量还是社群网络生活质量的主要影响因素都与应用的功能性以及用户体验等方面有关。在论坛、贴吧、网络游戏等网络社区背景下的交流则偏向于匿名化，网民使用网名掩藏自己的真实身份与姓名，与社区中的他人进行交流。在这种匿名的背景下，网民的网络生活状态偏倚于虚拟生活状态。这种状态与现实生活状态的分隔性更强，在这种状态下网民个体网络生活质量与社群网络生活质量都具有广泛的影响因素。

（二）高质量的社群网络生活质量

从网民网络生活质量的主观部分来说，网民个体对其在网络社区背景下的网络生活具有一定的预期，这种预期包含资源获得、个人需要、人际关系等多个方面。在一个网络社区中往往具有多方向多层次的网络社群，而大部分社群之间并没有明确的界限，网民可以同时加入多个社群甚至多个社区。在网络社区中，社群的聚集往往由于参与者的共同爱好、共同目标等原因，因此在对某些事件的观点看法上有较为相似的价值观，对于一些在现实或网络中发生的事件也更容易产生相似的情绪，这些情绪集中在一起就形成了网络社会情绪。在现实社会中，社会互动中的情绪可以对社会的运行产生影响，积极的情绪能量可以促进社会团结，而消极的情绪能量则会导致社会疏离（王俊秀，2013）。

这种现象在网络社区中也同样存在。情绪是一种能量，当这种能量累积到一定程度时，就需要进行释放，而基于能量属性（正面或负面）的不同可能造成相反甚至极端的结果，影响自身或其他社群的发展，并作用于网络环境。社群在社区中的影响力基于几个基本要素，社群成员的数量、成员的归属感和认同感、社群凝聚力、社群包容度以及社群的活跃程度等。这些因素间接地构成了社群对社区的认同感，从而构建了社群网络生活质量。

除了以上几点，网民在网络社区中能否获得高质量的网络生活质量还与网络社区的管理有关。网络社区的范围并不固定，在微观层面可以是某个具体的网络社区，而在宏观层面可以视作整个网络社会，网络社群在其中层层叠叠，互相关联或互相排斥。而网民在其中根据应用的功能性、社交需求的满足程度、人际关系的建立与发展、网络社区的管理等因素寻求高质量的网民网络生活。

（三）高质量的个人网络生活质量

通常用户的微信互动是以自我选择为中心的，无论是交际对象的选择还是对自我的展示，都遵从于自身的人际需要与表现需求（唐魁玉，邵力，2017）。网民的个体化选择不仅体现于微信互动中，这种个体化选择在网民的网络生活中贯彻始终。网民连接互联网往往基于自身的某些需求，而从大量的平台与软件应用中选择适合自身的，以满足相应的需求。在这些选择中，往往存在针对网民自身的最优解。这也是网民追求高的个人网络生活质量的一种表现。而网民自身对网络技术的了解程度则影响了选择的过程，提高网民自身的技术能力以适应急速变化的网络社会，可以帮助网民提高个人网络生活质量。

无论是网民个人网络生活质量还是网络社群生活质量，其客观生活质量与主观生活质量都是由个人或群体的行为实现的。个人或群体自身的知识和技能体系都影响着其行为的方向及程度，从而影响个人及群体对网络社会的认同感和归属感，进而对网民个人及群体网络生活质量产生影响。因此，在对网民及群体的网络生活质量进行评价的过程中，不仅需要对客观以及主观网络生活质量进行测量，也应充分考虑到作为中介的网民及群体自身的行为的影响。

第三节 “5G 化生存”及其智能社会变迁

种种迹象表明，世界已无法阻止5G 的脚步或早或迟地到来。于是，究竟是我们的华为还是美国的苹果手机，将引领新一代移动网络技术潮流的期盼和猜测，也已成为人们普遍关注的社会议题和舆论焦点。与此同时，5G 登场将给我们的生活方式带来什么变化？它是否会变成一种新的生活方式？这种媒介化生活方式的结构性特征和变化是什么？怎样审视5G 及其网络生活世界的社会后果，以及如何对此加以正确的社会价值导向？诸如此类的问题，正摆在网络社会学者和生活方式研究者们的面前，亟待合理的或适当的解释。在这里，笔者想就上述问题，做一次初步的学术探讨。

一、5G将作为一种新生活方式载体

让我们先为5G及其网络生活方式下个定义。在通信技术专家看来，所谓5G就是跟1G、2G、3G和4G相比，传输速度更快、各种通信资源更丰富以及智能化、物联化程度更高的一种潜力更大的先进移动通信技术阶段、节点或标准。5G之所以受到人们的重视，是因为它具有与物联网结合的发展潜力。其传输速度可以达到每秒10吉比特，能为人们带来更多、更好、更有趣味的移动通信体验。而物联网则是在通信技术与信息基础上所发展起来的，因此促进二者之间的相互融合，进一步发挥高速率、高可靠性、低时延、智能化、多元化功能就显得至关重要（黄晓华，2018）。从1G到5G的移动通信技术的演进过程特征，一般认为，自1980年代开始经1990年、2000年到2010年代以来，技术提高的节点是每10年一次，在此期间人类的通信生活方式也发生了很大变化。简而言之，在1G、2G阶段只能为用户提供语音、数字信号服务，到了3G阶段则可以提供同步的数据传输服务。目前人们所接受的4G数据服务已经是比较高速化的移动通信服务了。其中美国的苹果和中国的华为手机所提供的诸如室内、步行和订票、购物付费等情景服务，许多手机用户都以体验过了。专家们认为，从第一代移动通信系统（1G）到第五代移动通信系统（5G），我们可以利用的通信资源从频率扩展到时间、码字和空间资源等等，经历了系统架构、多址技术、业务等多条技术路径的演化发展（余全洲，2016）。与此同时，通信容量、通信速率和通信能量、频谱效率也得到了极大提升。这一切都将成为5G制定技术标准的基础。

鉴于此，本书认为5G网络生活方式就是，网络使用者以5G移动网络通信资源和服务为客观生活条件或载体，并以相应的高速社会生活观念为行为方式制导的一种具有现代性意识的虚拟现实生活方式。按照麦克卢汉媒介即讯息的说法，我们认为，随着5G及其网络技术的出现和普及，其必将可以成为新一代网络生活方式的载体，从而成为人类新媒介化文明的数字脚印、生活史记忆和技术社会演进的迭代环节。归结起来，5G网络生活方式的主要特征是：快速化（高速率）、数据化、智能化和物联化以及多元化。

接下来，本书将论述从1G到5G的网络技术迭代演化过程。毫无疑问，随着计算机和网络技术的高速发展和移动互联网时代智能手机的普及，网络生活已经越来越变得深入人心，且与人类生活方式须臾不可分开。从小数据到大数据、从单向化传输到多元化传输、从低端化传输到高端化传输的网络社会演进，透露出了从1G 到5G 的通信技术创新历程（唐魁玉，张旭，2018）。同时，也以移动网络技术发明事件的名义显露出网络化存在的张力及后果的扑朔迷离。而作为新一轮网络化创新应用的5G 网络技术，它将代表人类对智能化、物联化生活的认知程度和影响限度。因为5G 网络连同其塑造的人工智能等技术的发展与人类对此的反应尚不明了，因此其对移动社会及其网络社会质量的影响程度还未可知。如果我们将移动网络技术的五个阶段看成是一种重复反馈过程的活动的话，那么，每一次迭代都会得到一个对生活方式影响的网络社会后果。上一次迭代的结果将成为下一次迭代的初始值，从而变成一种信息网络生活资源。从通信技术的角度看，经过对一次次通信技术的不断创新循环，我们才有了技术迭代的机会，也便有了互联网和物联网的相遇，以及万物互联实现的可能。

5G 作为一种新的生活方式载体和电信技术迭代过程的全新初始点，其对人类生活方式的影响将体现在以下几个方面：一是其迭代模型（尤其是开发过程和周期性），将影响或生产新的“生活模式”；二是其迭代算法（即用计算机解决问题的方法），将以计算机运算的高速率、高重复性功能影响或支撑新的生活方式的演进过程；三是其迭代变量（推出的新一轮电信技术值的变量），将影响和参与确定新生活方式的变化元素；四是其迭代关系（可以推论下一种通信技术互动的关系），将成为以递推、倒推的方式对新生活方式建立生活关系体系的问题核心；五是迭代过程（每一次通信技术进步的程序和阶段），将使新生活方式获得某种可以避免不良后果的网络控制方式和治理方式。如此说来，我们相信5G 及其网络一定能够成为新生活方式的媒介载体。

二、5G 将带来的生活方式结构变化

学者们比较一致的观点是，生活方式是个回答人们“怎样生活”的概念，而网络生活方式则是回答人们在网络时间空间中如何利用网络资源在某种价值观的指导下进行生活安排的活动方式。前文说过，所谓“5G 式生活”或

"5G化生存"方式是指：网络生活者或使用者以5G移动网络通信资源和服务为客观生活条件或载体，并以相应的高速社会生活观念为行为方式制导的一种具有现代性意识的虚拟实在生活方式。任何社会的生活方式，都存在着一个生活资源或要素的合理配置的结构问题。网络生活方式的结构，主要包括网络生活活动条件、网络生活活动主体观念和网络生活活动形式等几个方面。5G及5G网络将带来的生活方式结构性变化，也会集中表现在上述三个方面。

首先，5G将极大地改进网络生活活动条件。历史唯物主义者认为，在人类历史上的每一个时代，一定社会的生活方式总是都是被特定的生产方式所决定的。在移动互联网时代，其生活方式的本质属性也一定是被网络社会所有现实的和虚拟实在的综合生产方式决定的。换言之，网络生活方式不可能存在于真空中，而是依赖于云环境、赛博空间、虚拟社区、复杂计算技术，以及一切可能提供的或宏观或微观的信息资源等客观社会条件。对于将来处于高速率运行的5G网络社区中的不同个体和群体来说，影响其网络生活方式形成的因素有程度、时间占有量、空间场域和服务品种等条件的差别，由此造成各社会组织、族群及个体间虚拟现实生活方式千差万别的局面。诚然，在我们所处的时代里，技术创新的影响是前所未有的。与早期无线电在电视时代的遭遇一样，1G、2G在4G网络风头尚劲、5G喷薄欲出之时就被人遗忘了。这表明通信技术更新之快，显示出的"你方唱罢我登场"的技术变迁时间飞逝状况。任何一种技术变迁的过程中都会产生文化和生活方式的变化以及生活适应问题，而且这种适应是需要一定的时间和距离的。5G网络及其智能手机作为一种新潮生活方式的流行，至少也得经历若干年时间。这是一个在日常生活结构及功能上都不同凡响的突变节点，其对网络生活的影响必将是一片时光机式的极速景象。

其次，5G将重新塑造网络生活主体观念。这种情形包括网络生活者信息素质的提高和生活观念的形成两个方面。网络社会生活主体即生活者，通常可分为个体、群体、阶层和社会等大小不一的层面。任何移动互联网的个体、社群和社会成员的生活方式，都是作为有意识或观念的生活活动主体的人的活动方式。在移动网络生活方式的主体结构中，一定的价值观和生活观对人们的在线生活行为具有很强的导向作用，甚至会成为调适网络社会心理的内在力量，进而引领某种网络生活方式的选择方向。可以预见的是，在“5G化生存”方式形成过程中，加速性时间观念和日常性行动观念将得到一定程度的张扬，并变成移动网络时代虚拟社会主体性的一种重要特征。可以想见，在不远的将来，5G新一代手机的登场之时，将使人们（移动网络的网民）对空间的认知和时间的适应更加力不从心，甚至来不及思索当下自我关系（人内传播）和“群己关系”中的快节奏生活。在5G网络的时空关系中，网民身处超速率空间的在线日常生活会发生更多、更难以预料的事情。你每天的生活行动中，都会不断地遇见来自其他时间和地点的人物或思想。

德国社会学家罗萨（Rosa）在其《加速：现代社会中的时间结构的改变》一书中指出，我们社会的加速存在着技术的加速、社会变化的加速和生活节奏的加速三个维度。并认为，技术的加速会引发空间、时间和制度的变革，而社会的加速将增加生活的偶然性和复杂性（罗萨，2015）。罗萨关于加速社会的思想，对我们理解5G这种以高速率为特征的移动网络生活方式来说很有帮助。事实上，5G作为一个可能的国际通信技术标准的酝酿经历着快速的演化阶段，这产生了一种很特别的时间感和时代感。根据海德格尔在《存在与时间》中的看法，加速社会乃是一种“本真的、可能性的存在”方式或状态（2017）。在线时间加速就意味着网络日常生活延长，同时线下时间也随之加速、延长或缩短。更重要的是，将促进线上和线下的日常生活互动，从而导致时间性、同步性、日常性的本真存在意义变化。因此，网络主体观念或核心价值观的确立及正确价值观的导向，都不能脱离开上述社会学、哲学理论的滋养，以及发挥生活方式的正效应和培育新的生活文明主体。

再次，5G将促使网络生活形式或风格多元化。在移动网络社区中，生活活动条件和生活活动主体的相互作用。必然外显为一定的生活活动状态、生活模式和生活形式或生活风格，这使得网络生活方式具有可见性和稳定性。所谓网络生活方式的风格特征，就是这种生活稳定性积淀而成的结果。因此，网络社会的生活方式往往成为描述和刻画不同性别、年龄、阶层等群体的重要标志。与以往3G、4G时代不同，5G化生活模式和风格总的特质应该是普遍智能化、物联化、多样化或多元化的。5G网络生活风格的基本特征是，先进的通信技术资源和社会学意义上的弱关系被注入所有网络社会关系之中；

与此同步，网络社会生活的加速化又致使一切网络行为都沉浸、笼罩于前卫通信信息技术对社会生活结构的干预或影响的气氛之中。

从5G移动网络的生活模式和风格角度看，可以认为，随着5G对加速化社会征候的塑形，网络生活的普遍理性特质将让位于日益弥漫的感性化倾向之中。与此相关，跟网络时代密不可分的价值理性、工具理性与传统生活伦理之间的关系也将更加疏离。总之，“5G化生存”行为在风格上，变得更容易存在于源于通信技术的工具理性和非理性的性感诉求的具体情境之中。5G化生活风格的多样性和多元性，可以体现在生活者的日常消费、休闲、娱乐、出行、家居、养老、医疗、气象、金融、工作、参政和管理等各类智慧生活行动中，也可以体现在未来物联网的所有技术社会服务功能的发挥上。其生活模式和风格可以是快捷的、简约的、有趣的、时尚的、精准的；也可以是延伸的，复杂的、严肃的、实用的、粗放的；凡有所求，皆成风格。

三、“5G化生存”方式的建构意义及其影响限度

毋庸置疑，通信技术的迭代或演进是有其规律性的，这就是人们所说的“生命周期律”。同现实社会往往是缓慢渐变的不一样，5G给我们带来的智慧社会的种种生活变化将是迅速的。对此我们既不要有太多的焦虑感，又不要盲目乐观。换言之，我们应该学会适应由此带来的智慧生活方式的变化，承认其积极的意义，并保持对网络美好生活理想的追求，力争使人民之间所获得的智慧生活更充分和更平衡。为什么人们要以上面的思维和心态从容地面对5G的来袭，并以优质的5G网络技术来安排移动网络的生活秩序，进而进行“5G化生存”方式的建构？这里有三个问题需要在展望中加以反思：一是通过哪些社会理论可以对5G带动网络美好生活的行为进行解释？二是5G所引发的网络生活方式的社会后果是怎样的？三是我们如何准确地说明5G后网络社会结构与技术知识结构之间的生活价值及价值关联，尤其是关于以5G为标志的复杂性移动网络社会的异质性应该如何认识？“5G化生存”方式建构的意义。为了突出时代的精神，我们主要从以下几个方面来讨论“5G化生存”方式及其生活秩序建构的意义。

首先，从马克思生产和生活互构理论来看，这种基于通信技术进步节点

的网络社会生活的建构具有重要的社会创新意义。因为在从1G到5G的技术社会演进过程中，实际上体现了生产与生活的辩证互动关系，形成了“生活的生产”和“生产的生活”两种生产、生活互构的社会状态。(唐魁玉，解保军，2008)。同样，在上述技术迭代和社会演进过程中，也充分体现了不断和谐、人的发展精神的马克思主义社会运行规律。

其次，从现代性社会理论来看，作为一种新的媒介技术载体的5G无疑具有现代性、甚至后现代性的社会功能及意义。正因为如此，它有别于早期的初级技术阶段的简单交流水平，而成为一种可以驾驭各种复杂事情的，完成各种复杂政治、商业、文化和私人生活任务的高速运转的网络系统。正如卡斯特所说，网络建立在节点以及它们之间互相关联的基础之上（2015）。重要的是，这些如5G一样的节点可以根据新的生活任务和社会目标进行重构。

再次，从美好生活的理论来看，我们要全体人民的美好生活，建设新时代中国特色的社会主义，就必须提高网络社会质量和建设以人类共同体为基点的网络美好生活。建设智慧社会，说到底就是要建设普惠化的智慧生活。所以，无论从媒介文明的兴起还是从重建人类幸福、美好生活秩序上看，5G都将是一种可以带来福音的生活技术。

最后，我们要谈的是究竟怎样评价和看待5G带来的社会后果问题。尽管关于现代技术的本质之一具有的双刃剑、异化性和物化性（霍耐特，2018）。的思想已经不是什么新观点了，但是，我们仍然要说几句忧思之语。因为作为一种辩证思维，这也很重要。严格说来，5G及其网络的出现并不会给现有的生活世界带来一种纯粹本质的变化，它只是为我们提供了一种更加快捷、便利和有趣的活法儿，但在很大程度上还不能说它完全改变了人类文明传播的知性史和生活史。任何技术都不是万能的，或者信息网络技术也存在一定的对生活影响的限度，所以我们也应该对5G到来表示欢迎之外略微保持一点警觉，因为它也会造成各种国家信息安全、社团和个人隐私的外泄之类的社会问题。为此，我们应从技术限定、道德约束和法律规制等几个方面对智慧生活加以社会控制和治理。

总而言之，5G的登场及5G网络的广泛应用是当前将发生的一次技术社会事件，也是一个关系到国家能力提升、国际竞争成败和网络强国战略实现的历史机遇。对其可能给我们的生活方式产生的社会影响进行深入分析、反思和展望，具有十分重要的学术价值和现实意义。5G 作为一种全新的移动网络生活方式的媒介载体的出现，将有助于在更高的通信技术平台和节点上建构文明、和谐、健康的网络美好生活体系和促进互联网与物联网的深度融合。

本章参考文献

[1][奥]阿尔弗雷德·舒茨.社会世界的意义构成[M].游淙祺，译.北京：商务印书馆，2012：37.

[2][德]海德格尔.存在与时间[M].陈嘉映，王庆节，译.北京：生活·读书·新知三联书店，2017：298–302.

[3][德]哈尔特穆特.罗萨.加速：现代社会中时间结构的改变[M].董璐，译.北京：北京大学出版社，2015：86–127.

[4]何明升.智慧生活：个体自主性与公共秩序性的平衡[J].探索与争鸣，2018（5）：21–25.

[5][德]霍耐特.物化：承认理论探析[M].罗名珍，译.上海：华东师范大学出版社，2018：7.

[6]黄晓华.5G 网络与物联网结合发展趋势分析[J].数字通信世界，2018（11）：130.

[7][荷]简·梵·迪克.网络社会——新媒体的社会层面[M].蔡静，译.北京：清华大学出版社，2014：19–41.

[8]马克思恩格斯选集：第1卷[M].北京：人民出版社，1995：123.

[9][美]曼纽尔·卡斯特.互联网时代的生活、政治与权力：对话卡斯特[M].北京：社会科学文献出版社，2015：23–34.

[10][美]曼纽尔·卡斯特.网络社会：跨文化的视角[M].周凯，译.北京：社会科学文献出版社，2009：1.

[11]彭训文.人工智能，让生活更美好[N].人民日报（海外版），2018–01–24（8）.

[12]邵力，唐魁玉.微信互动中“个体社会”的呈现[J].哈尔滨工业大学

学报（社会科学版），2018（3）：44–55.

[13] 谭铁牛 . 人工智能的历史、现状和未来 [J]. 求是，2019（4）：39–46.

[14] 唐魁玉，邵力 . 微信民族志、微生活及其生活史意义——兼论微社会人类学研究应处理好的几个关系 [J]. 社会学评论，2017（2）：76–85.

[15] 唐魁玉，张旭 . 网络社会质量的数据化基础——从小数据到达数据的网络社会演进 [J]. 自然辩证法研究，2018（8）：117–122.

[16] 唐魁玉，解保军 . 论生产与生活和谐互动的社会理论基础 [J]. 马克思主义研究，2008（12）：75–80.

[17] 唐魁玉，张旭 . 网络社会质量视角下的网民网络生活量——以网络美好生活的建构为中心 [J]. 哈尔滨工业大学学报（社会科学版），2019（2）：34–46.

[18] 王俊秀 . 社会情绪的结构和动力机制：社会心态的视角 [J]. 云南师范大学学报（哲学社会科学版），2013（5）：55–63.

[19] 王莉，杨明辉 . 虚拟现实时代：智能革命如何改变商业和生活 [M]. 北京：机械工业出版社，2016：71–77.

[20] 王雅林 . 生活方式概论 [M]. 哈尔滨：黑龙江人民出版社，1988：2–9.

[21] 王雅林 . 回家的路：重回生活的社会 [M]. 北京：社会科学文献出版社，2017：287–288.

[22] 余全洲 .1G–5G 通信系统的演进及关键技术 [J]. 通信世界,2016（22）：34–35.

[23] 赵联飞 . 现代性与虚拟社区 [M]. 北京：社会科学文献出版社，2012：171.

[24] 赵旭东，刘谦 . 微信民族志——自媒体时代的知识生产与文化实践 [M]. 北京：中国社会科学出版社，2017：6–15.

[25] 张海东 . 社会质量研究：理论、方法与经验 [M]. 北京：社会科学文献出版社，2011：6.

第八章　微信化生存的社会人类学分析

作为自媒体的微信曾几何时已经成了当代人的一种日常生存方式。我们不妨将这种生活样式，称之为微生活方式或“微信化生存”。微信化生存是网络化生存的重要组成部分，不了解它就无法认识和适应现代网络化生活。本章将以微信朋友圈的人际互动、微信社会治理分析和微信民族志及其生活史意义为论述重点。

第一节　微信朋友圈的人际互动分析

微信朋友圈不仅是一个媒介新生活现象，而且也是一个前沿的学术领域。微信的使用率急速上升，已和整个网络用户的规模十分接近。在微信的使用中，朋友圈成为备受用户青睐的一个功能插件，它具有 QQ 群、人人网所不能及的优势，既能够发文字、照片，又能够发语音。以大学生为例，他们已成为朋友圈使用者中的一个巨大客户群，他们借助朋友圈与朋友、家人进行交流与沟通，获取各种资源。微信朋友圈的出现改变了人们的交往方式，将线下的关系拓展到线上，成为人们日常生活的重要媒介。尝试对朋友圈的人际互动状况进行分析，具有重要的现实意义（唐魁玉，唐金杰，2016）。以大学生为研究对象，采用虚拟田野调查和半结构化访谈的方法收集一手资料，借助符号互动论对朋友圈加以探讨是一种比较理想的方法论选择。通过对第一手媒介生活资料的详细分析，认为朋友圈的人际互动实际上属于符号互动，经历了刺激——解释——反映这样一个传播过程，包括两两互动模式、单中心星状互动模式、多中心网状互动模式三种互动模式，它的出现导致了一种新的生活方式的形成，即微生活的兴起。对朋友圈的研究不仅丰富了符号互动论的研究领域，而且也使人们对朋友圈的微生活有了更自觉的文化认知，从而有助于微生活问题的克服与社会治理。

针对人们对朋友圈如此青睐的现象，学者们进行了相应的研究，但是研究成果主要集中于传播学、经济学等领域。其中传播学领域的人关注朋友圈在人际传播上的作用，认为朋友圈具备了公共传播的媒体属性（袁梦倩，2009）；经济学领域的人认为朋友圈中存在着巨大的潜在客户，信息传播迅速且广泛，因此它将成为商业营销的一个新领地（杨柳，李思维，2014）。然而，社会学领域对于朋友圈的研究仍不很深入，仅有部分学者从社会资本及社会网络的角度对朋友圈进行了分析。本章选取在校大学生作为研究对象，通过田野观察和半结构化访谈的方法来获取一手资料，并以符号互动论为理论基础，对朋友圈的人际互动模式进行深入的分析。

一、朋友圈的人际互动要素

（一）微信角色

角色是连接个体与社会的核心要素，社会学家们指出人与人之间的互动实际上为角色互动。很多社会学家对社会角色进行了深入研究，如米德、特纳等。米德是社会角色理论的先驱，他首次提出了社会角色理论，指出人与人之间的互动表现为社会角色之间的互动。特纳在米德的基础上，对社会角色理论做了进一步的修正。他指出行动者建构角色，并在与他人的交往中告知对方自己在扮演何种角色。他认为，人们就是在这种假定——好像环境中的他人也进行着明确的角色扮演一样——的基础上行动着（Turner R，1968）。

可见，无论是在现实社会中还是在虚拟社区中，人们无时无刻不在扮演着各种角色。倘若在现实生活中人们是在不自觉地扮演各种社会角色的话，那么在朋友圈中人们则是依据自己的意愿自觉地扮演形形色色的社会角色。从互动的主体扮演的角色类型来看，在互动过程中朋友圈用户扮演了两种社会角色，即信息发送者和信息接收者。信息发送者指互动的挑起者。这一角色会借助朋友圈来发布信息以博得圈内好友的关注。信息的接收者指对圈内好友的信息做出回应的人。这一角色会针对感兴趣的话题与信息发布者进行讨论。从用户扮演的社会角色性质来看，一方面用户在角色互动的过程中不断扮演着与其社会身份、地位、经历等相符合的社会角色，显示出用户对自身行为的一种期待；另一方面信息发送者与信息传播者的角色身份并不是固定不变的，用户角色会随着环境的变化而发生转变，如信息的接受者也会变为信息发布者。

（二）微信信息

信息是对话得以实现并持续下去的关键因素，没有了信息媒介的对话就成了无米之炊。在朋友圈中，用户之间的对话主要通过文字、图片、视频等形式表示出来，因此朋友圈中的信息主要包括文本信息、图片信息、视频信息等各种类型。通过对抽取样本的朋友圈的观察，发现用户在朋友圈中信息主要包括以下的信息内容主要包括几个方面：抒发感情、所见所闻、日常生活、知识百科。

1. 抒发感情。情感类状态是朋友圈的主要内容，包括文字、图片等各种形式。在朋友圈中，文字是用户抒发内心感受的主要媒介，仅短短的几行字就能表达出用户的喜怒哀乐，流露出用户的真情实感。当然，图片也是用户表达感情的一种方式，但它通常与文字结合起来，更加形象生动地表达出用户的情感。通过对大学生朋友圈的观察发现，单纯用文字来抒发情感的用户有11个，占总用户的33.3%；而将文字与图片相结合作为情感表达媒介的用户有19个，占总用户的57.5%。从性别上来看，在男生的朋友圈中，文字状态的数目要远远大于照片的数目，而女生则恰恰相反。

2. 所见所闻。在互联网出现之前，人们主要通过纸张来记录自己的所见所闻。当互联网出现以后，人们转而在微博、人人等平台上记录下自己的所见所闻，以便让更多的人知道和了解。如今，微信朋友圈已成为人们记录所见所谓的首选网络平台。调查发现，有20个大学生在自己的朋友圈中频繁发布自己的见闻，包括国内外的奇闻逸事、亲身见闻等。

3. 日常生活。朋友圈日益成为人们记录生活点滴的一个新工具。微信用户通过在朋友圈中发布文字状态，上传照片等方式来记录自己的生活点滴。通过对抽取样本的朋友圈的观察发现，用户借助朋友圈记录日常生活的方方面面，包括外出游玩、同学聚会、校园活动、甜蜜瞬间等。在被调查的33位大学生中，有15位用户仅借助文字记录生活点滴，有18位用户将照片、视频传到朋友圈中，生动地记录下美好的瞬间。

4. 知识百科。朋友圈不仅仅是交流与互动的平台，同时也是用户了解周围动态，学习百科知识的工具。在朋友圈中，用户一方面可以浏览好友发布的各种信息，了解周围的动态；另一方面，可以将公共账号中的百科知识分享到朋友圈中，以备不时之需。据调查，有30位用户在朋友圈中分享了各种链接，包括养生知识、旅游攻略、生活小窍门、音乐、体育等不同领域。

（三）微信朋友圈

微信朋友圈是微信中一个备受关注的功能插件。腾讯团队对朋友圈赋予了多种功能：一方面，朋友圈支持发文字、图片、视频、链接等功能，使用户之间的交流方式更加多样，互动更加方便；另一方面，朋友圈有其独特的设置，即状态回复只有双方互为好友才能看见，其他人是不能看见的。这不仅有效防止了个人隐私的泄露，使个人信息受到保护，而且也使用户之间能够畅所欲言，表达自己的真实想法。

朋友圈中的好友主要来自手机通讯录和QQ好友，包括家人、同学、老师等。它不具备推送陌生人的功能，陌生人很难成为用户圈内的好友。因此，朋友圈成为一个以熟人为主的虚拟社区。用户之间的交流更多地发生在熟人之间，其交流内容更加随意、多样，私密性更强。

可见，朋友圈为用户的网上互动提供了一个广阔的空间，用户可以依据自己的意愿有选择性地与好友进行交流和沟通。微信朋友圈日益成为一种新的交往方式，它使人们之间的沟通和交流更加方便、快捷，因此朋友圈成为实现用户网络互动的必不可少的因素。

（四）微信动机

“动机”一词源于拉丁文，是由心理学家译名（R・Woodworth）提出的。关于动机的含义，目前学术界有多种说法，尚未形成共识。我国学者张爱卿在总结前人的基础上，对动机做了比较系统的界定。他认为动机应包括内在起因、外在诱因、中介调节作用三个因素。并且指出在自我调节的作用下，个体使得自身的内在要求与行为的外在诱因相互协调，从而形成激发、维持行为的动力因素（屈勇，2011）。

笔者和唐金杰通过对33个样本的观察和分析，归纳出朋友圈中人际互动行为的动机主要有以下四种类型：

1. 自我倾诉动机。自我倾诉动机主要指促使人们以表达内心情感为目的而进行各种网络行为的动机。在纷繁复杂的社会中，人们面对的压力越来越大，生活节奏越来越快，与好友相互交流、向好友倾诉的时间却越来越少。微信朋友圈的出现则很好地解决了这一问题。微信朋友圈是一个开放性的网络平台，任何人都能成为朋友圈的用户，借助朋友圈这个网络平台诉说自己的心情与感受。用户可以借助文字、图片等方式在朋友圈中记录自己内心深处的真实感受，包括获得成功时的喜悦、失败时的懊恼等。在此过程中，用户获得了一种现实生活中难以实现的心理体验。

2. 自我满足动机。自我满足动机指人们为了在与他人的交往过程中得到心理上的满足而进行各种互动行为的动机。戈夫曼认为，生活就是一个大舞台，人们无时无刻不在进行着表演，塑造着自己在他人心目中的形象（Coffman，1981）。但是由于现实社会种种因素的限制，人们不能扮演自己想要扮演的各种角色。而在朋友圈中，用户受到的限制较少，通过对好友浏览信息权限的设置，可以在朋友圈内展示自己的各个方面，并且在与好友的交流过程中获得心理上的满足感。

3. 社会交往动机。社会交往动机指激发人们为加强与好友之间的沟通和交流而进行各种行为的动机。人是一种群居动物，总是与他人建立各种联系。人们总是在与他人交往的过程中来证明自己，获得心理上的满足。很多人之所以会在朋友圈中与好友进行互动，最主要的一个目的就是为了加强与好友之间的联系。朋友圈的及时回复的特性打破了时间与空间的限制，使好友之间能够自由地交流与沟通。这不仅使双方的社会交往更加方便，而且也使信息发布者获得了心理上的慰藉。

4. 学习性动机。学习性动机主要指促使人们以学习为主要目的的行为的动机。在微信朋友圈中，用户除了依据自己意愿发布各种信息外，还能浏览好友发布的各种信息，包括从公共账号中分享的百科知识、名人的富有哲理的观点等，并且针对自己感兴趣的话题与对象进行交流和沟通。在交流与沟通的过程中，用户可以拓宽自己的视野，汲取他人的精华来不断充实自己。

二、微信朋友圈人际互动的过程与模式

（一）朋友圈人际互动的类型

一般说来，大学生的朋友圈的好友主要包括与用户同龄的人、父母亲戚和老师三类好友。因此，在我们看来，朋友圈中的互动可以分为用户与同龄人的互动、用户与父母、亲戚的互动、用户与老师（长者）的互动三种类型，并且每种类型表现出了不同的特征。

1. 用户与同龄人间的互动

所谓同龄人是指年龄相仿、职业为大学生的人。他们思维活跃、充满朝气，成为微信朋友圈的主要用户群。笔者通过对样本的微信朋友圈的观察，认为用户与同龄人之间的人际互动主要表现为以下几个特征：

第一，人际互动内容的我型我秀。人际互动内容的“我型我秀”指大学生在微信朋友圈中主动发帖子，主动与好友分享自己的经历、情感、兴趣等（曹畅等，2015）。我们通过对上述访谈样本的观察与分析，发现大学生之间的交往内容具有明显的“我型我秀”特征。他们运用各种表达方式，向圈内好友充分展示自己的个性，以获得好友的关注，获得心理上的满足感。

朋友圈中以“我型我秀”为主要特征的互动内容主要包括两种类型。一是秀自己，包括秀出自己的个人信息、秀出自己的情绪、秀出自己的个性等。朋友圈中秀自己的内容占据整个朋友圈的一半以上。二是秀自己与好友的日常交往，指用户借助朋友圈这个虚拟网络平台发布自己的社会交往生活，包括真实的社会交往与虚拟的社会交往。如与好友聚会的场景、将朋友送的礼

物照片发到朋友圈等。

第二，人际互动方式的多样性。以大学生为主的群体好奇心比较强，他们喜欢尝试新的体验，容易接受新的事物。因此，大学生成为最先接触朋友圈的群体，他们在短时间内掌握了朋友圈的各个功能，并且能够熟练地运用各种功能来实现彼此交流与沟通。我们通过研究，发现大学生使用多种方式与好友进行沟通和交流，包括文字、图片、朋友圈点赞等。这几种交往方式是交叉使用的，在很多情况下大学生会综合使用多种方式来表达自己。一般情况下，由于朋友圈中都是熟人，现实生活中彼此的关系已非常密切，因此用户更倾向于使用口语化强且简洁的网络用语或表情符号来表达自己。

2. 用户与父母、亲戚间的互动

在朋友圈中，大学生除了与同龄人进行交流与沟通外，还会与自己的父母和亲戚在某些问题上进行交流。受到年龄、社会阅历等因素的影响，大学生与父母、亲戚之间的人际互动在内容和方式上表现出以下特征。

第一，人际互动内容的日常生活化。人际互动内容的日常生活化指朋友圈中的内容更贴近日常生活。父母、亲戚等人的朋友圈内容多以链接为主，包括生活百科、养生知识等。人际互动内容之所以会表现出生活化的特征主要是由于心理、阅历等因素的影响。一方面我们的父母那辈人年龄都比较大，他们阅历丰富，对世事了解得都比较清楚；另一方面父母在生活中更加关注的是如何让自己和自己的家人更加健康、快乐，提高生活质量。因此，在朋友圈中，父母们更愿意发表一些如何保持健康、提高生活品位的链接。这些生活化的留言和链接，不仅开阔了浏览者的眼界，丰富了浏览者的知识，而且对青年人的健康成长起到了巨大的促进作用。

第二，人际互动方式的单一性。用户与父母、亲戚的互动方式比较单一，大多数情况下只借助点赞的方式来实现彼此的交流与沟通。偶尔彼此之间也会互相留言，但采用这种方式进行沟通的用户比较少。

这种单一的人际互动方式主要是由于三个方面的原因造成。一是父母这代人年纪都比较大，记忆力不是很好，需要很长的时间来掌握一项相对新的技能。而点赞这一功能比较简单，在短时间内就能学会而且容易掌握，弥补了父母这代人自身学习能力上的不足。二是父母这代人的关注点与年轻人的关注点存在着巨大的差异，父母在朋友圈发布的各类状态主要为养生常识、生活小百科等，这很难引起父母与儿女之间的深入交流。三是当与子女需要深入沟通的时候，父母这代人习惯直接电话沟通或者当面交流，他们几乎不用留言的方式。

3. 用户与老师（长者）间的互动

朋友圈不仅是娱乐的工具，同时也是学习交流的平台。为了方便教学和指导论文，及时了解学生的最新动态，很多教师都申请微信成为微信朋友圈的用户。然后，由于老师和学生这种特殊的身份，在朋友圈内二者之间的互动在内容和方式上都表现出了新的特征。

一方面，互动内容上更加具有学术性。与学生不同，教师发布的状态往往与自己的教学内容相关，学术性非常强。笔者通过对样本的朋友圈的观察，发现教师在朋友圈中发布的学术性内容主要包括学术性文章链接、热点事件、针对某个社会热点问题的专业分析等。这些学术性的内容对学生学习以及生活具有巨大的意义。一方面学生可以通过浏览老师发布的内容来丰富自己的专业知识，不断地充实自己；另一方面在与老师频繁地互动中，学生拓宽了自己的思路，纠正了思维上的误区，逐步提高了自己对社会热点等事件的专业分析能力。

另一方面，朋友圈互动方式具有多样性。学生与老师之间的沟通与交流通过多种方式实现。使用频率最高的方式为文字留言和点赞两种方式。当老师在朋友圈发关于社会热点问题后，学生会针对自己感兴趣的社会热点问题以文字的形式给老师留言，与老师进行深入的探讨。当老师在朋友圈发布各类学术性文章或者是关于社会热点事件的看法时，学生通常会通过点赞的方式表达自己对老师的赞同。这两种互动方式不仅有效地加强了学生与老师之间的沟通和交流，拉近了学生与教师之间的距离，而且提高了教师的教学质量以及学生的专业知识学习效果。

（二）朋友圈人际互动的过程

美国社会学家米德曾指出：符号在人际互动的过程中发挥着重要的作用，他吸取了西美尔等人的思想精华，提出了著名的互动理论。随后布鲁默对米德的互动理论进行了修正和完善，提出了比较成熟的符号互动论。布鲁默指出人与人之间的互动主要体现为符号互动，即人们彼此理解，并在理解的过程中所获得的意义的基础上行动。他认为人类的互动是以使用、解释符号以及探知另一个人的行动的意义作为媒介的。这个媒介相当于在人类行动中的刺激和反应之间加入一个解释过程。同时布鲁默还提出了人际互动的三大基本前提：个人对事物所采取的行动，是以他对事物赋予的意义为基础的；这些意义产生于互动过程之中；这些意义不是固定的，而是通过自我解释过程得到修正（黄晓京，1984）。

在微信朋友圈中，用户主要通过对朋友圈内的文字、图片、表情符号等表示的意义的解读与理解来实现彼此之间的交流与沟通。因此朋友圈中用户之间的互动属于符号互动，彼此之间经历了刺激——解释——反映这样一个互动过程。我们以符号互动论为理论依据，通过深入的分析发现朋友圈的人际互动主要经过了以下几个过程。1. 当人们学会使用朋友圈并成功成为朋友圈的用户后，会受到自我倾诉、社会交往等动机的刺激产生在朋友圈中发状态的意愿。2. 在状态发布到朋友圈之前，用户会通过想象性预演来设定自己的角色，如将自己设置为有知识的人、需要关心的人、成功的人等。由于朋友圈内都是熟人，因此用户在设定角色时下会受到现实社会中自己的身份、社会地位等因素的影响。3. 在设定完自己的角色后，用户会借助文字、图片、视频等在圈内发布信息。4. 当好友看到用户在朋友圈发布的各种信息后，并不是直接做出反应，而是先对文字、图片等信息所隐含的意义进行解读。5. 然后好友会以用户呈现出的社会角色为基础，通过想象性预演，将自己的角色设定为用户所期望的角色。6. 最后好友会借助点赞、文字、图片等各种功能对用户的信息进行回复。朋友圈用户之间不断重复着上述过程，实现了二者之间的交流与沟通。

朋友圈人际互动是在多个要素的相互作用下实现的，每个因素都是必不可少的，在实现朋友圈人际互动的过程中都发挥着重要的作用，缺少任何一个因素，人与人之间就难以实现交流与沟通。我们认为每个要素发挥的作用不同。1. 看上去再普通不过的朋友圈成为整个互动过程的关键。这个虚拟的电子空间为用户之间的非面对面交流提供了平台，倘若没有这个虚拟空间，不在同一场域的人根本没有交集，无法实现交流。2.信息发布者成为整个互动过程的信息源，决定着这个互动的起始。跟现实社会中的互动一样，彼此之间要想实现沟通就必须有人先发起互动，提出能够使彼此参与讨论的话题。3.朋友圈各种类型的信息成为人际互动的中介。不论是现实社会，还是虚拟社会，人与人之间的交流都表现为信息上的交流。没有了信息，人们之间的沟通也就变得没有意义。4.信息接收者则成为整个互动过程持续进行的驱动力。只有当接收者对接收到的信息不断做出反应时，信息传播者与接收者之间的互动才能维持并且继续下去。否则，任何人际互动都将不存在，出现一方唱“独角戏”的局面。

（三）朋友圈的人际互动模式

微信朋友圈中的人际互动本质上是信息传播的过程，主要表现为好友之间的相互留言与回复，它是一个复杂多变的过程。好友之间针对某一话题的回复与交流，不管经过多少次循环，实际上只形成了一种互动模式。借助以往关于网络互动研究的分类法，我们依据朋友圈人际互动呈现出的中心特征以及互动的结构形式，将朋友圈人际互动的过程模式划分为两两互动模式、单中心形状模式、多中心网状模式几种类型（白淑英，何明升，2003）。

1.两两互动模式

两两互动模式是一个比较简单的互动模式，参与互动的人数只有两人。互动主体是自愿参与到互动中来的。互动的性质主要取决于参与互动的两个人的性质，具有很强的排他性。无论是在现实社会中，还是在虚拟社会中，两两互动模式成为人际互动的基本模式。因此，在大多数情况下朋友圈用户之间的互动多为两人之间的交流与沟通。然而，由于朋友圈的用户多为熟人，所以朋友圈的两两互动模式多发生在熟人之间。从信息传递上来看，参与互动的用户之间处于平等的地位，他们之间形成了平等的对话关系。从互动效果上来看，由于非共同好友不能看到二者的交流信息，参与互动的主体多为熟人，二人之间在线下彼此认识，互相比较了解，因此用户之间的交流更加轻松、随意，可以放下其他顾虑而向对方表达自己的真实想法。

2. 单中心星状互动模式

单中心互动模式主要指在互动的过程中拥有一个中心，主体们主要与这个中心进行交流与沟通，而互动主体之间不存在任何其他形式的互动。在单中心互动模式中，参与互动的人数至少为三人，多表现为互动主体们主要围绕着一个话题进行互动。在这种互动关系中发起话题的人往往处于整个互动过程的中心位置，并且整个互动过程只有这一个互动中心。从结构上来看多表现为发散性的星状模式。实际上，这种互动模式可以看成是由多个两两互动模式组成的，互动主体们只与话题发起人进行交流与沟通，而互动主体之间没有任何的交流。

在朋友圈中，单中心星状模式多发生在无共同好友的沟通与交流中。与微博、人人网等虚拟社区相比，朋友圈拥有一个非常特殊的功能，即非共同好友不能看到他人的回复。因此，在无共同好友的情况下，有多个好友参与的互动可以被称之为单中心星状互动模式。从互动效果上来看，这种互动模式的互动效果还是不错的。一方面由于非共同好友之间不能看到彼此的留言，所以参与讨论的用户可以表达自己的真实想法，整个沟通的气氛比较轻松、愉悦；另一方面，挑起话题的人通过交流可以获得不同好友的观点、意见，这不仅开阔了话题挑起者视野，而且也加深了彼此之间的了解。

3. 多中心网状互动模式

所谓多中心网状互动模式是指在互动过程中存在着两个或两个以上互动中心的人际互动结构。这种人际互动模式主要包括两种类型，即两个相互联系的话题而形成的人际互动关系和在同一讨论话题之下有两个意见领袖。在多中心网络互动模式中，参与互动的人数较多，用户之间的关系复杂多样。从结构上看，多中心网络互动模式往往呈现出如蜘蛛网一般的网状结构。在朋友圈中，多中心网络互动模式一般发生在有共同好友参与的人际互动中，主要是由于只有共同好友才能看到其他人的留言。共同好友之间的人际互动关系可分为两种：一是将源信息化为中心议题进行的互动；二是共同好友中产生了新的话题发起者，好友围绕着这个新的话题进行另一番交流与沟通。这种人际互动模式使更多的人参与到交流的过程中，在加深了彼此之间的了解的同时也促进了信息的快速、大范围地传播。

第二节　微生活方式的问题及社会治理

一、微生活方式的定义及特质

每一个人，都是一个当下时代的“生活者”。在生活型社会里，微信朋友圈中的人际互动实际上代表了一种新的生活方式，即微生活。所谓微生活方式是指一种新的交流方式、交往方式、传播方式，用户主要借助微博、微信等网络平台来实现人与人之间的交流与沟通（张颐武，2014）。这种新的生活方式的兴起主要表现为表达方式、社交方式以及信息传播方式发生变化，呈现出了独有的特征。这些变化主要表现为表达方式的多样化；表达内容的简洁化；社交方式转变为“熟人社交”；信息传播更加迅速、广泛。

与传统的生活方式相比，微生活表现出了自己的独特性：生活的碎片化，主要体现在人际互动内容、方式以及时间、地点等各个方面；生活的短、平、快，主要体现在信息的传播方面。朋友圈的产生使信息传播模式发生了显著变化，不论是在传播内容，还是在传播途径上，都与传统的信息传播模式存在很大的差别。

二、微生活中的问题及社会治理措施

（一）微生活中呈现的社会问题

1. 对规范语言的冲击

在朋友圈引领的微生活中，人与人之间主要通过微语言的使用来实现彼此的交流和沟通。谐音、数字、表情符号等成为沟通过程中使用频率最高的语言。这些“社会方言”虽然拉近了彼此之间的距离，使人与人之间的交流变得更加愉悦、幽默，但也对规范性的语言造成了冲击，产生了一些消极影响。

我们认为对规范性语言的消极影响主要表现为两个方面。第一，内涵缺失。中国的语言是一门非常美丽的语言，它重视内涵的丰富深刻、表达的婉转以及韵律的优美。但朋友圈的语言是快餐文化的产物，它的主要目的是方便交际。这种语言更加强调简单易懂，更加倾向于口语化，几乎没有任何深刻的内涵。表达直白，言简意赅，根本不存在任何韵律。而在朋友圈内被广泛使用的一些网络词汇更是浅显直白，经不起推敲和琢磨。第二，规范性降低。朋友圈对状态的字数和形式没有任何要求，文字、数字、图片、表情等都能使用。朋友圈更加强调语言的实用性，任何能够表达情感的语言都可以成为朋友圈用户之间的交际用语。笔者通过观察发现，朋友圈中的大多数留言都没有完整的结构，新造的网络词的使用频率非常高，错别字、成语滥用在圈内已成为一个非常普遍的现象。这不仅使语言的规范性大大降低，也对标准化的语法造成了严重的冲击，使中国的语言发展受到了影响。

2. 朋友圈内信息被非目标好友看到导致关系紧张

朋友圈用户的表演实际上是将真实的自己伪装起来，向对方展示的形象都是经过精雕细琢的。然而，再完美的表演也会有出错的时候，一旦自己的表演被拆穿就面临着丢面子的尴尬局面。在朋友圈中，虽然用户可以通过对状态的设置使非目标好友看不到该信息以避免不必要的麻烦，但是由于圈内好友多为熟人，互相之间可能都认识，这些被排除在外、非目标的好友可能通过其他渠道看到这些信息。如此一来，这些被排除的好友就会产生气愤情绪，导致他们与信息发布者之间的关系紧张，引发各种问题，影响到二者之间的正常交往。笔者在对样本的访谈过程中，发现这样的情况时有发生。

3. 对人们价值观的误导

在以多样化、碎片化为主要特征的微生活中，用户可以随时随地在圈内浏览以及发布各类信息，并针对感兴趣的话题与好友进行交流。这不仅方便了人们之间的交流与沟通，也拓宽了人们获取信息的渠道。但朋友圈的信息量非常大，信息内容丰富，导致各种不良信息混杂在其中，对人们的价值观产生了极大的消极影响。

我们认为，微生活对人们价值观带来的冲击主要体现在两个方面。第一，不良信息对人们价值观的误导。在微时代里，朋友圈等网络平台成为人们获取信息的主要途径。它允许用户在朋友圈内发布各种状态，支持各种链接的转发，并且对信息的字数、内容以及形式没有任何要求。信息量大、内容丰富成为朋友圈的一个显著优势。然而，由于朋友圈是一个零门槛的社交平台，很多信息都能借助朋友圈进行传播。因此谣言等不良信息混杂在庞大的信息体系中，难以被辨别出来。这些谣言信息充斥在人们生活的各个角落，源源不断地灌输到人们的脑子中，对人们关于事情的正确判别产生了极大的消极影响。久而久之严重误导了人们的价值观，阻碍了整个社会的正常运行。第二，不良风气对人们价值观的误导。朋友圈的初衷是为了方便用户向好友呈现自我，以及加强好友之间的联系。但是，随着朋友圈用户的增多，朋友圈的性质发生了变化，越来越多的人将其作为炫耀自我的平台。很多人每天都在朋友圈中发一些无关痛痒、没有任何意义的状态。此外，很多用户无时无刻都不忘记拍张照片上传到朋友圈中。用户每天最重要的事情就是不断地在朋友圈中发状态、晒照片，他们已经将其视为一种潮流。因此，很多用户为了不落后于他人，拼命地在朋友圈中发状态，炫耀自己有多么的好、多么的见多识广。这一举动无形当中激发了人们之间的攀比、炫耀之心，使炫耀之风盛行，助长了不正之风。可见这种不良的风气歪曲了人们的价值取向，对个人的健康成长以及社会的发展都造成了巨大的冲击。

（二）解决朋友圈问题的社会治理措施

在以往关于社会问题的治理中，更多的是将社会、政府、民间组织等分割开来，强调单一的治理模式。我们认为这种治理模式存在很大的弊端，难以有效、彻底地解决问题。在本节中，主要采用全方位、多角度的治理模式，即政府、社会、公民、社会组织都参与到社会问题的治理中，各自发挥自身的作用，共同有效治理这些微生活中的社会问题（蔡翔华，2007）。基于以上这种思想，针对微生活中存在的种种问题，我们尝试性地提出了一些解决措施。

1. 加强对优秀汉语文化和规范语言的宣传与学习

微语言的广泛使用对中国的传统文化以及规范语言的使用与发展造成了巨大的冲击，导致人们的汉语水平在不断下降，成语滥用、错字等现象频频出现。要想有效解决这一问题，消除微语言对中国传统文化和规范语言所产生的消极影响，我们就必须加强对中国传统文化和规范语言的宣传与学习。

一方面，政府要加大宣传力度。政府是整个社会的核心，它拥有雄厚的人力、物力和财力，拥有极强的号召力。因此，政府可以出资制作关于中国传统文化以及中国汉字的宣传片，详细向公众介绍中国的优秀传统文化、使用规范汉语的重要意义等。并且，将宣传片上传到朋友圈、微博等社交平台中，借助它们强大的传播能力让更多的人了解中国文化。（唐魁玉，2011）此外，政府可以发动民间社会组织的力量，组织志愿活动，通过志愿者的宣传让公民了解重视中国传统文化、使用规范语言的重要意义（唐魁玉，2012）。

另一方面，要加强对优秀汉语传统文化的学习，使用规范语言。要克服网络低俗语言和不雅词对规范语言与传统文化的冲击，还要加强对传统文化与规范语言的学习。一方面，政府以及各类社会组织要为人们提供广阔的学习空间，如不定期地开设各种培训班、组织各种培训活动等。请专家为人们详细讲解中国的优秀传统文化以及使用规范语言的重要性，使普通民众改变传统的思想观念，加深对传统文化的认识。另一方面，人们要从自身做起，不断提高自身修养，提高自己的学习能力。政府、社会组织等都属于外界力量，要想有效、彻底地解决问题，还要靠人们这个内在力量。作为使用汉语的主体，人们应加强自身的学习能力，掌握扎实的汉语知识，并在日常交流的过程中尽量多使用规范语言。同时，也要不断提高自身修养，学习中国的传统美德与优秀语言文化。

2. 加强对不良信息的监管

俗话说，治病要治本。我们解决问题也是一样，要从引发问题的根源来入手。只有将最深处的诱因铲除了，才能使问题得到彻底地解决。朋友圈的信息含量大、内容丰富，要想杜绝谣言的广泛传播，我们必须要加大对朋友圈信息的监管力度。监管如此庞大的信息体系，单靠政府或朋友圈服务商的单方面能力是难以实现的，需要政府、朋友圈服务商、朋友圈用户的相互配合。

对朋友圈信息的直接监管部门当属开发朋友圈的腾讯公司，它决定着用户能否接触到信息。为了净化朋友圈，阻止不良信息的大范围传播，腾讯公司一方面要加大对用户发布的各类信息的监测力度，对信息进行实时核查，过滤掉会对人们乃至对社会产生危害的不良信息；另一方面要加强对朋友圈的用户进行管理，不仅要对申请朋友圈使用权的用户的身份进行核实，对有不良背景的人的申请不予通过，而且要对已成为朋友圈用户的人的行为活动进行定期检查，对那些利用朋友圈进行非法互动的行为的用户取消其朋友圈的使用资格。

当然，作为信息发布者和接收者的用户也有不可推卸的责任。一方面用户要加强自身修养，提高自己的法律意识，知法守法，不在朋友圈中进行非法活动；另一方面要加强对朋友圈好友、腾讯公司等新媒介机构的监督，一旦发现他们中有从事非法活动的，积极主动地向相关部门举报，将这些不法行为扼杀在摇篮中。

政府作为整个社会的领导者，在净化朋友圈环境上也应承担起相应的社会责任。首先，政府要依据朋友圈的特性，制定相关的法律条例。针对朋友圈中不同类型、不同程度的违法行为制定出相应的惩罚条款。其次，政府要定期审查现有的法律条例，发现其中的不足并且做出相应的修改。最后，政府要依法行事，将各种法律条例贯彻到实际当中。加大对朋友圈不良信息的管制，严厉制裁朋友圈中的诈骗、传播谣言等不法行为。

3. 提高用户的自身修养

微信朋友圈的用户既是信息的传播者，又是信息的受众，他们在解决微生活方式引发的各种社会问题中发挥着不可忽视的作用。我们认为，作为朋友圈的使用主体，用户们应不断提高自身修养，为社会问题的解决贡献自己的力量。

第一，用户要提高对信息的辨别力。信息发出以后，有可能产生自己意想不到的影响。因此，用户在发布信息前，需要对自己发布或者转发的信息有一个客观、科学和全面的认识，区分出有效信息和不良信息。将那些不良信息过滤掉，以免对社会造成负面影响。当然，使用朋友圈等网络平台的用户多为普通民众，他们的信息辨别能力比较弱，在某些情况下会误发一些不良信息。这些不良信息经过好友的转发，在朋友圈内迅速传播。在此种情况下，用户应勇于承认错误，并且及时向外界公布此条信息的虚假性，以免对个人甚至对社会造成不可逆转的负面影响。

第二，用户要加强自身学习，保证自身发布的信息是真实、可靠的。用户平时要加强学习，广泛阅读，坚决抵制一知半解的学习态度。当用户在发布信息的时候，应集中发布自己熟悉领域的相关信息。这不仅保证了信息的真实、可靠，同时也使自己能够对此信息进行更深刻的评论，树立在朋友心目中的良好形象，加深与好友之间的感情。而对于那些自己不熟悉甚至一点都不了解的信息，应在经过多方求证后发布，以免造成不良影响。

第三，用户应增强自身意识，加强对不良信息的监督。在微信朋友圈等虚拟社区中，用户既是信息的传播者，又是信息的受众。因此，为了杜绝不良信息的大范围传播，用户一方面要提高自己的法律意识，知法守法，不在朋友圈中进行非法活动；另一方面要加强对朋友圈好友、腾讯公司等的监督，一旦发现他们中有从事非法活动的，积极主动地向相关部门举报，将这些不法行为扼杀在摇篮中。

朋友圈的人际互动实际上是一种符号互动，用户可以按照自己的意愿在圈内扮演各种社会角色。微信朋友圈的网络互动行为，虽然总体说来是充满正能量的，但也存在着许多私人领域和公共领域的协调适应问题。可以说，朋友圈的出现是一把双刃剑，一方面朋友圈打破了时间和空间的界限，拉近了人与人之间的距离，极大地改变了信息传播方式、表达方式和社交方式，推动了一种新的生活方式——微生活的兴起；另一方面却对我们的言语行动造成了巨大的冲击，对人们的价值观造成误导。因此，我们必须认真对待微信朋友圈反映出来的生活现象，及时采取有效的措施来加以治理。

第三节　微信民族志的概念、方法论与社会记忆

从虚拟社会人类学的角度上看，微信与民族志这一社会人类学的质性研究方法的相结合所形成的微信民族志，为传统人类学在虚拟现实世界开辟了另一个全新的研究空间。对微信朋友圈中“微友”之间的话语、文本的“田野作业式”关注和记录，将线下的关系拓展到线上，成为人类学者介入虚拟日常生活的重要渠道。以大学和学界微信朋友圈为民族志研究对象，采用虚拟田野调查和半结构化访谈的方法收集一手资料，借助相关人类学理论加以经验探讨是一种比较理想的方法论选择。微信作为一种自媒体不仅促进了个体文化的生产，而且也催生出了一种与微社群、微社会相应的微生活方式。尝试对当下微生活的现代性和后现代性意义及其社会记忆功能的分析，具有重要的虚拟社会人类学和生活史意义。

一、微信民族志概念的界定

为了追求“好的生活”和避免“坏的生活”，需要我们对包括微生活在内的日常生活实践做出个人和社会的学术话语建构。这是一个既具有“多样的快乐”又具有“丰富的痛苦”的时代，无论作为一个微信圈里的“生活者”还是社会人类学的研究者、描述者和诠释者，我们都必须理性地面对微信自媒体时代的种种机遇和挑战，从而做出明智的生活选择和承担起应有的学术责任。随着互联网、特别是移动互联网的迅速普及和长足发展，我们的生活越来越跟一种被称作微信圈的“人工物”紧密地结合了起来。与此同时，它也进入了虚拟社会人类学和网络民族志、微信民族志、数字民族志的视野。这是一个充满趣味性的生活空间，也是一个全新的学术领域。

为了理解民族志一词，我们首先引用一段著名人类学家、民俗学家高丙中教授在《汉译人类学名著丛书》总序中的话，即“民族志的基本含义是指对异民族的社会、文化现象的记述，希罗多德对埃及人家庭生活的描述，旅行者、探险家的游击，那些最早与土著打交道的商人和布道的传教士以及殖民时代帝国官员们关于土著人的报告，都被归入民族志这个广义的文体。这些大杂烩的内容可以归入一个文体，主要基于两大因素：一是它们的风格上的异域情调或新异感，二是它们表征着一个有着内在一致性的精神的群体或族群”（高丙中，2014）。由此说来，我们可以将民族志分成现实空间的民族志和虚拟空间（虚拟现实空间）中的民族志两种（唐魁玉，2015）。从一定意义上说，网络民族志可以看成是主体民族志和当代民族志的一种新趋向（刘海涛，2016）。互联网民族志无疑扩展了人类学研究新领域（刘秀秀，2013）。身体的在场与不在场，成为一个关键问题（任玉，2014）。

所谓微信民族志，就是指基于移动互联网的虚拟现实空间或微信社群的田野工作的文本及参与观察记录。与上面高先生的表述相对照，这里微信民族志的内涵和外延已经发生了变化，不再是对土著人日常生活的记录，而代之成为几乎一切网民或“微友”的个体或群体生活的记录。它既表征了移动空间的虚拟社区，又代表了某种网络生活世界的“新异感”。换言之，微信民族志也实现或部分地实现了马林诺夫斯基的“科学民族志”主张和涂尔干关于社会事实的描述或解释理想。

二、微信民族志方法的选择

在一些人类学家看来，虚拟民族志是被改造过的、全新的民族志方法，是指在环境中进行的、针对网络及利用网络开展的民族志研究方法。张娜认为，我们可以借助这种民族志、数字民族志、赛博民族志或虚拟民族志方法来收集虚拟网络民族志、感受和生活资料，从而使其成为一种探究和阐释互联网及相关社会文化现象的社会人类学方法（2015）。对虚拟民族志从方法论上有较大推进作用的是卜玉梅，她将这种田野工作方法跟伦理品质结合了起来（卜玉梅，2012）。比如，在我们的同妻生活研究过程中，由于同妻问题比较敏感，在现实空间中难以进行，所以我们尝试选择虚拟民族志方法收到良好的研究效果。

网络空间的同妻日常生活之所以具有独特的社会人类学研究价值，就是因为它作为一种理想的性别关系互动行为体现了虚拟世界人类族群在线生存状态的意蕴。同妻社群在线生活的“中国体验”，就是这个弱势人群借助在线机会实现的交往形式和生活体验。种种迹象表明，它是一种创造性的虚拟生存方式，是同妻日常生活自由度扩大和生存跃进的一个极好的虚拟田野展现途径。

在虚拟空间中选择民族志方法进行人类学研究，在某种意义上具有天然（内在性）的机遇和与理想型的匹配（适恰性）。尽管一直存在着来自传统人类学家的现实导向的对虚拟民族志的质疑，但还是一点点地得到了公认或方法论默许。这一切概是在做虚拟田野观察时，发生了时间、空间和他者等因素的变化所致。我们相信，随着虚拟民族志方法的运用、反思和改进，会得到更多人类学家的方法论上的认同，从而成为有助于了解虚拟现实空间“真实”情况的、专家和一般田野调查人员都喜闻乐见的一种方法论选择（陈庆德，郑宇，2006）。这是因为虚拟空间并非虚构空间，它具有网络社会本体的多种可能性（赛恩斯伯里，2015，第205页）。

三、微信文本获得的原则

在微信民族志方法的文本收集中区别于库兹奈特（Robert. V. Kozinets）

在网络民族志研究中提出的资料“好像是地上的树叶或是桌上的文件一样四处散开”，而收集资料的“工作就是简单地把它们聚集到一起，然后收集起来”（2016）。微信的私密性使得文本呈现的田野有明确的群内界限，网络的四处散开的资料在微信群的文本收集中是不存在的。微信民族志研究者需要受到邀请或“被拉进”的情况下才能够成为群体中的一员，才能获得该群的第一手资料。同时，研究者还要在群中经常参与交流，保证群成员的身份，所谓在“参与互动中”完成微信虚拟田野工作（working-in-the-field）。

研究者在获得文本材料时，应该保证文本的原样。基于微信的多媒体特征，微信群的互动文本也包含如文字、语音、图片、表情、视频、转发链接等多种类型。这些类型的文本需要研究者原样保存，其中语音的互动内容和话题是核心的文本，但是语气、语调等也是语言表达的一部分内容，也需要真实地记录下来。所以，在微信群的文本收集过程中，需要研究者认真细致地将文本保持原样记录下来。

对微信群的类型选择。虽然微信聊天具有极强的私密性，但就微信群的类型可以按群体关系类别划分，包括一般化类型和个性化类型。值得一提的是，青年学者邵力在个体与社会、时间与空间理论的基点上，对微信互动过程中的文本问题，做了许多精细的研究。比如，她认为，一般化类型是指个体在成长中普遍拥有的一般社会化过程所包含的群体关系，如同学关系类型、同事关系类型、家族关系类型等。个性化类型是指个体根据自身的兴趣爱好形成的特殊群体关系类型，如购物群体类型、旅游群体类型、摄影群体类型等（唐魁玉，邵力，2017）。

四、微信民族志记录和保存社会记忆

微信作为一种民族志的诗学与政治学的“写文化”，它既具有真实性又具有自反性（克利福德，马库斯，2014，第43–48页）；可以“放大”虚拟社会事实，也可以“深描”虚拟社会事实（田家丙，2010）。网络社群生活并不能自动存在，时间久了也会遗失，就如同我们人类的其他生活一样。过去了，就可能永远离我们而去。比如，随着微博、QQ 群和人人网的式微，曾经一度红火的那些虚拟社区生活就可能个体化或整体化消失，从而失去集体虚拟空间记忆。因此，我们提倡以微信民族志的方式记录和保存微生活的社会记忆。不管怎么说，这都是一个极具社会人类学想象和意义颇大的事情。

第四节　微社会人类学研究及生活史意义

一、微社会人类学研究的现代性意义

在微生活与微信民族志的前提下，为什么要提微生活社会人类学（简称微社会人类学）研究的意义？这看来像是一个无须回答的命题，但其中包含着两个问题：一个是微生活社会何以可能？另一个是微社会人类学研究的价值何以存在？为了节约篇幅，我们只想简单地谈一下上面的问题。简言之，我们之所以在本研究中主要使用“微生活社会人类学”这一表述，就是因为我们认为，微生活社会人类学比之微生活方式研究（类似于文化人类学界的文化研究）更具有学科的收敛性和分支学科特征，这在生活方式经验研究和理论研究日趋被分化、被解构的今天十分必要。因为“生活论”是针对生活经验或日常生活实践而言的，不是从学科角度来表征的命题。我们要说明的是，不论是生活方式论域或本身的学术积累，还是有关生活的社会学相关学术积累，都已使生活社会学这一学科呼之欲出了。同样，微生活社会人类学研究的意义或价值，也客观地存在了。这一点从当代所有生活者和生活研究者的日常生活、学理生活中均不难看出。正如社会学大师阿尔弗雷德·舒茨在《社会世界的意义构成》一书导言中所指出的：“外在世界的现象不仅对你我有意义，对 B 和 C 有意义，而且对每个生活于其中的人来说都有意义，我们都活在这个世界，外在世界（生活世界）只有一个，它对我们所有人而言都是事先给定的。”（2012）按照他的观点，既然我们自己体验在人类生活世界中，意义就被建构成一个互为主体的现象，从而实现了对社会行动进行诠释性的理解。在此，我们将微生活社会人类学的意义分为现代性意义和后现代性意义，并加以简略的分析。

首先，要说明一点，我们所谓的微生活社会人类学的现代性意义和后现代性意义两者之间并非完全是纵向的、历史性的关系。尽管通常人们所理解的现代性在西方经典作家的论述中可以上溯到两三百年以前的启蒙时代，但生活社会人类学研究的意义毕竟是一个当下社会的学术价值问题。反之，我们也无意于将微生活社会人类学研究的“当代意义”或“现时代意义”等同于后现代主义话语的意义（王雅林，2013）。事实上，这两者之间也是无法混同的。

其次，我们所谓微生活社会人类学的现代性意义主要推向的是全球化背景下的现代性语境问题的研究价值。毫无疑问，全球化是我们所处的这个时代最显著的特征（张世鹏，2000）。正如德国当代著名社会学家乌尔里希·贝克（Ulrich Beck）所说：“全球化指的是在经济、信息、生态、技术、跨国文化冲突与市民社会的各种不同范畴内可以感觉到的、人们的日常行动，日益失去了国界的限制。按照这种理解，全球化指的是空间距离的死亡。人们被投入到往往是很不希望，很不理解的跨国生活形式中。根据安东尼·吉登斯的解释，这是超越空间距离的世界。”（吴晓明，邹诗鹏，2009）不仅如此，全球化还意味着与地方化相对的一种普适性或普遍性特质。当然，在英国社会学大师吉登斯看来，“全球化不是一个单一的过程，而是各种过程的复合，这些过程经常相互矛盾，产生冲突，不和谐以及有着新的分层形式”（吉登斯，2000）。

由此可见，微生活社会人类学研究的现代性意义也体现在普遍意义和特殊意义、同质化与异质化关系之中。所谓生活的现代性意义大约可以表述为：它是一种基于新启蒙主义、普遍主义和特殊主义以及个体主义的生活研究意义。并且，它还是合法化和理性化、公共领域和私人领域生活理论建构的一种“现代性后果”。这种现代性意义无时不在信任和风险的现代社会环境中呈现，而与前现代的亲缘关系性、宗教关系性等传统社会特质迥然有别。微生活社会人类学研究的现代性意义还体现在对生活方式的主体性和虚拟社群性的持续建构之中。我们对现代化过程中形成或选择的生活模式的研究或解释，总是必须要指向主体性和虚拟社群性“生活者”上的。否则，微生活社会人类学研究的意义就显露不出“生活的意义”。与对生活事件“为什么如此”问题的回答不同，对追寻生活意义的人如何回答“生活本质”的意义就显得尤为重要（艾耶尔，2000）。因此，从生活社会人类学的意义方面看，我们所能解释和建构的一切，都必须围绕着人们（不同主体的生活者）所考察的微生活经验（包括关于时间和空间、自我与他人、生活的各种可能和危险的经验（伯曼，2013）、微生活观念和微生活行动的不同目标。否则，现代性意义就无从谈起。

总之，这种现代性意义在于“好社会”，如果我们承认微生活社会人类学的现代性意义存在的话，那么，不妨也承认或部分地承认微生活人类后现代性意义的存在是真实的。关于后现代性问题，德里达的后现代性学说是最有影响的。然而，无论怎样都不应否认这种植根于当代社会中的后现代性及其“社会想象”的存在。

二、微社会人类学研究的后现代意义

应该说，一切社会理论（包括微生活方式或微生活社会人类学理论）的提出和系统化都是从特定语境下的“社会想象”和“社会事实”中来的。加拿大哲学家、社群主义的主将查尔斯·泰勒（Charles Taylor）就曾经指出：“社会想象是使人们的实践和广泛认同的合法性成为可能的一种共识”（泰勒，2014）。如此说来，我们宁愿相信生活社会学的后现代意义在于它使当代人的日常生活实践在某种意义上获得了社会认同和取得了社群共识。所谓后现代性意义是以后现代主义文化和社会理论为工具考察当代社会生活的意义。后现代主义认为，当代社会存在着分散化、解构化、边缘化、碎片化和反理性化等生活特性。美国社会学家瑞泽尔（G.Rizter）在《后现代社会理论》一书中，将后现代性看成是与现代性相对的文化特征（瑞泽尔，2003）。英国社会学家费瑟斯通则将后现代概念描述为个人和伦理的终结，认为后现代性的日常生活呈现出“虚无状态”，以及个人在面对全球化趋势时感受到的理论的无能为力（费瑟斯通 2004）。

针对微生活社会人类学的现代性意义关注理性化、全球化、中心化和大叙事等微生活逻辑或特征，后现代性生活社会人类学意义，倾向于解释或论证当代生活方式中显现出来的非理性化、个体化、碎片化、边缘化和小叙事等相对主义人类生活样貌。后现代主义语境下的微生活社会人类学虽然不能全部改写当代人类生活世界的整体征候，但至少也为解读和重构当代虚拟生活世界或虚拟生活实践提供了某种异样的可能性。

三、微社会人类学研究的生活史意义

微社会是一个我们观察和透视当代社会生活的一个概念。尽管我们无论如何都不能单靠运用微信民族志这一方法，就能解决网络社会、甚至微信社群生活中的一切事情，但是，我们可以做到的是：尽可能地通过微社会人类学来记录我们的生活史的一个侧面。也就是说，我们的研究目标有助于我们将生活中的第一手信息或新生活体验、经验保存下来，从而适度关照和引导以后的虚拟现实生活。

第五节 推进微社会人类学研究的路径

一、关于微生活建设问题

如果我们将推进微生活社会人类学研究看成是一种“微生活建设”的话，那么，我们必须处理好许多重要社会关系才能达到预期的学术目标。所谓“微生活建设”，就是要对我们人类生存其间的微信社群生活（亦包括微博社群生活）进行“建设”。对微生活的建设或自我管理、自我控制（包括福柯所说的自我技术），也需要有复杂一点的思维方式。如此说来，以至于我们简直分辨不出生活控制和生活治理的主客体关系到底是怎样的？作为微生活的“感性本体”，它每每建构起复杂的虚拟交往关系，而且通过追求微生活价值等问题来实现公共理性所要求的社会和谐目标。如果某种微生活是“不可持续的”，那就意味着它的崩溃也会随之而来。从一定意义上说，人类所选择的生活方式必然走向丰富和复杂，甚至崩溃也不是不可能的。

二、微社会人类学研究应处理好的几个关系

为了避免微社会生活的“崩溃”和推进微生活社会人类学研究，我们应处理好现代性与后现代性文化、虚拟田野与现实田野工作、个体与社会、生

活的生产与文化的生产、经验与体验、写作与读解、等六种关系。

第一，应处理好现代性与后现代性文化的关系。处理好了现代性和后现代性文化的关系，也就处理好了微生活社会人类学的时代问题，也就可以更好地把握住时代精神。在中国语境下认清了生活方式的社会属性和时代精神气质，无疑有助于我们有针对性地对各种微生活社会问题进行恰如其分的诊断、分析和解决。在这一微信“小世界”里，可以看到一个未来“预知社会”的征候（鲍尔，2010）。

第二，应处理好虚拟田野与现实田野工作的关系。谁都知道，当今人类生活领域的学术研究不可避免地受到信息化、网络化、虚拟化技术背景的影响和制约，虽不能说所有的生活社会人类学概念、研究范式都有被改写的可能与必要，但充分考虑到这一时代条件中的作用似乎是没错的。反之，如果处理不好虚拟田野工作和现实田野工作的关系，漠视虚拟民族志对微生活研究的直接或潜在作用，那就无助于对微信生活者重新进行日常生活的启蒙（2014）。这不啻为一个微信技术世界中的民俗化过程。

第三，应处理好个体与社会的关系。说起来这是一个更重要的生活社会学问题，因为一切生活方式研究都可以说是在个体与社会的关系框架中讨论的问题。离开了这个问题，势必就会脱离生活者的主体和生活条件的客体背景，从而失去生活研究的本真意义。在中国很有名气的匈牙利女社会学家、哲学家赫勒的日常生活研究，自始至终都扣在社会化基础上（李霞，2014）。这样做的结果，既可以遵从社会的普遍性生活属性，也可以凸显生活的个性化和“自为性”特征。

第四，应处理好微生活生产与微文化生产的关系。马克思主义的生产方式理论昭示的“生活的生产”或“生活 / 生产”互构思想中，显示了这个问题的全部深刻内涵（唐魁玉、解保军，2008）。在现实中国微生活社会人类学研究语境下，突出微生活与微文化生产的互构关系，也可以一扫生活方式或生活社会人类学研究的一些偏颇状况，增强生活社会人类学的学术影响和解释力。

第五，应处理好经验与体验的关系。我们在充分尊重微信生活经验、微信生活现象和微信生活体验的基础上来运用微信民族志和方法，可以从人类学的深描层面上深化微生活社会人类学和“网络化后果”的研究。

第六，应处理好写作与读解的关系。这个问题显然与上面几个的问题有所关联，只不过落脚点不同而已。就是说，我们在运用虚拟民族志方法对微信圈生活进行分析时，必须将微信这种自媒体文化的写作特征和对方的读解过程考虑进去（唐魁玉、王德新，2014），否则，我们就无法真正了解微信民族志的对象，从而脱离开传播者和受传者之间的互动本质。从本质上说，这既反映了微生活的主体与他者之间的互动规律，同时也反映了微生活话语交流的主格与宾格关系特质。我们要运用虚拟民族志，“在总体上理解自身”（列维纳斯，2016）。

综上所述，这里以微社会人类学为主题触笔探讨了六个问题。可以想见，随着时间的推移和社会的需要，微生活社会人类学这门旨在研究和分析人类微生活方式规律的社会人类学学问一定会得到更快更好的发展，研究范式和理论也会越来越成熟和完善。

本章参考文献

[1][英]A·艾耶尔.生活是有意义的吗？[J].哲学译丛，2000（1）：71-72.

[2][奥]阿尔弗雷德·舒茨.社会世界的意义构成[M].游淙祺，译.北京：商务印书馆，2012：38.

[3][英]安东尼·吉登斯.现代性的后果[M].田禾，译.南京：译林出版社，2000：88-89.

[4]白淑英，何明升.BBS互动的结构与过程[J].社会学研究，2003,（5）：17-18.

[5]卜玉梅.虚拟民族志：田野、方法与伦理[J].社会学研究，2012（6）：217-236.

[6][加拿大]查尔斯·泰勒.现代社会想象[M].林曼红，译.南京：译林出版社，2014：18.

[7]曹畅，等.大学生微信朋友圈发帖特点及原因探讨[J].中国青年研究，2015,（4）：69-73.

[8]陈庆德，郑宇.民族志文本与“真实”叙事[J].社会学研究,2006（1）：

140–153.

[9] 蔡翔华 . 我国互联网治理的新思路 [J]. 青岛行政学院学报，2007,（1）：60–62.

[10][英] 菲利普・鲍尔 . 预知社会 [M]. 暴永宁，译 . 北京：当代中国出版社，2010：198–282.

[11][英] 费瑟斯通 . 消费文化与后现代主义 [M]. 刘精明，译 . 南京：译林出版社，2004：10.

[12] 高丙中 . 汉译人类学名著总序 [M]. 北京：商务印书馆，2014：1.

[13] 黄晓京 . 符号互动理论——库利、米德、布鲁默 [J]. 国外社会科学，1984,（12）：56–59.

[14][德] 赫尔曼・鲍辛格等 . 日常生活的启蒙 [M]. 吴秀杰，译 . 桂林：广西师范大学出版社，2014：158–163.

[15] 库兹涅特 R.V. 如何研究网络人群和社区：网络民族志方法实践指导 [M]. 叶韦明，译 . 重庆：重庆大学出版社，2016：114.

[16] 李霞 . 个性化的日常生活如何可能——赫勒日常生活理论研究 [M]. 北京：人民出版社，2011：48–58.

[17] 刘海涛 . 主体民族志与当代民族志的走向 [J]. 广西民族大学学报（哲学社会科学版），2016,（4）：2–6.

[18] 刘秀秀 . 互联网民族志调查扩展人类学新领域 [N]. 中国社会科学报，2013–11–15（5）.

[19][美] 马歇尔・伯曼 . 一切坚固的东西都烟消云散了——现代性体验 [M]. 徐大建，等译 . 北京：商务印书馆，2003：15.

[20] 屈勇 . 去角色互动：赛博空间中陌生人互动的研究 [D]. 南京：南京大学，2011：131–131.

[21] 任珏 . 身体的在场：网络民族志的性别反身性 [J]. 新闻大学，2014,（2）：63–70.

[22][美] 瑞泽尔 . 后现代社会理论 [M]. 谢立中，译 . 北京：华夏出版社，2003：8.

[23][美]R.M. 赛恩斯伯里 . 虚构与虚构主义 [M]. 万美文，译 . 北京：华夏

出版社，2015：205.

[24] 唐魁玉等 . 论生产与生活和谐互动的社会理论基础 [J]. 马克思主义研究，2008（12）：75–80.

[25] 唐魁玉 . 网络化的后果 [M]. 北京：社会科学文献出版社，2011：297.

[26] 唐魁玉 . 网络文化与网民核心价值观 [J]. 学术月刊，2012（11）：17–25.

[27] 唐魁玉 . 虚拟社会人类学导论 [M]. 哈尔滨：哈尔滨工业大学出版社，2015：20–23.

[28] 唐魁玉，唐金杰 . 微信朋友圈的人际互动分析——兼论微生活方式的兴起及治理［J］. 江苏行政学院学报，2016（1）：122–130.

[29] 唐魁玉，王德新 . 微信作为一种生活方式 [J]. 哈尔滨工业大学学报社科版，2016，（5）：46–51.

[30] 唐魁玉，邵力 . 微信民族志、微生活及其生活史意义——兼论微社会人类学研究应处理好的几个关系 [J]. 社会学评论，2017（2）：76–85.

[31] 田家丙 . 民族志书写的自反性与真实性 [J]. 西北民族大学学报（哲学社会科学版），2010：79–86.

[32] 王雅林 . 生活方式研究的现时代意义——生活方式研究在我国开展30年的经验与启示 [J]. 社会学评论，2013（1）：22–35.

[33] 吴晓明，邹诗鹏 . 全球化背景下的现代性问题 [M]. 重庆：重庆出版社，2009：82–85.

[34] 杨柳 . 李思维 . 微信朋友圈现象之微营销 [J]. 中国传媒科技,2014（3）：45–47.

[35] 袁梦倩 . 论 SNS 新型社交网络的传播模式与功能：基于“校内网”的现象研究 [J]. 今传媒，2009（4）：78–80.

[36][法] 伊曼纽尔 . 列维纳斯 . 总体与无限——论外在性 [M]. 北京：北京大学出版社，2016：60.

[37][美] 詹姆斯 . 克利福德，乔治 .E. 马库斯 . 写文化——民族志的诗学与政治学 [M]. 高丙中等，译 . 北京：商务印书馆，2014：43–48.

[38] 张世鹏 . 什么是全球化 [J]. 欧洲，2000（1）：13–16

[39] 张颐武 .“四跨”与“三改”:“微生活”新论 [J]. 探索与争鸣,2014(7):25–26.

[40] 张娜 . 虚拟民族志方法在中国的实践与反思 [J]. 中山大学学报(社会科学版),2015(4):143–150.

[41]Coffman Encounters. Forms of Talk. Philadelphia University of Pennsylvania Press 1981:117–120.

[42]TURNER R.H. OSocial Roles:Sociological Aspects. International Encyclopedia of the Social Sciences,1968:78–80.

第九章　从网络化生存到数据化技术的社会演化

网络化生存不仅是一个全球性学术话语，而且也是一个中国语境问题。从生存哲学的观点看，网络化将对中国理论语境、现实语境和文化语境下的生存方式或生存状态产生深刻的影响，并提出有力的挑战。在此基点上建构具有现代性的中国化的生存哲学体系，并不断提升在中国网络社会经验基础上的网络社会质量，其意义十分重大。本章旨在从网络化生存和社会质量的视角下分别阐述当代网络化生存的中国意义，进而分析大数据时代的网络社会演进过程，探讨其演进机理，从而促进网络社会的治理和良性运行。因为网络化生存，催生了数据化技术的社会演变进程。反过来，又将深层次地影响人类的网络化生存质量。这是一个令人惊奇的，不断上升的技术—生存演化的互动过程。

第一节　网络化生存的中国经验及其意义

没有人会否认这样一个事实，那就是：20世纪发明并在21世纪发展起来的以电子计算机技术为核心的信息网络技术，正在影响着人类的文明进程。网络以及网络化趋势的出现和扩张，不但最大限度地整合了现代科学技术，还连接了人类的群体、组织、社会与文化，从而极大地改变了人类的生存状态。网络化作为全球化社会的一个标志，它使得在不同时空环境中的人们能够迅捷方便地交流思想与情感，交换信息、商品及服务，并按照虚拟现实的法则重构人类的日常生活世界，以令人惊异的速度拉近人们相互之间的交往的时空距离，由此实现着加拿大传播学思想家麦克卢汉在20世纪中叶所预言的关于“地球村”的人类共同理想。简言之，互联网不仅成了一种人们用以在网上结成电子共同体的强势技术工具，而且在很大程度上成了“人类的一种全新的生存方式”（冯鹏志，2000）。

对此，尼葛洛庞蒂、乔岗、孙慕天等西方和国内学者，提出了“数字化生存”“网络化生存”和“符码化生存”（即所谓“世界4”）的概念，它们显然是相对于传统社会的“规范化生存”或“名词化生存”而言的。这些词语的出现，不只是信息化社会的一种表征，也是对人类生活意义深层思考的一种反映。本节将从生存哲学或生活方式社会学的角度对网络给人类生存方式特别是中国语境下的生存方式带来的影响加以分析和解释，以此引起人们对“网络化生存”的学理式探讨。

一、网络化生存及其中国语境问题

“网络化生存”之所以成为一个颇具现代性的学术话语，是由其全球化和中国问题的语境背景所决定的。任何一个概念，都只有在特定的语境下浮现，才有意义。指称一个时代人类生存发展趋向的概念，更是集中地表达着它所处的纵向和横向的语境及其内在变化。

这里主要使用的分析工具——“生存哲学”（Philosophy of Existence），它虽然产生于现代西方文化语境，但是，对于梳理和解释正在纳入全球化世界的中国语境下的网络化生活过程，也是同样有效的。况且互联网所构造的网络生活世界及其“网络化逻辑”（卡斯特，2001），其本身就是无国界的，甚至于是“超验”的。“网络化生存”这个用词表明了后工业社会或信息社会中人们在生存观念、生存行为及生存方式等方面的特殊属性，可以说它与生存哲学或生存论有着天然的联系——逻辑联系。这一点是之所以选择对“网络化生存”作生存哲学思考和研究的根本原因所在。我们正处于一个剧烈变迁和充满生存迷惑的时代，或许代表着我们时代的整体面貌的征候已经显现了，但是，对信息化社会的本质和意义的描述却往往是软弱无力的。为此，我们不能满足于对网络化社会的日常生活作一般性的经验描述，而应进行包括生存论在内的理性反思。

众所周知，现代科学技术（如电子计算机技术、克隆技术、纳米技术等）本身所具有的复杂性及其对人类生产方式、生活方式影响的深广性，决定了传统的科学哲学解释力的下降。因而，对科学的理解和认识被刺激或被推向了科学之历史的、社会的、文化的和心理的层面。这便是以不可还原性和整体性为基点的后现代科学哲学产生的理由。而在注重用多因素分析科学技术及其社会现象的后现代科学哲学家们看来，"语境"是至关重要的一个范式。与此同时，"语境论"（Conceptualism）作为一种超越以逻辑经验主义为核心的现代科学哲学的趋向选择，显示了强烈的后现代科学哲学的走向（郭贵春，1998）。语境论还吸收了现代语言学中语用分析的方法并且借鉴了解释学、修辞学的长处。

不过，本书无意于专门探讨语境论的现代性或后现代性特征，而是引进"语境"的具体性和整体性的观念来分析"网络化生存"的哲学问题。

从具体性来看，"网络化生存"命题必然存在着一个中国的语境问题。相对于网络化生存的世界性和全球化而言，中国的生存问题就是具体的、特殊的。即是说，中国人的网络生存状态是处于中国这个独特人类群落和地区范围内的。它既不同于诞生了第一台电子计算机的美国，也不同于"地球村"一词的创造者麦克卢汉的故乡加拿大和在信息技术发展上咄咄逼人的印度的网络生存情形。对网络化生存的"生存哲学"思考最为重要的使命是针对人们具体的生存境遇，去"呼吁性地发问"，并在这种发问中，使人"回到自身"（雅斯贝尔斯，1992）。因此，我们对中国语境下的"网络化生存"的生存哲学研究，与其说是一种有普遍意义的哲学分析，不如说是一种对当下中国人（尤其是中国网民）具体的网上生存境况或网络生活方式的反省、解蔽和诠释性工作。具体性作为生存哲学的基本思想品格之一，它使得我们对网络环境下中国人的生活方式的形上思考有了针对性和合理性。

从语境论的第二个重要原则——整体性上看，也能推论出"网络化生存"的中国语境问题。科学实践的本质常常就表现为它的整体性，而不是孤立的行为性或单纯的经验的对应性。认清这一点，对理解中国语境下的网络化生存中的哲学问题是非常重要的。而且，它与该哲学问题中存在着的某种局域性、相对一致性也并不矛盾。因为后者有时也意味着普遍的语境的结构性。中国语境下的网络化生存，尽管可以分解为许多不同的观念和行为层次，但是，就总的方面和趋向来说，仍可以视为一个整体。中国的网络技术水平和因特网的普及率虽然目前还不能与美国、日本、英国等发达国家相比，但它的发展潜力巨大，而且在很多方面都显示出异质性来。

不难看出，上述语境论的具体性和整体性特征，在我们分析网络化生存的中国问题时，都必然会表现出来。然而，应该说明的是，它是相对全球化的中心话语而言的。或者说“网络化生存”的中国语境问题的提出和确立，是“东方主义”的一种产物，是对全球化条件下的西方文化霸权、美国文化霸权的一种回应。

二、网络化社会背后的生存论自觉

“网络化生存”不是以纯粹的现实空间为载体的，而是以虚拟现实空间——网络社区为栖身之所的。在虚拟与现实世界中生活，就如同是“诗意地栖居”（海德格尔，1995）于一种想象的、实在的空间。因为这种网上生活无异于是一种特殊语境下的心理体验，或者说是一种对个体存在的焦虑状态。这种焦虑既是对个体生命意义的守护，也是对网上交往及其存在意义的等待（邹诗鹏，1997）。其实在每一个网民的生活本性中原来就存在着“荷尔德林”式的诗性化的生存体验，只是他们赖以生存的信息空间具有“诗性”和“本真”双重特质而已。

同网络存在者状态上的解释相比，“生存论存在论的阐释还不仅是以理论方式在存在者状态上进行了普遍化”（海德格尔，1987）。当然，在普遍化的理论语境下，对生存的意义的追问才是可能的。“网人”能够为他们最本己的诸种可能性而自由存在。而在这种为他们最本己的诸可能性自由存在之际成为他所能是的东西，这正可谓是完善的“网络化人生”。

在现实生活中，人们总是不断地思考人生、选择人生和实践人生。而在互联网的虚拟世界中，却很少有人认真审视人生问题。前文说过，“网络化存在”实际上就是一种特殊语境下的人类生存体验。也就是说，在网络化社会背后还存在着生存的意义问题，对此问题的内在需求将形成“生存论的自觉与反省”（邹诗鹏，2000）。

毫无疑问，信息化、网络化为日常生活世界的重构及其生存的形上意义的追问，提供了一个技术——社会语境。选择了“网络化生存”的“网人”（即网络存在者），其生存论或生存观的自觉与反省，首先表现在对网络化生存或网络化生活的意义的探究上。那么，在此我们要问一句：“网络化生存是有意义的吗？”

这个问题看似简单，似乎没有提问的必要，但实际上要做出合理的回答并不容易。网络化生存应该是一种应然的生活，同时也是一种实然的生活。而实然的生活，往往是有目的的。

让我们思考一下网络生存的目的问题。我们的网络生存的目的是什么？换言之，我们为什么要上网？花时间上网聊天、参与讨论，或是在情人节到来的时候给恋人发一张玫瑰贺卡，这一切比在现实生活中的做法更有意义吗？抑或是等效的吗？说某一个人的网络化生存是有特定目的的是可以理解的。这是指一个人希望通过网络媒体及其社区语境（如选择新浪、搜狐或263网站等）来实现自己的交往需要。如果我们将网络化生存看成是由一系列网上事件所构成的话，那么可以说，网络化生活的事件是根据其是否有助于达到他所追求的目标而对他赋予某种意义的。正如吉登斯所言，对人类个体而言，生存就意味着实现“有意义的主体性行动”（2003）。可见，人们往往是在处理存在性问题时，才会产生叩问人生意义的觉悟。可是，一般意义上的网络化生存怎么可以说是有意义的呢？一个简单的回答就是，所有的网络生活事件都趋向某个确定的目标，所以，要理解网上生活的意义，只要发现这一目标就可以了。事实上，由于网络社区所具有的虚拟与实在、公共领域和私人领域等双重理性，所以，这更增加了对“网人”生活意义回答的难度。

英国哲学家A.J.艾耶尔对此选择了知难而退的方法作答。他认为，从证明人的生存合理性的角度看，目的论的解释并没有真正说明白“为何生存”的问题。生活本身就是没有意义的，如果有意义也是在人们所追求的不同目标、生活在不同的时候对不同的人有不同的意义（2000）。即是说，生存的意义是不能脱离具体的语境而存在的。

无论是从私人性还是从公共性的视域来看，网络化生存或网络的在线生活都是有意义的。这倒不是说，每一次网上行为都是有一个确定目的的。以众说纷纭的网恋现象为例，我们说它是不一定有“结果”的，但是其“过程”对某种思想与情感语境下的“网人”来说却是“在世界上存有”（being in the world）的（卡斯特，2001），是为了浪漫和“自由的可能性”付出过“焦虑”和“烦”的。网恋的“痛并快乐”的心理体验，是只有处于“当下”语境的人们才能体味的。《从界面到网络空间》的作者迈克尔·海姆，以希腊神话为个案将这种生存状态称之为“网络空间的情欲存在”，认为它是属于柏拉图主义的（海姆，2000）。这种分析，无疑是很精辟的。

鉴于存在性问题关涉到人类生活的多种参量，加之网络化语境本身所具有的复杂性（如诗性、伦理性、合法性等），使得人们对网络化生存的形上意义的认识不可能一劳永逸。

三、网络化对中国经济社会关系的影响

在回溯“网络化生存”展开横向状态之际，现实的日常经济社会关系将成为我们阐释工作的宏大背景。分析工作不再以细节把握的方式进入网络社会现象的境域。现在我们要提的问题是：在中国的现实语境或实践语境下，网络化究竟在多大程度上改变或将部分地改变传统意义上的经济与社会关系？它对中国人的核心日常生活——消费生活和政治生活的影响有多大？网络化社会会成为中国现代化的“超越”式发展的主要动力吗？它可以全方位地破坏并重构东方经济与社会结构吗？

上述问题，与其说是我们所关注的问题，不如说是我们对中国实践语境下的“网络化生存”所困惑的问题。早在20世纪90年代的时候，就出现了“众声喧哗”的局面，人们惊呼“网络化社会正在崛起”“网络化生存”在世界范围内将变为现实。电脑网络的建立与普及将彻底地改变人类生存及生活的模式，而控制与掌握网络的人就是人类未来命运的主宰。谁掌握了信息，控制了网络，谁就将拥有整个世界。中国的学者更是在“知识经济”这个贴近实践语境的新话语的感召下，构建着自己国家的网络经济的未来。在中国现存

的制度安排的背景下发挥网络经济的功能，已成为实现知识经济的一个有效途径。正如关士续先生所说的，“现在，世界，包括中国，都在进行一场以网络化为特征和目标的‘新经济’革命”（2000）。他还预测了作为规模经济的“网络化”经济的发展趋向，认为网络技术将为21世纪的技术进步、经济增长、经济组织及社会生活等提供一个全新的支持平台。

除了“知识经济”之外，第二种反思网络经济与社会的理论资源来自“全球化理论”。全球化理论在实质上和理论前提下与知识经济理论是一致的，但在学术背景上却有很大的不同。前者侧重于技术经济研究，而后者则似乎更倾向于世界经济和文化研究。相比之下，全球化理论作为一种现代性理论，它与沃勒斯坦的“世界体系理论”和麦克卢汉的“地球村”媒介延伸理论更为接近。而“网络化生存”这一命题，在中国的现实语境下，是可以交替使用“知识经济”和“全球化”理论工具的。

我们所说的中国语境，显然是在全球化背景中来说的。既不意味着回归传统也不意味着西方化。“中国现代化的全部内容和问题，可以用一句话来概括，那就是要使中国自立于世界。”（朱红文，1999）中国现代化的发展及现代性的重建，在信息社会里无论如何是不能不借助于互联网技术及其所提供的经济社会资源的。

全球化的逻辑所引发的多样化的经济和多元化的生活风格，必然导致网络化时代经济社会关系及结构的变迁。且不论全球化背景下的网络化的意义有多么巨大，单就中国现代化实践语境下的网络化所产生的经济与社会诸因素的变化，便足以为任何一位大师级经济学家、社会学家提供个案研究的条件了。按照理想型的研究方法和经验调查，可以将社会行动分为价值型、利益型和传统型三种基本类型，这对于我们分析“网络化生存”过程中的社会行动不无启发意义。

如果我们将“网络化生存”的现实尺度的中国语境下的社会行动视为一种理想型的话，那么，我们可以看到：网络化虽然能够给中国的经济与社会发展提供一种新的机会，可以借助于方兴未艾的“互联网+”背景下的电子商务、网上交流等方式对中国的企业组织、社会分工、消费方式、政治生活形成很大的影响，但是，我们还不能因此而得出结论认为它是中国现代化的永恒动力。同时也不能将网络化看作是制约东方经济与社会结构的唯一因素。这是因为具有独特传统文化、价值系统和利益取向的中国社会结构和国际竞争千变万化的态势，是异常复杂和充满张力的。

四、网络化生存经验的中国哲学意义

前文已从理论语境和现实语境的维度上分析了“网络化生存”问题，最后我们将从文化或历史语境角度出发简要地讨论一下“网络化生存”问题。这实际是前两个论题在“纵向”上的展开。

英国剑桥大学教授布瓦索在谈“文化趋同”现象时指出：现代技术和工业化的迅速发展导致了原先处于非常不同的文化中的人们逐步发现自己越来越面对类似的物质环境（2000）。这就是所谓的“趋同假设”问题。不管我们是否认同这种世界文化趋同的理论，都不能否认在信息网络技术发展的时代，发达国家与发展中国家在信息占有上是不均衡的这一事实。换言之，随着网络化的扩张，在很大程度上会导致强势文化与弱势文化在竞争上的不平等。具体说来，就是美国等西方国家因网上英语信息的主流地位而形成了一种新的文化霸权，而汉语在网上的次要语言地位则导致了中国民族文化的弱势状态，进而使得中国文化语境下的“网络化生存”缺少张力。严重了还会削弱中华传统文化在世界上的影响力，从而不利于民族的复兴。

从生存哲学的角度看，网络化社会的到来首先将对中国传统的人生观、交往准则等形成挑战。与西方哲学的生存论来自现代西方文化语境不同的是，中国传统的生存哲学家的思想本根早在先秦时代的儒家、道家、墨家哲学中就生发出来了。回顾中国社会思想史，我们发现，“生存”一直是中华民族面对的首要问题（张曙光，2000），而且始终牵动着中国历代最有创造力、智慧和责任感的思想家的心。不过，“网络化生存”的虚拟人生现象（如网络空间的模拟性、交互性、人工性、遥在性、沉浸性和共享性等）对中国本土化生存哲学的影响和挑战，是表现在两个方面的：一方面，孔子主张的“礼治”“正名”，老子、庄子的“不欲”“无知”“愚民”“无为”，以及墨子的“顺天”等思想中，已有许多不适应“网络化生存”的落后因素；另一方面，孔子所提倡的“仁义”“诚信”“爱人”，老子、庄子的“无为”“寡欲”“以不治治天下”“顺物自然”和墨子的“兼相爱”等生存思想中，却存在着合理内核。

人类生存是一种广义的交往行动，而中国语境下的“网络化生存”不能离开韦伯所强调的传统文化的关照。我们应以具体的“网人”的生存境况为经验基础不断地在中国语境中生成自身（贺来，2001），进而创生出新的生存哲学来。在网络的人性化互动过程中，重新唤醒对人生命价值的尊重和实现对中国传统文化的“超越性”承诺，是最具现代性的理论使命。

第二节　网络社会质量下数据化技术的社会演化过程

网络社会的存在依托于网络技术与计算机技术，有别于现实社会，但又与现实社会密不可分。随着移动网络和智能手机的普及，人们的现实生活越来越依赖信息网络服务系统。当代社会的快速发展，促使我国网民数量持续增长，网络数据每天以惊人的体量增加，至此仅仅使用传统的社会科学研究方法对网络社会质量进行测量是极其困难的事情。为了实现智慧社会的美好愿景（单志广，2019），就必须引入大数据研究方法进行网络社会质量的测量、评估与考察。同时对网络社会质量的数据化技术基础进行深度的演化分析，是非常必要且有现实意义的。与其说我们的日常生活实践发生了前所未有的变化，毋宁说我们已经从早期的数字化生存方式向先进的数据化、智慧化生存方式的方向前进了（唐魁玉，张旭，2018）。

一、网络社会质量及其数据化支撑技术

（一）重申网络社会质量问题

“网络社会质量”的概念由“网络社会”和“社会质量”这两个概念及相关理论整合而来。网络社会是一种新的社会形式。在这种社会形式下，形成了一种基于起中介作用的技术所产生的沟通网络，而不再局限于以面对面社会关系为代表的传统沟通网络（迪克，2014）。而社会质量在相关的理论研究中普遍被定义为“公民在提高福利和个人潜力的情况下参与社会和经济生活

的程度”(贝克等,2011)。因此,我们将网络社会质量定义为网民通过网络日常生活介入作为其网络共同体的社群与网络社会的程度。这种网络日常生活有助于提升网民生活能力与素质,并且有助于提升网络社会的正义与民生水平。在此主要介绍影响网络社会质量的因素以及网络社会质量的数据化技术背景。

网络社会飞速发展,同时也产生了大量的问题,这些问题会降低网络社会质量,也是网络治理的主要方向。信息安全是自互联网诞生以来就广受关注的问题。随着人们对网络的广泛使用,越来越多的信息通过互联网传递。然而网络为人们带来便利的同时,也带来了许多隐患。首先,我国网民对个人数据的保护意识尚无法与网络发展程度相匹配。如今,我国网民对网络的使用涵盖方方面面,各种应用推陈出新,在适应各种应用的创新中,使用者往往对个人数据的保护产生了一定的忽视。例如用户对微信应用的授权往往会产生个人数据的泄露;通过百度云公开分享的文件可被检索从而对文件的保密性造成影响。其次,企业及机构等对网络数据安全的意识不足。企业和机构往往掌握着大量的用户数据,但却相对缺乏全面的数据安全管理体制,因此产生的数据泄露会对用户的个人隐私产生危害,甚至危害用户个人及财产安全。除此之外,网购的广泛覆盖促进了快递行业的发展,同时也对用户的个人数据安全产生了一定的威胁。多家快递公司都曾发生过用户信息泄露的事故。不仅快递行业,许多掌握了用户信息的行业都成了用户个人信息泄露的途径,甚至成为用户信息买卖链条的起点。

(二)网络社会质量的数据化技术基础

网络社会质量的可测量性得益于当前的数据化技术(唐魁玉,张旭,2016),即大数据技术。而数据化技术的产生则依托于一系列的核心技术:数字计算机、智能感知、互联网以及云计算。这些技术解决了数据技术的核心问题:数据的获取、存储、传输和计算等(黄欣荣,2016)。这一系列的技术使原来难以计算的内容得以量化,从而形成了具有大数据时代特色的数据使用方法,同时也使得数据成为一种资源并进入流通。但是“数据孤岛”现象仍然存在(刁生富,姚志颖,2017),数据的跨行业流动仍未实现。同时数据交易的兴起也使得数据所有者加强了数据的保密性以提高价值。

在大数据时代，数据成为资源，应用数据的方式也更加全面。数据挖掘、数据预测以及更加方便及全面的监控，都使得保护隐私变得更加困难（薛福，张红兵，2015）。网民在网络中的行为产生了大量的数据。在这些数据中，隐藏着网民自身的爱好、地理位置、职业、家庭成员、甚至包括个人信息和家庭住址等。由于尚未出台相关的法律法规，机构或个人等无论是收集还是使用网络数据，都是极少获得了用户授权的。仅通过使用相关平台或服务前签署的简单的条约，并不能保护用户的相关权益。而多数网民也并未意识到自身产生的数据的价值，以及随之而来的信息安全危机。而数据挖掘，作为数据的二次甚至多次利用，则更加危害了已经岌岌可危的信息安全和隐私保护机制。大数据时代对于数据的使用已经很难遵循知情同意的原则，而数据挖掘则使得知情同意完全成为不可能，因为一些数据在收集时可能尚未确定其使用方法，即使在数据收集时获得了用户的授权，在使用中也不能保证语境的完整性（迈尔·舍恩伯格等，2013）。数据挖掘不仅对网民的隐私产生了威胁，也可能使网民产生经济损失。大数据时代，电信诈骗人员的诈骗手段也融入了更多数据技术（黄欣荣，2017）。网络时代，网民的一举一动都会产生数据足迹，而对这些数据进行挖掘整理，就可以获得网民的大量信息。除此之外，个人信息数据的交易已经成了一项产业，电信诈骗人员购入数据，并用于诈骗。如此获得的个人信息较为准确，为精准诈骗提供了机会。

大数据分析的结果都从数据而来，完全舍弃了操作者的主观情感，看似非常公平，然而大数据算法却有着无法隐藏的歧视本质（张玉宏，秦志光，肖乐，2017）。首先，网络社会虽然在一定程度上与现实社会相隔离，但作为其节点的网民无法摒除由于职业、教育、社交等产生的对部分群体的歧视，因此，将这些具有歧视性的数据进行分析也无法得出客观的结果。而数据预测也同样无法摆脱歧视性的特征。纽约时报的报道显示，根据卡内基梅隆的大学研究，谷歌的广告系统已经学会了性别歧视，高薪工作广告更多地被推荐给了男性用户（Caire C. Miller，2015）。其次，数据分析结果的应用也具有相当的歧视性。例如保险公司会通过对用户的常用路线、交通违章记录、行车记录等数据进行分析决定对用户的车辆保险进行定价。但是当用户由于经济原因住在距离工作地点较远的区域，每天驾驶时间也会较长，伴随着路况不佳，交通违章的可能也会相应增加。按照数据分析，此类用户应当支付更高的保险费用。然而用户交通数据不佳的主要原因是经济问题，而高额的保险费用又再次增加了用户的经济压力。如此，大数据技术的应用非但没有促进社会问题的解决，反而加剧了问题的严重程度。而假设更多的企业和机构应用大数据来进行人员招聘，拥有不良记录的个体就可能无法获得工作，失去工作机会可能会使他们制造更多的不良记录，因此无法创造相应的社会价值，在自我实现上也产生了恶性循环。

大数据技术为科学研究以及人们的社会生活都带来了许多改变，这些改变为社会发展带来了积极影响，同时也埋下了许多隐患。为了更好地应用大数据并促进社会发展，大数据算法及应用方式等都应该进行进一步的完善，以期可以进一步提升社会质量及网络社会质量。接下来谈一个大数据的突出应用问题。

（三）大数据在提高人才评价社的会质量中的应用

在大数据环境下，无论是企业的微观人才评价与管理还是国家和政府的宏观人才评价与管理，都会受到不同程度的影响，甚至在管理思维上也发生了革命性的变革。在一定意义上，我们将告别“差不多先生”式的传统人事管理和“有限度”的人才信息管理，从而进入“大数据人才评价与管理”阶段。

近年来，随着信息、网络技术的发展，大数据已成为我们时代人才选拔和使用以及评价系统的一个特征。按照英国学者、牛津大学教授维克多·迈尔·舍恩伯格在其《大数据时代》一书中的说法，大数据时代的思维变革突出表现在三个方面：首先，不是随机样本，而是全体数据；第二，不是精确性，而是混杂性；第三，不是因果关系，而是相关关系（2013）。简言之，就是呈现出更多、更杂和更好三个变革维度。由此不难看出，数据化及数据创新已经成为全球化、数字化过程中影响我国社会经济生活的一个重要因素，也成为人才评价变革和管理变革的新契机。

大数据化时代人才评价与管理的两个层次。一是宏观的国家和政府人才评价与管理方面的变化，例如可以在制定宏观人才评价与管理规划和进行福利制度整体设计或退休制度安排等方案的时候，尽可能全面地运用大数据来实施系统整合的管理策略，从而理性化地推进国家和政府的人事制度改革；

二是在微观的企业、医院和大学等组织的人才评价与管理过程中，运用大数据的管理思维及方法，具体表现在特殊人才的招聘、培训与开发，以及绩效管理测评和处理劳资关系等问题上。例如，国内一流大学在引进长江学者、“青年人”“973”首席科学家和其他杰出人才时，应在全球范围内的人才“大数据库”里加以遴选和聘用。这样做既可以避免做“井底之蛙”，还可以防止一些掌握人事权力的人以权谋私，随意聘任自己关系网里的“熟人”，促进国际一流大学人才间的流动。

大数据人才评价与管理思维的运用，有利于人才资源的合理配置，促进用人制度的信息化和科学化。大数据时代人才评价与管理数据很容易被“搜索”的事实表明，这既会得到更多的就业机会，也会造成个体职业生涯选择和规划的误判。必须意识到，在做最好的教育、职业和福利生活选择的同时，各种人才的命运也已经被数据化地捆绑在一起了。

因而，现代人一定要有主体意识和理性头脑。了解人才评价与管理的风险并掌握应对策略。风险或隐忧何在？一是让数据主宰一切，个人隐私和人才市场秘密存在着被侵犯的可能性，大数据在造福人类和组织的同时也变成一种数据困扰；二是以自由提取为特征的信息管理，出现了过度控制和放弃责任的情形。应对的策略是什么？一是强化人才评价与管理数据的过滤、选择和复杂性系统管理；二是反对滥用大数据；三是加强对人才评价与大数据管理的责任意识。我们欢迎大数据时代的到来，但人才评价与管理的理性和法制精神仍有存在的必要。因为只有这样，才能在大数据的时代环境下不断提高人才管理的社会质量。

二、网络社会质量的数据化演进机理

小数据技术的发展为大数据技术的出现奠定了基础，被数据技术影响的网络社会也进行了从小数据社会到大数据社会的演进。这种社会演进具有其本身的逻辑和来自社会的推动力，同时也对网络社会质量产生了影响。

（一）从小数据到大数据网络社会演化的逻辑

无论是小数据还是大数据，最原始的起源都是数。数的概念来源于人类的计数活动，经过几千年的时间发展为数据。而从数据进化为大数据，则只用了几十年。但无论是数据还是大数据，其本质都是数，只是体量有所不同。无论其表现形式是数字、文字、图像还是音频、视频，其在计算机系统中都是0和1这两个数字形成的不同组合。即使经过由数到数据再到大数据的演变，其本质并没有变化。这也符合我国古代“万物皆数”与西方毕达哥拉斯学派的主张（贺天平，宋文婷，2016）。数是人类对世界的朴素认识，小数据技术是通过数据的抽样采集与调查认识世界，大数据技术则是通过分析从多方面收集的数据从更多角度了解世界。大数据技术可以使人类更加全面地了解世界，了解自然界和人类社会。了解自然界能够帮助人类解决自然界中发生的生态问题，促进人与自然的关系达到和谐。而了解人类社会则可以促进人类社会更好的发展，提高社会质量。

此外，以社会发展而言，大数据社会是社会发展的必然过程。70–80年代的后工业社会为大数据社会描绘了蓝图，而复杂性科学则为大数据社会的出现提供了基础。大数据时代从本质而言只是后工业社会新的表现形式，实现了后工业社会理论描绘的社会蓝图（王英，2017）。

（二）从小数据到大数据网络社会演化的技术动力

如前文所述，数字计算机、智能感知、移动互联和云计算是大数据技术产生的技术前提（黄欣荣，2016）。数字计算机可以将信息转换为由0和1组成的数字信息，并加以存储、传输和处理，为大数据技术提供了最基本的工具。智能感应技术是通过智能芯片感知世界及其变化的技术。植入智能感应芯片的设备可以自动感知和存储设备的状态变化信息为大数据技术研究提供材料。互联网技术兴起于20世纪九十年代，近几十年来获得了长足的发展。数据通过互联网进行传输，将同质数据汇集到一起，才能够形成大数据用于分析和使用。云技术是数据存储和处理的新方式，使用计算机存储和分析数据不再受当前计算机的设备限制，数据通过互联网传输到远程的服务器上进行存储和分析，仅将结果返回给操作者。云技术使大数据具有可处理性，如果没有云技术，大数据是无法进行存储和分析的。

大数据技术的出现也具有科学基础，其中，数理逻辑、离散数学、系统科学和数据科学是与之最为相关的。数理逻辑实现了传统逻辑的数学化，为描述世界万物提供了数学表述工具，也同时为数字计算机以及大数据技术提供了科学工具。离散数学则是近年来常用的计算机技术的数学基础，是大数据技术产生不可或缺的科学工具。系统科学提供了数据系统演变的理论解释，而作为其变革运动的复杂性科学则为大数据技术提供了新的世界观、认识论和方法论。数据科学使人们意识到数据的价值，通过普及数据观念、凸显数据地位以及提供数据处理的科学方法为大数据技术革命做出了相当的贡献。

大数据技术具有其必然性。大数据革命是科学技术发展过程中的必然部分，与其说大数据技术推动了科学技术的发展，不如说是科学技术发展到一定程度的结果。科学技术的基础与大数据技术的产生互为因果，也成为网络社会演化的技术动力。同时，“统一的信息范式必然走向可持续的信息网络社会理想”的演化境界（殷杰，祁大为，2019）。

（三）网络社会质量在数据化技术的进步中提升

数据化技术为科学技术的发展提供了新思路与新角度，也为网民的生活和网络社会的发展提供了新方向。现如今，越来越多的企业和机构通过大数据分析向网民推荐商品和服务。最早应用这一技术的是美国亚马逊网站。亚马逊网站通过收集大量用户的商品浏览记录，向对某类商品感兴趣的客户推荐同质或同类的商品，从而帮助增加销量。而当前，应用这一技术的机构和企业越来越多。以淘宝网为例，用户浏览或购买过的商品，其同类商品会在用户的应用主页上显示。而且，相似店铺的商品也会在搜索结果中排在更前的位置，网络购物平台往往采取相似手段进行促销。搜索引擎也收集用户曾经搜索过的关键词以及搜索结果选择的偏好，从而更加有针对性地进行内容推荐和搜索结果排序。这些对大数据的应用与网民的网络生活息息相关，更加有针对性的内容推荐和排序等都将减少网民获得咨询所耗费的时间，同时也可以避免由于不良内容泛滥产生的网络社会质量的下降。大数据技术还在不断地发展，对于大数据技术的应用也更加广泛，这些都将提升网民的网络生活体验，从而提升网络社会质量。

（四）人工智能时代的数据优化与网络社会生存质量

人工智能这一概念自1955年被麦卡锡（John McCarthy）在达特茅斯会议上提出以来，就成了科学家们的重要研究对象，科学家们试图制造智能机器或使用机器来模拟人类。在大数据技术出现之前，人工智能并未获得很大的进展。即使大数据技术发展至今，也只是在涉及和模拟人类某些特定的智能（如逻辑推理和计算等）方面获得了比较大的进展，在模拟人类情感等方面，还是一筹莫展（王晓阳，2015）。近年来，基于海量数据计算和机器学习技术的发展，人工智能更多地走入了人们的视线。智能机器人初步战胜了一些人类围棋高手，使民众们更加怀疑，人工智能是否能够超越人类智能？是否在将来的某一天，人工智能会替代绝大部分的人类工作？到了那一天，人类又该何去何从？机器人怎么可能拥有权力？（李伦，2018）当前已经有一些工厂采用机器人来进行生产，不仅降低了人力成本，而且提高了生产效率。而这种人工智能应用趋势在未来可能会更加常见，进一步挤压民众的工作空间和机会。认知主体的交互，也可能向另一方向演化（蔡恒进，蔡天琪等，2017）。

人工智能的发展在将来会导致何种社会问题和伦理问题还未可知，但从目前来看，人工智能还处在可以促进人类社会的发展阶段。人工智能会逐渐推广到社会生活的更多方面，从而使智能生活变得更加普遍，其所带来的数据优化可能为人类科技的发展做出相当的贡献。目前在网络社会，已经有部分机构和企业使用了人工智能技术，但还是以人工服务为主。在未来，随着人工智能在网络中更多的使用，网络社会质量也会受到一定影响，但是影响的方向还未可知。

综上所述，大数据革命重构了自然科学与社会科学的研究方法，对人类的认识论和生存方式等都产生了影响。而随着大数据与人工智能技术的进一步发展，这种影响的范围会更加广泛，程度也更加剧烈。本章仅对小数据到大数据的网络社会演进进行了简单阐释，虽然提到了人工智能对社会发展的影响，但由于人工智能的发展程度与人类的应对方式尚不可预期，因此无法进行更加准确的预测，因而对这一问题的研究还需要进一步地深化。不过，有一点是肯定的，那就是人类的网络社会生存质量会在加速进步的技术应用过程中得到不断提高。

本章参考文献

[1][英] 安东尼・吉登斯 . 社会学方法的新规则 [M]. 田佑中，刘江涛，译 . 北京：社会科学文献出版社，2003：99.

[2][英] 艾耶尔 . 生活是有意义的吗？ [J]. 哲学译丛，2000（1）：35.

[3] 蔡恒进，蔡天琪，等 . 机器崛起前传——自我意识与人类智慧的开端 [M]. 北京：清华大学出版社，2017：51.

[4] 刁生富，姚志颖 . 论大数据思维的局限性及其超越性 [J]. 自然辩证法研究，2017（5）：87–91.

[5] [德] 海德格尔 . 存在与时间 [M]. 陈嘉映，王庆节，译 . 北京：生活・读书・新知三联书店，1987：241.

[6] [德] 海德格尔 . 人，诗意地栖居 [M]. 孙周兴，译 . 上海：远东出版社，1995：33.

[7] 冯鹏志 . 迈向共生的理想——关于网络化与人类生存方式之前景的思考 [J]. 新视野，2000（3）：29.

[8] 关士续 . 知识经济时代的技术创新导向 [J]. 哈尔滨工业大学学报（社科版），2000（4）：1.

[9] 郭贵春 . 科学哲学的后现代趋向 [J]. 自然辩证法通讯，1998（6）：1–9.

[10] 贺天平，宋文婷 .“数—数据—大数据”的历史沿革 [J]. 自然辩证法研究，2016（6）：34–40.

[11] 贺来 . 生存哲学：中国语境及其使命 [J]. 哲学动态，2001（1）：11.

[12] 黄欣荣 . 大数据技术革命为什么会发生？ [J]. 自然辩证法研究，2016（11）：109–113.

[13] 黄欣荣 . 大数据时代的精准诈骗及其治理 [J]. 新疆师范大学学报（哲学社会科学版），2017（4）：86–92.

[14][荷] 简・梵・迪克 . 网络社会——新媒体的社会层面 [M]. 蔡静，译 . 北京：清华大学出版社，2014.

[15] 李伦 . 人工智能与大数据伦理 [M]. 北京：科学出版社，2018：64.

[16][西] 曼纽尔・卡斯特 . 网络社会的崛起 [M]. 北京：社会科学文献出版

社，2001：25.

[17][美] 迈克尔 · 海姆 . 从界面到网络空间——虚拟实在的形而上学 [M]. 金吾伦等，译 . 上海：上海科技出版社，2000：85–91.

[18][英] 马克思 · H. 布瓦索 . 信息空间 [M]. 王寅通，译 . 上海：上海译文出版社，2000：450.

[19] 单志广 . 智慧社会的美好愿景 [J]. 新华文摘，2019（6）：25–26.

[20] 王英 . 从后现代主义、后工业社会到大数据时代 [J]. 新疆师范大学学报（哲学社会科学版），2017（3）：126–132.

[21] 王晓阳 . 人工智能能否超越人类智能 [J]. 自然辩证法研究，2015（7）：104–110.

[22][荷] 沃尔夫冈 · 贝克，[荷] 劳伦 · 范得蒙森，[英] 艾伦 · 沃克 . 社会质量的理论化：概念的有效性 [C]// 张海东 . 主编 . 社会质量研究：理论、方法与经验 [M]. 北京：社会科学文献出版社，2011.

[23][英] 维克托 · 迈尔 · 舍恩博格，肯尼斯 · 库克耶 . 大数据时代：生活、工作与思维的大变革 [M]. 盛阳燕，周涛，译 . 杭州：浙江人民出版社，2013.

[24] 薛孚，陈红兵 . 大数据隐私伦理问题探究 [J]. 自然辩证法研究，2015（2）：44–48.

[25][德] 雅斯贝尔斯 . 现时代的人 [M]. 周晓亮，宋祖良，译 . 北京：社会科学文献出版社，1992：102.

[26] 殷杰，祁大为 . 系统演化本体论与信息哲学演化本体论 [J]. 自然辩证法研究，2019（1）：109–115.

[27] 张旭，唐魁玉 . 大数据及其“社会学后果”[J]. 新视野，2016（3）：42–47.

[28] 张旭，唐魁玉 . 网络社会质量的数据化基础——从小数据到大数据的网络社会演进 [J]. 自然辩证法研究，2018（8）：117–122.

[29] 张玉宏，秦志光，肖乐 . 大数据算法的歧视本质 [J]. 自然辩证法研究，2017（5）：81–86.

[30] 张曙光 . 生存之维：经验视域与超验视域的分化与融合 [J]. 天津社会科学，2000（1）：31.

[31] 邹诗鹏 . 为日常生活世界所承蕴的形而上学 [J]. 吉林大学学报（社科版），1997（5）：23.

[32] 邹诗鹏 . 生活世界话语的困限与生存论的自觉 [J]. 教学与研究，2000（5）：19.

[33]CAIRE C. MILLER. When Algorithms Discriminate[EB/OL].[2015–07–10]（2017–09–20）. https：//www.nytimes.com/2015/07/10/upshot/when–algorithms–discriminate.html.

[34]SIREN KIERKEGARD.The Concept of Dread[M]. London：Macmillan，1944：99.

第十章　虚拟制造企业和谐互动的动态匹配协调管理模型分析

所谓虚拟制造企业，也可以称为虚拟智慧企业。它作为智能时代的代表性企业，包含了虚拟智能生产和虚拟智慧服务两大方面的经济社会功能。世界上著名的虚拟制造企业和公司（IT 公司）有：苹果公司、亚马孙公司、微软公司、谷歌公司（字母表公司）、脸谱公司、阿里巴巴公司、腾讯公司、三星公司、思科公司、英特尔公司，以及我国的华为公司、中兴公司和京东公司，等等，也包括正转向智能生活生产的海尔集团等网络化程度越来越高的企业。这些互联网企业经营的好坏，不仅关系到本企业的智能产品是否卖得出去，也关系到一个国家的综合竞争力的强弱。围绕着芯片的开发和5G 的抢占先机，在世界范围内正上演一场国际竞赛的大戏。与此同时，虚拟制造或虚拟智慧企业间的竞争将是旷日持久的，也是关系到国家网络安全甚至国家安全的一件大事，我们必须勇敢地迎接这个挑战。虚拟智能制造企业适逢人工智能时代，机器正改变着传统的工业生产和经营模式，甚至也改变着人类的前景和命运。因为智能社会的本质，就是加速机器和人的互动关系，以及由此引发的对生产方式和生活方式的系统变革（皮埃尔·斯加鲁菲，110–120）。

虚拟制造（智慧）企业和谐互动的二元管理模式的建立既具有必要性，又具有可能性。它不仅是对现代虚拟制造企业及动态联盟本身所包括的虚拟化与实体化管理特质的二元整合后反映的管理学概括或揭示，而且也是对其运作机制所进行的和谐管理学的描述。循着逻辑线索，在提出了虚拟制造企业系统和谐互动机制的数学模型、二像空间模型和三维空间模型之后，提出了研究的总模型：虚拟制造企业二元管理的动态匹配协调模型。这一整合模型将成为和谐互动机制论述的基础，并使之得以聚焦。整合模型运用演化博弈论和非合作博弈论，揭示了虚拟制造企业和谐互动的过程控制机理。同时，还从虚拟行动的稳定策略出发，进一步地对虚拟制造企业混沌控制的路径或方法作出了全新的归纳及分析。从现代管理学的角度来说，描述与探讨虚拟制造企业的和谐互动机制及其绩效功能固然十分重要，但是如何将和谐互动规律和理论资源整合为一个有效的和谐管理模型并用于分析虚拟制造企业动态联盟的复杂组织行为，将是一个更加现实的问题。这就是本章所要研究的一个核心问题。同时，也有助于实现自己的理论预期和以后提出治理策略。

第一节 虚拟制造企业和谐互动二元协调管理模式建立的必要性与可能性

一、虚拟制造企业二元整合管理建模的必要性

和谐互动状态是诠释虚拟制造企业二元整合管理概念的重要基点。为什么说这是一个全新的管理学概念？这是因为虚拟制造企业二元整合管理的本质属性是与其生成、演化和发展过程中所伴随着的和谐性、互动性等复杂系统特征相一致的。从本质上说，它是对现代虚拟制造企业及动态联盟本身所包含的实体化和虚拟化管理特质的二元整合后反映的管理学概括，而对其运作机制的管理学描述则是虚拟制造企业和谐互动的二元整合管理模式，对虚拟制造企业的二元整合管理建模具有一定的意义。

（1）有助于克服传统企业的单元化管理模式中的一些弊端。从近三百年的企业管理史看，传统的企业管理模式曾经在过去相对简单化的企业经营环境中获得了极大的成功，但是，随着信息网络技术时代，尤其是大数据时代和智能化时代的到来，单元化的管理模式在许多方面已经不能很好地适应如

今处于复杂系统状态下的虚拟制造企业及其动态联盟管理实践的需要了。而本研究提出并欲建立的虚拟制造企业二元整合管理模型将对传统企业的单向度管理模式形成超越，这是不言而喻的。

（2）有助于厘清现代虚拟制造企业及联盟中存在的实体化和虚拟化管理因素。虚拟企业作为一种为实现其目标而形成的实体化与虚拟化合一的动态联盟体，它在虚拟经营中可能采用不同的企业合作形式（如策略联盟式、供应链式、合资经营式、转包加工式、插入兼容式和虚拟合作式，等等），但归根结底是要实现利润的最大化和取得市场竞争的胜利。构建一个有效的虚拟制造企业二元整合管理模型，显然对促进将实体化与虚拟化管理的优势统一起来的管理目标是大有裨益的。一句话，它的建立可以合理地调适虚拟化和实体化管理资源在虚拟制造企业运行实践中的比例关系（见图10–1）。

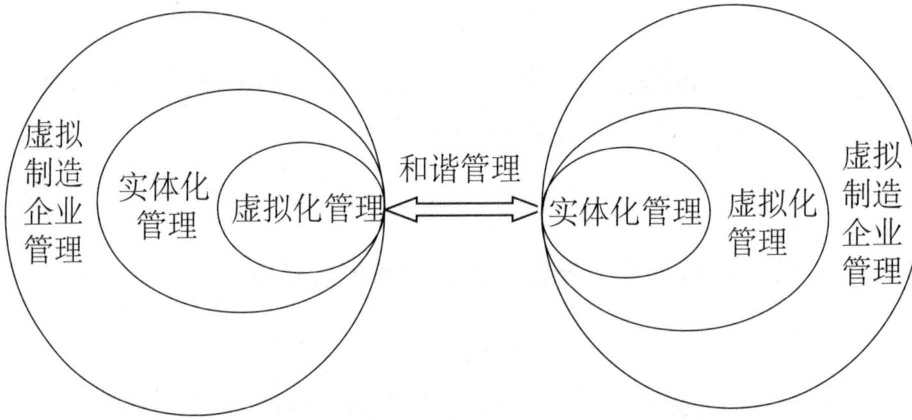

图 10–1　虚拟制造企业二元管理因素的配置关系图

上图中左、右两部分反映了虚拟制造企业管理中虚拟化与实体化管理因素所占比例完全相反的两种情况。在它们二者之间寻求和谐管理可以化约为合理配置两种资源要素各自在管理中所占的比例。事实上，是不存在完全意义上的虚拟制造企业（即虚拟化程度为100%）及其管理状态的，正如在网络条件下已不再有完全意义上的实体公司（即实体化程度达到100%）一样，这是一个必须要正视的问题。

（3）有助于促进复杂性互动条件下虚拟制造企业的和谐管理。在所有强调虚拟企业是一种动态联盟的观点中，本书最倾向于认同这样的看法，那就是它的本质在于突破企业的自身限制，延伸企业功能模块的物理范围。正可谓是：以空间管理的有效性来换取时间管理成本，从而促进企业实体间相似资源的联盟或和谐互动。显然，如果我们建立起了一个以和谐互动为基点的虚拟制造企业的二元管理模式，那么，就能够更好地对其动态联盟系统的业务过程和组织层次以及研发、制造、供应与营销系统等进行描述和分析（Kenneth Praiss，Steven L.Goldman ，Roger N. Nagel，1991）。从而可以最大限度地发挥其在复杂经营过程与市场机遇下和谐管理的功能。

二、虚拟制造企业二元整合管理建模的可能性

随着管理学方法和虚拟制造企业管理学研究的不断深入，为我们给虚拟制造企业二元整合管理建立描述与测量的模型提供了可能。这主要表现在以下几方面：

（1）先进的数理模块工具为虚拟制造企业二元整合管理建模提供了方法上的可能性。尤其是合作博弈论与协调博弈论，以及各种动态建模方法等的成熟和广泛应用，都使虚拟制造企业二元管理模型的建构有了方法论上的基础。

（2）虚拟智慧经营的内外部条件的完备为虚拟制造企业二元整合管理建模提供了考察上的可能性。任何管理模式的建立和创新都必须扎根于感性经验的土壤中。而随着各种虚拟智慧经营条件的成熟和具备，使我们有了建模所需要的实证考察和验证的基础背景。

（3）动态联盟支撑环境的形成为虚拟制造企业二元整合管理建模提供了集成上的可能性。由于虚拟制造企业二元整合管理的对象仍为和谐互动中的组织联盟或网状组织结构体，因此，一定要有某种可以与之适应的集成化环境作为支持，而动态联盟的形态及其敏捷性特质恰好为集成化——二元整合管理的建模提供了可能。

（4）多代理技术的产生与应用为虚拟制造企业二元整合管理建模提供了智能上的可能性。为了减少虚拟制造企业系统的复杂性造成的影响，支持虚拟企业的动态联盟特征，使之在网络环境下更具有开放性和敏捷性，故而将虚拟制造企业中的自主实体模型化为代理组织体系。这样做的结果势必会增强虚拟制造企业在组织、功能和资源管理上的智能性、智慧性、重要性及社

会适应性，并使虚拟制造企业管理模式呈现出和谐化和人机互动以及未来“万物互联”的5G时代特征。

第二节　基于和谐互动的虚拟制造企业的二元管理模型

一、虚拟企业组织系统的交互作用

从某种意义上说，虚拟企业是一个具有复杂交互机制的社会系统，在这个系统中各种组织要素之间彼此不断地进行互动，并寻求着系统的和谐或组织的最优状态。这一切是由虚拟制造企业组织活动所依赖的虚拟实在性的网络环境的二重性所决定的。同时，也是由虚拟制造企业组织的复杂结构、功能的匹配关系——虚拟和谐或虚拟智慧关系所决定的。

就社会系统工程学的意义而言，虚拟制造企业组织系统和互联网系统一样，都是由各种具有主体性、互动性和复杂性的因素耦合作用的结果。不同的是，它们所各自追求的静态和谐与动态和谐的具体目标是存在差异的。虚拟制造企业作为一种为了快速响应市场变化才形成的共享资源、技术和追求优势互补效应的动态化组织联盟，其赖以存在的盟主与联盟成员之间的结点构成了虚拟化与实体化、传统化与智慧化经营管理的基础。尽管VE（虚拟制造企业的英文缩写形式）结点不一定是一个真正意义的企业，可能只是提供某类服务的小型结点，但正是依托于无数这类的大大小小的结点（即动态联盟社会管理与服务中心）而形成了虚拟制造企业复杂交互的组织系统。不仅如此，这种有交互作用的虚拟组织系统还可以具有很强的模拟效应（Lieberman，M.B. and Asana，S.2006）。

在图10–2中，可以清楚地看到虚拟制造企业的二元复合系统是一个开放的组织系统。由于任何组织系统（特别是结构复杂的复合系统）都是具有动态的组织性和不可重复性的，因此，其系统的结构和功能都会随着时间的推移而发生演变，这对系统的优化理想的实现十分不利。并且，显然还会给和谐关系的匹配与适应性的判断以及和谐度的度量带来更大的困难。然而，我们对虚拟制造企业组织的二元复合系统的交互机制运行效能及和谐程度的关注却是无法停止的。

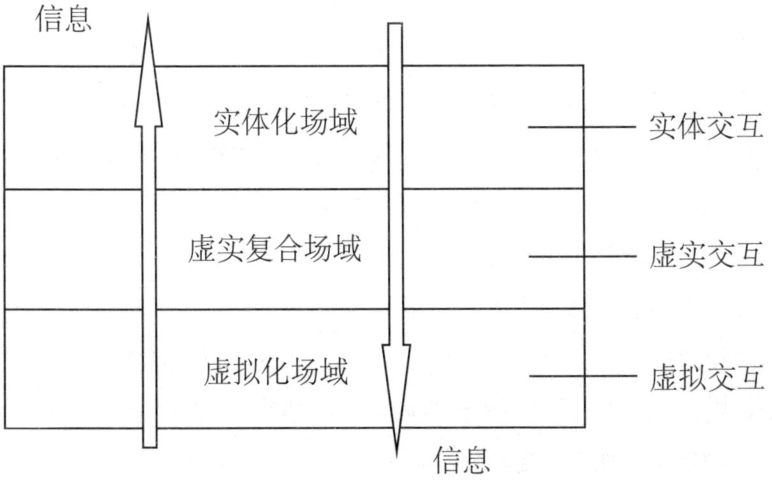

图 10-2 虚拟制造企业二元复合系统的构成

按照复合系统的观点，我们可以认为虚拟制造企业二元组织系统是由不同属性（即实体性、虚拟性与虚实二元性）的子系统相互关联、相互作用、相互渗透而构成的结构与功能统一的开放的复杂动态系统。其内涵可以表示为

$$C_s(t) \in \{S_1(t), \ldots S_m(t), R_a\}, m \geq 2$$

$$S_i(t) \in \{E_i(t), C_i(t), F_i(t)\}$$

上式中，$S_i(t)$ 表示 t 时刻第 i 个子系统，$E_i(t)$，$C_i(t)$，$F_i(t)$ 分别表示 t 时刻第 i 个子系统的要素、结构和功能的第 i 维空间向量。复合系统中每一个子系统都是各因素、各变量的系统，都包含着许多具有复杂关联关系的要素，构成要素（如虚拟制造企业虚拟经营所具备的信息技术与沟通环境等）按照一定方式相互作用着。R_a 作为关联系统，是复合系统中的相关关系集合，包含了子系统间和子系统内部各个要素之间的关系。这种关联关系是子系统之间直接的深层结构的多重关系和借助相关复合因子而形成的复杂的多向网络的效应关系。比如，虚拟智慧经营过程中所包含的核心生产企业与其多个供应商、顾客以及网络平台等要素之间的关系就是一种这样的复杂关联关系。

事实上，无论是系统组织的微观层面还是宏观层面上的关联关系的和谐，都不能离开复杂系统交互机制的作用。交互机制指的是系统内部元素间及系统与环境间存在的正效交互、反效交互、有效交互及无效交互所构成的关系体系。所谓正效交互指的是既增加相互作用对象的功效也增加系统整体功效的关系；所谓反效交互是指既降低相互作用对象的功效也降低系统整体功效的关系；有效交互可以分为两类，即I型有效交互与II型有效交互，在系统中，前者表现为降低相互作用对象的功效但增加系统整体的功效，而后者则会增加相互作用对象的功效但降低系统整体的功效；无效交互指的是对相互作用对象与系统整体的功效均不构成影响的关系。按照著名的《深度学习》的作者古德费洛、本吉奥和库维尔的说法，这既是一种正向的传播，又是一种反向的传播(2017)。如果将“交互”换成“互动”(因为就实质而言，“互动”一词中就包含了“交互”之意，至少两者可以等效)并依照上述对五类“交互”类型所做的界定，那么，就可以得到五种“互动”类型，即:(1)正效互动；(2)反效互动；(3)有效互动I型；(4)有效互动II型；(5)无效互动。进一步地，我们可以将“正效互动”和“有效互动”中的第I种类型视为“和谐互动”或“趋于和谐互动”的系统优化状态。虚拟制造企业系统的交互作用，就存在于上述效用各异的“交互”关系状态中(见表10-1)。

表 10-1　虚拟制造企业系统互动的类型及功能

系统互动类型		系统互动的组织功能	
正效互动（PEA）		增加相互作用对象的功效	增加系统整体的功效
反效互动（NEA）		降低相互作用对象的功效	降低系统整体的功效
有效互动	I 型（EA_1）	降低相互作用对象的功效	增加系统整体的功效
	II 型（EA_2）	增加相互作用对象的功效	降低系统整体的功效
无效互动（UEA）		对相互作用对象无影响	对系统整体无影响

当然，虚拟制造企业及其动态联盟在智慧经营活动中还会因为所投入的资源要素配置的不同和虚拟化、实体化程度比例上的差异，而影响到系统互动关系（包括若干二元互动、三元互动或多元互动关系网络）的具体细节，但一般不会出现与此相悖的情形。

二、虚拟制造企业模式的演进过程

为了更好地建构虚拟制造企业管理模式，这里首先回顾一下从世界范围内来看虚拟制造企业智慧经营管理走过的组织演化历程。一般说来，自20世纪90年代中期开始，虚拟企业从最简单的虚拟化程度很低的制造业和服务业的经营形式发轫，经过将近20年的时间，迅速发展成为具有动态联盟、虚拟团队甚至国际化虚拟公司的复杂形式。的确，通过对一个连续过程的两个极端，即虚拟制造企业简单的形式及其超复杂的形式的回顾和剖析，会有助于我们深入探讨它们分别代表的管理模式的传统性与现代性价值。

（一）初始敏感阶段的虚拟制造企业

虚拟制造企业在欧美诸国刚刚兴起的初始阶段里，其经营形式和管理模式都是非常简单的，主要是借助互联网系统平台所提供的条件进行销售、推销等活动，并为货物配送和资金支付提供后勤保障。诸如微软、三星、华为、中兴、阿里巴巴等这些企业已经可以被称之为“虚拟制造企业”，因为其最终顾客很可能不知道他们的实际地理位置，也可能从未见过该企业的任何一个员工。更重要的是，它们关系到芯片和5G等技术的制造与推广，代表国家技术的能力，关涉国家竞争力的强弱。与此同时，在电子商务、智慧家居上就像中国的阿里巴巴集团的淘宝网及海尔集团的交易形式、制造方式一样具有极强的智慧性、灵活性（敏捷性）和服务的便利性。通过参照一些结构更为复杂的企业，我们发现无论是在虚拟智慧服务还是虚拟制造领域，早期虚拟制造企业的价值链都是一种体现企业附属功能的部分。除了存储、生产、配送、维修和售后服务等部分或全部“有形”的活动之外，绝大部分活动都可以通过虚拟方式实现。而且，更重要的是，过去传统实体企业在做事方式、规制方式、知识节约与创新基础以及运行目标等惯例特征上都或多或少地发生了变化。同时，虚拟制造企业与实体企业的边界内外正在酝酿并形成一些新的静态惯例与虚拟条件的默认性、实践性、学习性、情境性和预测性等动态惯例。

（二）从简单到复杂的虚拟制造企业管理模式

从复杂性系统演化理论来看，任何企业组织的发展往往都经历着从简单到复杂的过程，这既是由企业的组织规律决定的，也是企业的生命周期规律使然。虚拟制造企业作为一种迅速普及与发展起来的、代表着21世纪的未来企业发展方向的全新企业智慧经营形式，它自诞生那一天开始就注定要走上一条从简单到复杂的管理之路，这从虚拟制造企业的管理实践中可以清楚地看到。

从以智慧经营、电子商务为视角的虚拟制造企业经营形式的变化和活动的多数案例看，虚拟制造企业从简单到复杂的形式的演变大体上是与世界发达国家的信息化、电子网络化过程同步的。以电子交易（比如微信支付）为例，它在虚拟制造企业智慧经营的前期和中期是比较典型的，而在未来最复杂的形式中将会消失或包含在其他的形式里，因为它会逐渐演变成一种基本的经营形式。此外，扁平化的组织结构也会形成迅速反应的能力。应该说明的是，随着虚拟制造企业联盟化、团队化、国际化趋势的到来，网上的电子商务形式将不能覆盖或代表主流的虚拟智慧经营活动，而只能成为相对独立的以网络为中心平台的经营方式。

以上我们对虚拟制造企业的管理模式的波浪式滚动的演进过程已有了全面的了解。最后要补充说明一点，那就是随着全球信息化、网络化和数据化的发展和世界经济形势的变化（如近年来的中美贸易战），以及发展中国家（如印度、中国、巴西、墨西哥等）经济技术的进步，虚拟制造企业经营和管理会出现更复杂的形式。同时，像著名的运动鞋生产厂家耐克、阿迪达斯实行的设计与营销及外包为核心能力的虚拟经营管理模式等（哑铃型）也会被注入新的市场竞争因素。

三、虚拟制造企业的二元和谐管理机制

要论述虚拟制造企业的二元和谐管理机制，就必须首先对其和谐互动机制和虚—实二元管理机制加以分析。只有如此，才能进一步地建立起虚拟制造企业的二元和谐管理模式。

（一）虚拟制造企业系统和谐互动机制的数学模型

根据前面关于虚拟制造企业系统互动类型及功能的划分与设定，虚拟制造企业系统的和谐性是可以通过合理的互动机制来实现的。在用数理方式描述这个和谐互动机制之前，我们须再做一系列假定。用PEA代表正效互动、

NEA 代表反效互动、EA_1代表有效互动Ⅰ型、EA_2代表有效互动Ⅱ型、UEA 代表无效互动，并设虚拟制造企业系统的构成要素为 $\{e_1, e_2, \cdots, e_n\}$，这些元素间存在若干互动关系 IR，HIi（元素和谐互动指数）是元素 e_i 与虚拟制造企业系统整体互动关系的和谐程度测度，对于有限数量的元素，其测度的形式如下：

$$\left.\begin{aligned}\frac{\partial HI_1}{\partial t}=f_1(HI_1,HI_2,...,HI_n)\\ \frac{\partial HI_2}{\partial t}=f_2(HI_1,HI_2,...,HI_n)\\ \frac{\partial HI_n}{\partial t}=f_n(HI_1,HI_2,...HI_n)\end{aligned}\right\} \quad (1)$$

从上式可以看到任何一个元素与虚拟企业系统整体互动关系的和谐程度 HI_i 的变化是 HI_1，HI_2，…，HI_n 的函数；反之，任意 HI_i 的变化又会导致其他元素与虚拟企业系统整体间的交互作用的和谐程度的变动，甚至最终影响到虚拟企业整个系统的和谐程度，HI_i 的数学表达式为：

$$H_i=f_{Hi}(PEA,NEA,EA_1,EA_2,UEA,I) \quad (2)$$

且

$$\frac{\partial Hi}{\partial PEA}>0,\ \frac{\partial Hi}{\partial NEA}<0,\ \frac{\partial Hi}{\partial EA_1}>0,\ \frac{\partial Hi}{\partial EA_2}<0,\ \frac{\partial Hi}{\partial UEA}=0,$$

$$\frac{\partial Hi}{\partial I}>0$$

若

$$\frac{\partial Hi}{\partial PEA}+\frac{\partial Hi}{\partial EA_1}+\frac{\partial Hi}{\partial I}-\frac{\partial Hi}{\partial NEA}-\frac{\partial Hi}{\partial EA_2}-\frac{\partial Hi}{\partial UEA}>0 \quad (3)$$

如此，则可以实现元素与虚拟制造企业系统整体的互动关系的和谐。而若上式结果为零，则元素与虚拟制造企业系统整体互动关系的和谐性不变；若结果小于零，则无法实现元素与虚拟制造企业整体的互动关系的和谐。

这里 PEA、NEA、EA_1、EA_2、UEA、I 分别为元素与虚拟制造企业系统整体间的正效互动、反效互动、I 型有效互动、II 型有效互动、无效互动及信息传输效率函数。

然而，根据动态学组织复杂系统的演化规则，虚拟制造企业系统的和谐互动程度将随着时间的变化而变化，其和谐互动指数或者增加或者递减，使其极限值停留在1，并最终使虚拟制造企业系统稳定于某一时刻的和谐程度上。

上述简单的数学模型是依据席酉民教授的和谐管理理论以及许正权博士的相关社会系统研究，并结合虚拟制造企业系统和谐互动的机制所做的（许正权，吴志刚，张中强，2008）。由此，可以得出以下判断：一个和谐的虚拟企业系统并不意味着系统内部一切元素都是相互匹配的，而各元素（如虚拟化条件下的社会资本）与虚拟制造企业系统整体是相互匹配的，也即元素在虚拟制造企业系统中存在的所有互动关系的合成满足 $\frac{\partial H_i}{\partial PEA}+\frac{\partial H_i}{\partial EA_1}+\frac{\partial H_i}{\partial I}-\frac{\partial H_i}{\partial NEA}-\frac{\partial H_i}{\partial EA_2}-\frac{\partial H_i}{\partial UAE}>0$，虚拟制造企业系统便可以进入到帕累托最优的和谐状态。而当各元素间出现反效互动、II 型有效互动和无效互动情况时，也就失去了赖以促成虚拟制造企业系统行为和谐的匹配性。

需进一步说明的是，在虚拟制造企业系统和谐机制形成的过程中，所有的影响因子或元素事实上都将被纳入“虚拟化”与“实体化”及其二元整合的资源配置中，由此对虚拟制造企业的二元和谐管理模式的生成与应用起着关键作用。

（二）虚拟制造企业的二元和谐管理机制的空间分析

鉴于现代管理学研究面向的对象环境所具有的高度复杂性与动态匹配的不可测性，人们越来越不能仅凭有限的实验数据和经验认识来进行管理知识创新了（Davorin Kofiac，Miroljub Kljajic，falter Reiec，2009）。因此，我们有必要运用包括空间直观方式在内的各种模型化手段来描述组织系统的结构—功能关系。

（1）虚拟制造企业二元管理机制的二象空间分析

根据“二象”性原理的界说，任一系统都可以按照某种“虚”“实”二元观点将其分成两个子系统。因此，为了简单直观地将虚拟制造企业系统的动作机制描述出来，这里我们假定虚拟制造企业是一个二元统一的“完全信息系统”：一个由实体化管理结构的子系统表示，另一个是由实体物质源（如管理者、资金、计算机技术硬件设备、仓库等）所影射的属性（如信息、虚拟社会、虚拟行动）构成的虚拟化结构子系统 V^* 表示。V^* 是 VG 的对偶信息空间（见图10–3）。

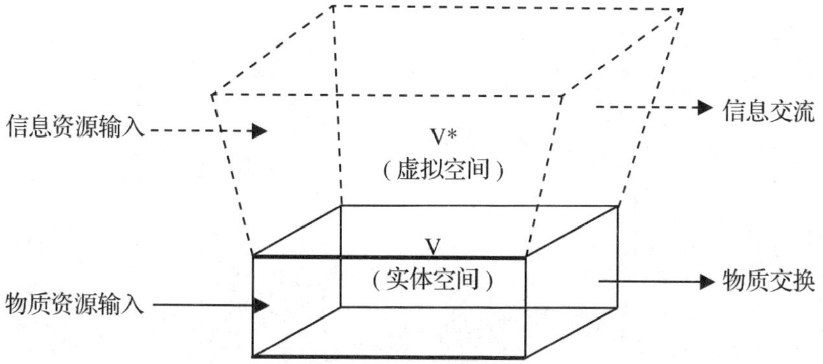

图 10–3 虚拟制造企业管理系统的二象空间

上图看似静态的，但实际处于虚拟制造智慧经营过程中的虚拟企业及其联盟则是动态化和开放化的组织系统。在这个系统里，无论是虚拟的生产要素还是实体的生产要素，都必须在二元整合后才能进行交易互动，从而形成“虚—实”共生性互惠关系（Frank Dobbin,2004）。因为没有二元重叠领域的组织资源的交流或交换，其关系可能不是和谐的、单纯的双赢式（win–win）互惠。

于是，虚拟制造企业竞争的模型就可以表示为这样一个开放的二元交互整合系统：

$$V^* = f(V, C) + m \qquad (4)$$

V 为虚拟经营中竞争者集：$V = \{V_i \mid i \in \wedge\}$；$V_i$ 为第 i 个竞争者的市场供给量；C 为参变量，来自一个参变量空间；m 表示 V 以外输入的信息能量。显然，在此机制下要使虚拟制造企业的资源竞争力得到增强，就得看另外两个变量（C 和 m），只有如此才能最大限度地提高企业的总体管理水平。

（2）虚拟制造企业二元管理机制的三维空间分析

上面的二象空间分析虽然简洁明确，但在某种程度上却过于简单化，至少不适于描述和分析更为复杂的虚拟经营状态。所以，有必要引入三维空间场域（field）分析工具。这里，假设虚拟制造企业系统存在着三个空间（包括对应的部分场域），即：V空间（虚拟化管理空间，virtual goverment space）、S空间（实体化管理空间，substance goverment space）和作为虚—实空间一体化的H空间（和谐化空间管理，harmonious goverment space，也称“和合化”管理空间），并由此构成了和谐秩序和互动秩序两种系统管理的均衡状态（如图10–4所示）。

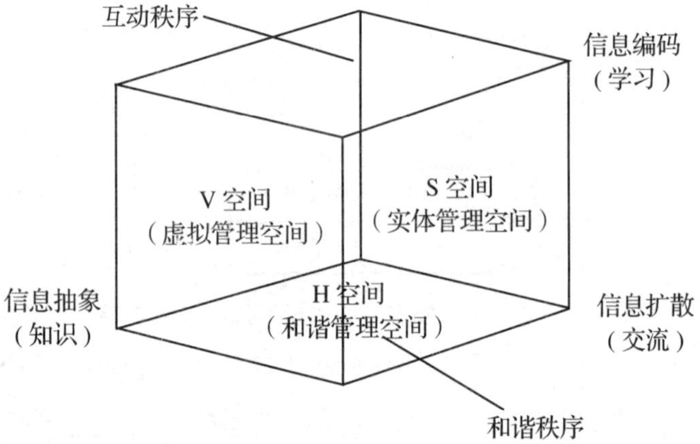

图10–4　虚拟制造企业二元和谐管理的三维空间模型

这个三维空间模型的提出的价值不仅在于延伸了香农的空间语义传播意义和布瓦索的信息空间场的动力学意义（布瓦索，2000），还在于通过它可以较好地弥补虚拟制造企业二象空间模型所具有的过于简单二元化缺点，更要紧的则是更好地描述和确定了虚—实一体的和谐互动空间环节在整个虚拟制造企业运行机制中的地位。并且，由此形成了和谐秩序与互动秩序的均衡状态下的虚拟企业二元整合管理时的基本模式。另外，从信息空间的分析视角看，这个模式图还充分反映了在虚拟制造企业二元和谐管理实践中信息抽象（知识维）、信息编码（学习维）和信息扩散（交流维）三者之间的关系及各管理信息系统和管理创新的作用。

总之，我们在揭示基于和谐互动的虚拟制造企业二元管理机制时，提出了上述数学和空间描述模型。其中，虚拟制造企业系统和谐互动机制的数学模型较好地解释了所有系统中的影响因子或元素在被“纳入”到“虚拟化”或“实体化”的二元整合管理的资源配置及关系状态。而本节所提出的虚拟制造企业管理系统的二象空间模型与三维空间模型，则形象地将虚拟化与实体化以及二者的整合化的管理均衡状态描述得十分清晰，从而有利于理解虚拟制造企业系统中的互动秩序与和谐秩序之间的耦合关系。

就虚拟制造企业管理模式的层次而言，这里提出的二元整合管理模式应该是处于二元管理模式和多元复合管理模式（如协同管理模式）之间，它的优点在于能够以虚拟制造企业运行实践中存在的两种基本管理要素（即虚拟化与实体化要素）体系及其二者一体化的要素体系为建模基础，同时又吸收了复合管理系统模式的长处。这显然是目前在把握和考察虚拟制造企业运行状态和机制时的一个较实用的选择。

四、虚拟制造企业二元管理的动态匹配协调模型

在讨论了虚拟制造企业二元管理机制并对其进行数理的和空间的描述及分析后，鉴于作为动态联盟的虚拟制造企业与生俱来的复杂性（或混沌性）、不稳定性的组织生态学特点，接下来将建立一个虚拟制造企业二元管理的动态匹配模型（即组织和谐协调模型），以此来深化对虚拟制造企业和谐管理的研究。

依据复杂性原理和动态匹配协调博弈论的思想，并综合和谐互动的规律以及适应虚拟制造企业各生命周期的典型演化环节，这里运用综合分析方法建立了模型，如图10–5所示。显而易见，模型乃是一个将本研究预设及知识建构方面的成果综合应用并加以系统整合得到的结果。值得做一些解释的是，此模型的逻辑预设起点是虚拟企业（核心企业）在其逐渐和其他伙伴企业（即盟员企业）合作组建起动态联盟并成为盟主的过程中必须按照时间序列恰当地选择虚拟化或实体化策略。因为只有在此基础上实施不同程度、不同动态匹配的虚拟制造企业二元协调（整合）管理策略，才能促进组织行为环境的和谐（包括外生和谐与内生和谐）和互动（外部互动与内部互动）状态的生成，进而赢得虚拟制造企业和谐管理的竞争优势。应该说明的是，我们在本章中的工作重点主要是在虚拟制造企业和谐互动的外生和谐和外部互动上，即注重虚拟制造企业在虚拟智慧经营过程中核心企业与加盟企业之间的虚拟化和实体化的二元协调问题。

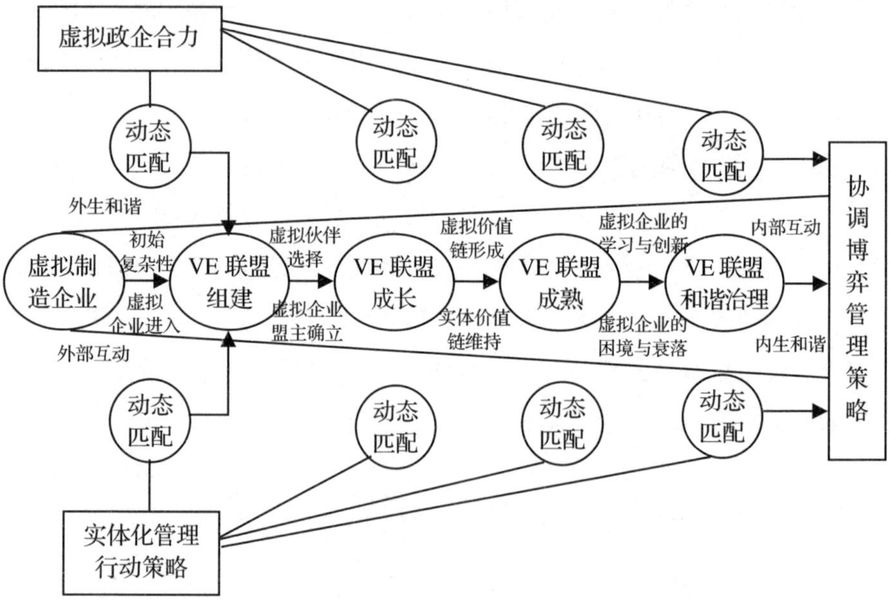

图 10-5　虚拟制造企业二元管理动态匹配协调模型

诚然，也只有从整体上对虚拟制造企业的竞争优势进行理解，要求整个系统在达成彼此的和谐互动基点上的合作、协同之后，才能使虚拟制造企业的虚拟智慧经营管理系统成为一个和谐有效的、适应其动态机制的整体。这样做的结果不仅有助于节约虚拟企业与其加盟者的交易成本，更重要的是可以保持虚拟制造企业联盟的稳定性和持续发展的态势。

至于上面模式的中轴部分所描述的从初始复杂性的虚拟企业的进入，经 VE 联盟组建、VE 联盟成长、VE 联盟成熟和 VE 联盟和谐治理等若干组织生命周期的演进过程所伴随的相应的虚拟企业伙伴选择与虚拟价值链的形成及与有形实体价值链的比例配置关系等阶段性状态下的管理策略，这里就不一一赘述了。

另外，要特别强调指出的是，在上面的模式图中设定的虚拟化与实体化之间存在着的二元协调，自始至终都是处于“动态匹配”的管理情境里的。这是因为，从某种意义上说，虚拟制造企业的和谐互动状态及其良性的管理局面的形成都不能离开对动态匹配的企业制造或智慧行为的把握，因为所有的虚拟制造企业要获得竞争优势都必须经受动态化和复杂性的生产与经营环境的挑战。绝对静态的环境中是注定产生不了强势的虚拟制造或虚拟智慧企业的。

总之，虚拟制造企业二元管理的动态匹配协调模型本质上是一个基于和谐互动机制的和谐管理制度安排的反映。在一定意义上说，任何管理模式都是一种特定情境下的制度安排。当然，同时它也是一种博弈（包括简单的合作博弈和复杂的动态匹配协调博弈等）规则的结果。而虚拟化管理策略和实体化、传统化与智慧化管理策略之间，事实上也存在着科学地、合理地选择与协调的空间。

第三节　虚拟制造企业二元管理的动态匹配协调博弈分析

从虚拟制造企业和谐管理的实质上看，它既是一个简单的合作博弈过程，同时也是一个复杂的动态匹配协调博弈过程。确切地说，就是用博弈论的观点和方法来分析虚拟制造企业动态联盟的盟主（核心虚拟制造企业）与其加盟企业伙伴（一个、两个或多个盟员）之间形成的战略上的均衡，进而实现纳什均衡的动态演化与协同管理过程。这一动态协同整合过程的流程如图10–6所示。

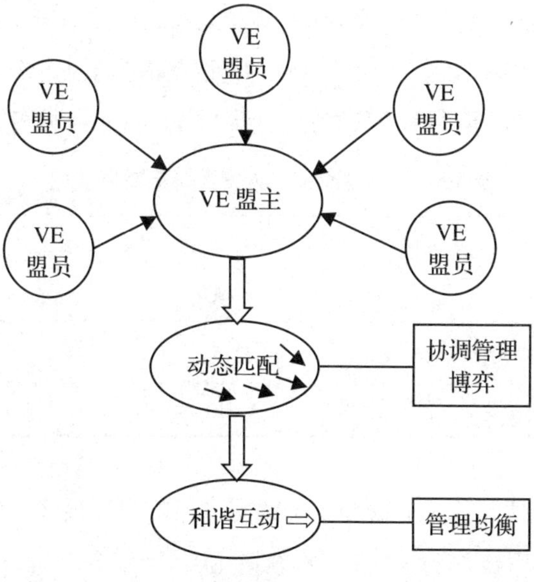

图10–6　虚拟制造企业动态——协调管理博弈流程图

一、虚拟制造（智慧）行动：一个虚拟制造企业的二人博弈个案

毫无疑问，对虚拟制造企业而言，即便是一个简单的二人博弈过程也是需要具备博弈的参与人（虚拟制造企业伙伴）、行动（如博弈学习理论）虚拟行动）、信息（完全或不完全的信息）、策略、支付、结果和均衡中的若干元素。而只有在参与人、行动和结果所构成的“博弈规则”的前提下，才能进行虚拟制造企业和谐管理意义上的均衡博弈分析（包国宪，2006）。

以虚拟制造企业的二元管理的选择博弈为例，假定有两个参与人作为参与虚拟智慧经营的企业（a,b）主体存在，为了取得竞争优势欲进行合作选择。组建后在选择虚拟化还是实体化管理上，M、N分别有两种选择：进一步虚拟化或不虚拟化（即实体化）。如果双方均不进一步虚拟化（后文将以海尔集团各参盟企业的虚拟智慧经营为例），即该虚拟制造企业萎缩或解体，回到传统企业的模式，则各得收益为5，总收收益10；如果双方均意欲扩大虚拟化范围，即双方努力匹配合作，虚拟制造企业运营出色，双方各得收益10，总收益20；如果一方坚持虚拟化经营，另一方不支持，这意味着该虚拟企业已经名存实亡，并且收益向不虚拟化经营的一方倾斜，收益为13，虚拟化经营的一方收益为3，总收益为16，较不进行虚拟化经营时仍有一个帕累托改善，但较双方协同行动时则不足。实际上，这种情况是因为不虚拟化的一方占有了大部分的帕累托改进。此博弈状态可用一个支付矩阵表示（见表10–2）。

表10–2　虚拟企业二人博弈个案矩阵（Ⅰ）

		b	
		不虚拟化	虚拟化
a	不虚拟化	5，5	13，3
	虚拟化	3，13	10，10

在上面的虚拟制造企业博弈个案的支付矩阵中，最终的均衡是一个非帕累托最优的纳什均衡（不虚拟化，不虚拟化），即双方协同一致地扩大虚拟经营之时，此时共享虚拟制造企业给人们带来的帕累托效率。但如果要想获得多数情况下的帕累托最优的纳什均衡，就得不断地进行虚拟制造（智慧）行

动的协调博弈并修改博弈规则，建立一种具有和谐管理优势的利益机制，从而使虚拟制造企业处于帕累托占优的有利地位。这里所谓虚拟行动过程可以视为对加盟企业可能用来协调他们对某一特定纳什均衡上的预期的行动前的计算的描述，它一般会“收敛于一个均衡”状态。在此规则下，支付矩阵变为表10-3所示的情形。

显然，最终的博弈均衡为（虚拟化，虚拟化），这是一个帕累托最优的纳什均衡，同时也是对虚拟企业动态联盟的组成各方最优的均衡。并且，还体现了虚拟制造企业和谐管理的企业文化精神。尽管以虚拟制造（智慧）行动为理论起点的博弈学习理论在解释二人博弈规则和重复博弈的均衡问题时颇为奏效，但如果涉及以三人或多人虚拟行动为基础的动态匹配问题时还是有进行协调博弈分析的必要。

表10-3　虚拟制造企业二人博弈个案矩阵（II）

		b	
		不虚拟化	虚拟化
a	不虚拟化	5，5	7，9
	虚拟化	9，7	10，10

二、虚拟制造企业二元管理的动态匹配博弈分析

首先应说明的是，匹配博弈（包括静态的和动态的匹配博弈）通常是可以跟非对称支付博弈、非对称均衡博弈并列包括在广义的协调博弈中的。可以说，在人类的日常生活和生产实践中充满了匹配博弈现象或问题。比如说，在早期的博弈论研究中经常被关注的“婚姻问题”的匹配博弈，已经广泛应用于诸如住院病人和医院之间的匹配、学生和社团之间的匹配、大学生板球或冰壶比赛中了。在所有的匹配问题中，关键是要找到可行的、保证匹配中具有某种程度的帕累托占优的算法，而不仅仅是为了迎合参与者对跟谁进行匹配的异质的偏好。匹配博弈的实质是所有均衡对每个参与者的支付都相等。

这种被许多博弈论学者诠释得魅力无穷的匹配博弈，既存在极简的形式，

又存在着超复杂的类型。表10–4就显示了一个简单的纯匹配博弈，这里策略被标记为c和d。选c和选d都是均衡，而没有任何复杂的选择原则可以适用。然而，某些均衡可能是“焦点的”或是“心理上凸显的”，因为在策略标记的方式上有一些先例或是视觉上、语义上的差别（Colin F.Camerer，2003）。

表10–4　一个纯匹配博弈

	c	d
c	1，1	0，0
d	0，0	1，1

这就是谢林提出的极简单的一个纯匹配博弈的个案。联系到上文曾提到的虚拟制造企业盟主与伙伴间选择的虚拟化还是不虚拟化（智慧化）经营的二元管理的二人博弈案例，表明它们的均衡状态的取得事实上也是匹配博弈的结果。按照多数博弈论学者的说法，博弈论为分析相互作用的行为提供了一个一般性的而且非常有效的分析框架。只要在一定程度上接受博弈论的某些观点，就可以用于分析市场中的组织行为。然而，事情并不是如此简单，因为行为人或参与者所选择的任何策略组合都只能决定博弈的特定可行结果，所以包括匹配博弈在内的博弈关系与市场均衡模型也不总是相应的。

然而，至少动态匹配与讨价还价博弈中包含了双重的均衡。这是由于在多次战略博弈中会出现一致性和相关均衡，而由此进一步使虚拟行动在时间的作用下形成部分最优反应动态。假设存在一个由每一种类型参与人构成的连续群体，令状态变量 θ_t^i 表示第 i 类参与人采取的战略的频率分布。也就是说，θ_t^i（s^i）是采取战略 s^i 的第 i 类参与人在群体中所占的比例（fraction）。在离散时间里，如果参与人所占的比例 λ 是随机产生的，并且相对于他们对手的当前行动是最优反应的行动，同时，群体中的剩余部分继续保持他们的当前行动，那么，部分最优反应动态由下式给出：

$$\theta_{t+1}^i = (1+\lambda)\theta_t^i + \lambda BR^i(\theta_t^{-i}) = \theta_t^i + \lambda(BR^i(\theta_t^{-i}) - \theta_t^i) \qquad (5)$$

这里，每个 BR 是对应于对该参与人来说是最优反应对应行动的某些选择的函数。其实，我们可以将虚拟企业伙伴参与者之间的最优反应动态视为提示其匹配博弈背后秘密的机会，并通过观察和分析这些同类群体——虚拟制造企业伙伴之间的模仿者互动的机制（也可以包括非同类群体的随机模仿者）来引导其动态匹配行为朝着和谐管理的博弈均衡目标上发展。具体说来就是在每一个时期有一对虚拟制造企业伙伴（i_t，j_t）相互匹配（即在市场产品生产组合上相遇），其中 $i_t \neq j_t$。假定对于每一对虚假企业伙伴（i，j），当 $i \neq j$ 时，存在无限多的时期，在这些时期中该对行为企业（i, j）即可以进行匹配，然后通过讨价还价过程形成具有良性互动和集成竞争力的动态化虚拟制造企业战略联盟。

三、虚拟制造企业二元管理的协调博弈分析

虚拟制造企业及其动态联盟在实施虚拟化和实体化的二元管理过程中不仅存在着二人协调博弈问题，而且也存在着多重均衡的协调博弈问题。很显然，像自左边还是右边行驶的传统的形成式的纯协调博弈那样的问题是容易解决的，而类似于处理大地震后的公共捐献问题以及有着众多加盟伙伴（如耐克公司和苹果公司的虚拟联盟）的虚拟制造企业联盟的多重协调博弈问题就不可能那么轻而易举地得到解决了。因为在复杂多重的参与人介入的虚拟行动中，要使行动上达成一致不是一件简单的事。

在虚拟制造企业的伙伴选择和生命周期的演化过程及管理过程中，为了得到风险占优的均衡管理结果，人们不知要面对多么需要协调的多重博弈问题。事实上，预测多个均衡中哪个将被选择是博弈论中最重要也是最难解决的问题。可以肯定地说，目前经济学、管理学界距离从根本上解决虚拟制造企业的伙伴选择问题还有很长的路要走。而协调博弈作为一种有效的数理工具将有助于它的解决。当然，要对其进行成功的均衡目标选择是必须建立在更新的、非理性预期之上的，并且更要注重一定量的经验观察或实验验证。比如在一个视虚拟制造企业虚拟经营为完美监督的重复博弈的模型中，即几个博弈人或合作伙伴同时行动的博弈中（在博弈的每个阶段结束之后所有参与人才能知道其他参与人在这个阶段所选择的行动），是无论如何也无法把协调博弈的规则反映进去的。可以说，虚拟制造企业之所以需要协调，这是由于它在多数情况下选择与谁进行虚拟合作是处于不完全信息博弈状态的。也

就是说，要实现二元管理的均衡一定得找到“贝叶斯均衡点”。约翰·C. 海萨尼认为，如果不同的参与人的主观概率分布满足某种相互一致性要求，那么对于任意的不完全信息博弈将等价于某个完全信息博弈，称其为原博弈的“贝叶斯等价”博弈，或简称为“贝叶斯博弈”（1997）。

从海萨尼和泽尔腾的风险占优概念出发，美国学者罗素·W. 库珀通过一系列的研究，将协调博弈和囚徒困境结合了起来，提出了表10–5中的CG—3×3三重博弈模型（2001）。

表 10–5　CG–3×3 模型

		对局人 B		
		1	2	3
对局人 A	1	350，350	350，250	x，0
	2	250，350	550，550	y，0
	3	0，x	0，y	600，600

上式中，x 和 y 是用来理解参数变化如何影响均衡选择的变量。在给定的情况1和情况2的策略之下，策略3带来的联合收益最大。尽管这个博弈协调过程异常复杂，甚至不乏协调失败的可能性，但对我们来说却有助于说明虚拟制造企业组建的博弈前的沟通（即和谐互动）与外部选择（如虚拟化管理策略或伙伴选择）的重要性。不仅如此，鉴于协调博弈中存在各种的帕累托排列的均衡，以及时间序列的影响作用，所以，应把握住虚拟制造企业联盟每个对局人（伙伴企业）选择和中间行动相同的行动，并且注重描述行为主体的行动参数（α_t，β_t）的权重价值。由于在这些协调博弈中过去的企业行为是起一定作用的，因此了解加盟虚拟企业的合作伙伴过去的情况对于均衡管理选择来说也是很重要的。不过，要使虚拟制造企业长久地享受均衡管理的果实，就必须不间断地对其动态联盟的各方进行针对协调博弈行为的人性化的和谐管理，并建立起属于自己的以合作博弈模型为基础的虚拟战略联盟。假设某个虚拟战略联盟中有几个伙伴企业参加，则该联盟可建立如下合作博弈模型：

$$G_c(N,V)=\{S_1,...,S_n;b_1,...,b_m;V_1,...V_n\} \tag{6}$$

$$V_i=f_i(S_1,...,S_n;b_1,...b_m) \tag{7}$$

其中，Gc（N，V）为一个有几个参与伙伴的合作博弈亦称联盟博弈；S_1，…，S_n 为各个参与伙伴方的策略空间；b_1，…b_m 为联盟所达成的协议；V_i 为第 i 个参与的特征函数（得益数）；它是联盟协议和各参与伙伴方策略的多元函数。因而，合作博弈是 Gc（N，V）包含一个参与集 $N=\{1,2,...,n\}$，策略空间 $\{S_1,...,S_n\}$，协议集 $B=\{b_1,...,b_m\}$ 及每一个联盟的参与方 $S\subseteq N$ 的一个特征函数，实际上 V（S）可以解释为虚拟制造企业与战略联盟中当成员合作时所能实现的最大利益或成本节约，也就是虚拟和谐互动的帕累托最优结果。可见，和谐现象不仅是一种根植于人类本质的二元理念（巴湘，86），而且也是一种组织合作博弈的结果。

本章以和谐互动为基点，构建了虚拟制造企业的二元动态匹配协调管理模型。这一模型的提出对虚拟制造企业的管理研究具有重要意义。因为首次提出虚拟制造企业的“二元协调管理”概念，就其实质而言，是与其生成、演化和发展过程中所伴随着的和谐性、互动性等复杂系统特征相一致的。这是一个根据复杂性原理和动态匹配协调博弈论思想，并结合和谐互动机理和适应虚拟制造企业的生命周期的典型演化环节，经过聚焦耦合而成的。此模型的逻辑预设起点是虚拟制造企业在其逐渐和其他伙伴企业合作组建起动态联盟且成为盟主的过程中，必须按照时间序列恰当地选择虚拟化或实体化策略，因为只有在此基础上实施的不同程度、不同动态匹配的虚拟（智慧）二元协调或整合管理策略，才能促进组织行为环境的和谐与良性互动状态的形成，进而赢得虚拟制造企业和谐管理的竞争优势。同时也唯有从整体上对虚拟制造企业的竞争优势有更深的认识，使整个系统达成彼此的和谐互动意义上的合作或协同之后，才能使虚拟制造企业的经营管理系统成为一个和谐有效的、适应其动态机制的整体。这样做的结果，既有助于节约虚拟制造（智慧）企业联盟的交易成本，也可以保持虚拟制造（智慧）企业联盟的稳定性与可持续发展态势。虚拟制造（智慧）企业二元协调管理理念及其综合管理模型的提出，显然具有重要的理论与方法论创新价值。

最后，值得指出的是，当代智能制造企业的虚拟互动的模型无论多复杂，都必须有任正非这样的杰出的企业家及其精神的参与，才能充分地得到发挥和张扬。正如美国《时代周刊》东亚记者查理·坎贝尔所言，他之所以入选“2019年度全球百位最具影响力人物榜单”并被评为业界泰斗，是因为他管理的公司在32年间创造了奇迹。当任正非在1987年投资5600美元创建华为时，他并不是一位计算机奇才。然而，他的管理帮助华为成了全球最大的电信设备公司，去年营业额达到1070亿美元。客户遍及170个国家和地区。除了尖端智能机，华为还是5G领域的先锋，这项革命性技术将推动第四次工业革命中无人驾驶车和智慧工厂的发展”（坎贝尔，2019）。在2019年，他和他的女儿虽然备尝痛苦，但他的企业家精神和维护国家最高技术利益的行动仍为世界所关注。我国哲学家赵汀阳撰文指出，包括虚拟制造行为在内的一切人工智能社会实践的后果，都将成为人类自我意识、反思能力和价值观重建的机会（赵汀阳，2019），我们没有理由不紧紧地抓住这个千载难逢的技术革命和历史机遇。

本章参考文献

[1] 巴湘．和谐论 [M]. 北京：世界知识出版社，2010：8.

[2] 包国宪，杨超群．虚拟企业的和谐管理 [J]. 科技进步与对策,2006,（5）：20–22.

[3]［美］查理·坎贝尔．任正非被美国《时代周刊》评为泰斗人物 [N]. 时代周刊，2019–04–18.

[4]［美］罗素·W. 库珀．协调博弈 [M]. 张军，李6. 池译．北京：中国人民大学出版社, 2001: 5–75.

[5]［美］马克思·H. 布瓦索．信息空间——认识组织制度和文化的一种框架 [M]. 上海: 上海译文出版社, 2000: 215–223.

[6]［美］皮埃尔·斯加鲁菲．智能的本质 [M]. 任莉，张建宇，译．北京：人民邮电出版社，2017：110–120.

[7] 许正权，吴志刚，张中强．社会系统和谐交互机制研究 [J]. 科技管理研究，2008,（2）: 43–45.

[8]［美］伊思·古德费洛,［加］约亚书·本吉奥,［加］亚伦·库维尔．深

度学习 [M]. 赵申剑，黎彧君等，译 . 北京：中国邮电出版社，2017：126–127.

[9]赵汀阳 . 人工智能的自我意识何以可能？ [J]. 自然辩证法通讯，2019（1）：1–8.

［10］COLIN F.CAMERER. Behavioral Game Theory. [M].Russell Sage Foundation. 2003：336–353.

［11］DAVORIN KOFIAC，MIRKLJUB KLJAJICc，falter Reiec.The anticipative concept in ware house optimization using simulation in a uncertain environment. [J].European Journal of operational Research. 2009（193）：660–669.

［12］FRANK DOBBIN.The Sociology of the Economy.Russell Sage Foundation [M].New York. 2004：237–238.

［13］HAROLD W. KUHN.Classics in Game Theory. [M].Princeton University press. 1997：247–249.

[14]KENNETH PREISS，STEVEN L.GOLDMAN & ROGER N. Nagel. 21st Century Manufacturing Enterprises Strategy [M]. An Industry–Led view. Iacocca Institute，Lehigh University，1991：1–25.

[15]LIEBERMAN，M.B. and ASANA，S.Why do firms imitate each other? [J]. Academy of Management Review. 2006，31（2）：366–385.

第十一章　网络美好生活的伦理维度

从传播学的观点看，“美好生活”一词的真正流行是自党的十九大召开开始，并定义其本质属性的。具体说来，它是作为新时代我国社会主要矛盾——“人们日益增长的美好生活需要和不平衡不充分的发展之间的矛盾”而确立的执政党目前的根本生活价值理念。因为“美好生活”不仅勾画出了未来“人民对美好生活的向往”的美丽中国蓝图，而且也为学术界提供了一个从“理论自信”到“理论自觉”的思想创新机会。

众所周知，随着互联网和移动互联网技术的迅速发展，网络伦理学作为一个哲学学科甚至学科群的一个重要生长点，越来越变各人文社会科学学科学者的关注和认同。从1997年到2019年，在中国20多年来的网络社会生活演进和哲学学科建构过程中，留下了许多伦理学学者辛勤耕耘的足迹。同时，也留下了值得进行学术史记载的重要成果和某些不可控制的遗憾或亟待解决的网络道德问题。应该说，每一位伦理学者如果真心正视网络社会生活经验、体验和事实，就必须用自己的方式来描述、解释和分析它们，进而形成属于自己的网络伦理学研究文本，并且表达其独特的学术建构意义。因为网络伦理学是以网络社会时代、网络社会事实、网络伦理形态和网络道德问题的生成机制及运行—演化规律为核心的具有现代性、后现代性社会道德意味的伦理学新兴分支学科。其重要意义在于：一是有助于提升社会道德解释力，回应网络社会和当代性的社会伦理挑战；二是有助于网络伦理理论和当代社会理论的知识积累；三是有助于打破网络经验研究和哲学理论研究的藩篱，促进对网络感性世界、虚拟日常生活伦理实践及文化实践的总结和记录；四是有助于在国家和社会立场上探索、分析和治理诸多网络实践理性、网络社会矛盾和道德缺失问题。本章旨在探讨社会质量视野下的网络美好生活中的伦理维度及其道德规范问题。

第一节 网络美好生活概念的提出及伦理学意蕴

一、网络美好生活概念的提出

曾几何时，人类已经进入信息化、网络化、数据化和智能化时代。人们在介入以计算机技术为核心的技术社会、计算机社会后的日常生活状态中，如何寻求“网络美好生活”就成了一个重要的带有生命本真性、审美性、实践性意义的问题，我们知道。在西方近代思想史上，康德曾将科学、伦理和审美共治一炉，分别归于他的不朽的三大哲学批判（即《纯粹理性批判》《实践理性批判》和《判断力批判》）中加以创造性地哲学分析。在笔者看来，如果“美好生活”应该是一种生活世界的“善”与“美”的结合的话，那么，“网络美好生活”也应该是一种将网络生活的“美”与“善”融为一体的虚拟化生存的至高境界。换言之，从本真的意义上看，由于无须言说的原因，“网络美好生活”只能是一个应然的而非必然的网络化后果指向（唐魁玉，2011）。唯其如此，我们所探索的网络美好生活建设的初始敏感点，也应该是其伦理维度。

在定义网络美好生活的概念之前，我们有必要回顾和汲取社会质量和生活质量的理论资源，还得将欧洲的社会质量视角引入到网络伦理学研究中，形成网络社会伦理质量概念及理论体系，定义良好的网络社会伦理模式，并形成网络社会伦理质量的指标体系；从而对网络社会道德的现状及发展情况形成整体性的评价，进而尝试从网络社会伦理质量角度对网络美好生活加以诠释，并且建构起相应的网络伦理概念体系。

一般认为，“社会质量”在我国的学术环境下，有两个独立的起源：一是生长于中国本土的社会质量的概念和理论，一是源于欧洲的社会质量概念、理论和指标体系。“所谓社会质量，是指社会机体在运转、发展过程中满足其自身特定的内在规定要求和需求的一切特性的总和。”（吴忠民，1990）社会质量理论有助于展开社会文明的比较研究，并进而探索“中国网络健康发展模式”的特质（林卡，2010）。毫无疑问，应对社会质量体系的本土化做出一定的努力，但就社会伦理质量研究还远远不足（张海东，2011）。

诚然，改革开放以后，包括信息化生活在内的人民的生活水平都得到了很大的提高，“生活质量”也逐渐引起了公众和学者的关注。通常生活质量研究，包括生活满意度和幸福感研究。生活质量是全面衡量生活优劣的尺度，既有物质水平的提高，又有精神道德的内容。物质条件是生活质量的基础，生活质量的提高又促进了物质生产的发展。我国居民生活质量与消费、就业、教育、环境、社会参与等因素的关系，相对全面地描绘了我国居民生活质量的影响因素（风笑天，2007）。依据美好生活建构的设想，我们不妨将创造美好生活当成是实现中华民族伟大复兴的一个使命。因为只有提升和营造“美好生活能力”，才能更好地创造网络美好生活在内的美好生活世界。社会学者王雅林指出：“对于每个生活者来说，好生活的获得还有一个重要条件就是：如何通过经营把个人或家庭所能获得的生活资源转化为优质生活的问题，这种能力和技艺我们称之为美好生活能力。”（2017）创造网络美好生活和建构相应的生活方式模式，也是我们的一个时代任务。

为此，笔者将网络美好生活界定为：在信息化、网络化和数据化时代，人们都自主地接收到丰富而又适当的网络生活资源和服务，并且能够产生一定的网络生活满足感、幸福感和审美道德体验的网络化生存状态。在此定义中，有几个值得解释的特征：一是所谓网络美好生活应该具有上网和接收信息或服务的自主性；二是客观接受的信息网络资源和服务要尽可能丰富且适度；三是应该能够产生一定的网络生活的主观满意度和幸福感；四是具有美学和伦理学意义上的美好道德体验；五是网络美好生活是一种美好的网络生存状态和过程。德国社会学家哈尔特穆特·罗萨在《加速：现代社会中时间结构的改变》一书中根据舒尔茨的观点，也为美好生活下过一个定义：在越短的时间里尽情地享受越多的丰富内心生活的体验事件，就越美好。显然，他是以生活节奏或数量化、质量化的“社会体验”、压缩的生活节奏为美好生活衡量的要素（2015）。由于他是媒介社会学家，所以忽略了对当代美好生活方式的审美和伦理本质的揭示。

二、网络美好生活的伦理学意蕴

前面已经为网络美好生活下了一个定义，接下来要简略地解释一下究竟网络美好生活中体现了哪些伦理学意蕴或意义？这个问题说大也大，说小也小。由于行文的关系，在此只谈其中四个方面。

首先，网络美好生活体现在网络公平正义上。根据美国哲学家、20世纪的伦理学家罗尔斯在《正义论》中的看法，“正义否认了一些人分享更大利益而剥夺另外一些人的自由是正当的，不承认许多人享受的较大利益能绰绰有余地补偿强加于少数人的牺牲”（1998）。就网络空间中的人们所拥有的信息共享权力而言，所谓公正意识就表现在一些人或群体不应人为地剥夺另一些合法、合德的网络信息需求。网民社会合理的自主性、自由性选择机会，以及人格尊严都应该人人平等。至于政治的正义性，则应体现国家法律和道德利益的基本精神（赫曼，2014）。

其次，网络美好生活体现在网络行为伦理规范上。无论是常识道德、康德伦理学道德，还是现代美德伦理学道德，其对个体美与善的基本伦理规范的要求都可以运用在我们对当下网络化生活的哲学分析中。反之，网络生活世界存在的许多道德现象、道德问题也都有必要进行来自道德规范的约束。比如，每一个网民都应该摒弃极端利己主义，而以集体主义、为他人服务和明德诚信等的伦理规范来严格要求自己。

再次，网络美好生活体现在网络事件伦理导向上。从一定意义上说，任何重大网络事件都是道德危机事件，至少包含有网络伦理或道德因素。也就是说，忽视了网络伦理维度就可能处理不好网络事件。法国哲学家阿兰·巴迪欧在《存在与事件》中认为，事件的存在是一种社会、历史情势的状态，有介入“忠实”的可能（2018）。因而，借助对网络事件的社会观察和处理，我们可以强化、传播和倡导在线美德伦理。

最后，网络美好生活体现在网民道德素养的教化上。这分明是一个长期的过程，但对网络美好生活的建设来说至关重要。古典伦理学的希腊语义中原本就有风俗、习惯和性格等学科意义，网络生活世界既然已经形成了一整套的新文化和新风俗，那么，它的道德教化任务或义务也是不可回避的。

第二节 后真相时代网络生活实践中的伦理审视

从实践哲学和实践伦理学的角度看，我们要创造网络美好生活就应该且必须从寻找网络社会伦理实践中的道德或不道德的生活真相开始。换言之，只要了解了网络社会伦理的真相或本质，才能将网络世界的美德发扬光大，抑或让欠缺美德的网络生活世界变得更具有美德，至少通过我们的努力可以将这种融美德于网络生活为一体的可能性加以提高。因为人类在追求和创造美好生活的道路上，既遵从令人信服的和赞赏的坚韧性美德气概，同时也承认运用某种实践理性方式所获得的促进道德良性演化的力量。所谓网络美好生活或幸福生活，可以说就是在上面提到的道德精神力量的合力之下一点点地发现且创生着。

随着网络购物、网上订外卖、在线旅行预订、网约车、网上支付等应用的用户数量不断增长，网络社会问题层出不穷，而随着线上线下生活的融合，网络生活真假难辨，许多现实社会的问题也投射到网络生活中来，使得人们对网络美好生活的需求与将后现代真相的打开的欲望不断增加（唐魁玉，张旭，2018）。

一、后真相时代的网络日常生活实践

许多存在主义哲学家和现象学哲学家（如萨特、胡塞尔和舒茨）都热衷于探讨世界的本真性问题，这些对社会本体论的反思性工作大大地启迪了一些晚近的社会学者和伦理学者对社会世界的“寻根性”思想行动。进入21世纪，随着当代虚拟化、影像化和符码化生活的普及或延展，人类的生活真相

问题愈发扑朔迷离，由此牵动了不同学术领域学者的探究欲。后现代主义思潮的涌起更是使得“后现代生活真相”之类的时髦语词不胫而走。倘若说现代性生活真相是基于近代经济社会的现实维度上的事实性生活的话，那么，“后现代性生活真相”便是与网络社会崛起后兴起的虚幻化、随意化和非理性的所谓“后真相时代”的认识论理路密切相关的非事实性生活形态（唐魁玉，2017）。

关于“后真相”的语义阐释可谓众说纷纭，但容易得到大家认同的说法是：诉诸情感及个人信念，较客观的事实更能影响普遍民意的社会情势或时代征候。根据复旦大学教授邹诗鹏的考证，后真相的说法源于著有《乌合之众》一书的社会心理学家勒庞，尽管那只是一种描述某种时代的形象描摹。它的主要特点是，情绪与感觉远比事实要紧。不是实存事物本身，而是感觉化、情感化的社会事实在干预我们周遭的生活（2017）。

应该强调一点，笔者无意于深究“后真相”话语背后的本体论哲学意义，只是想明确提出“后真相伦理”的概念，并以此为范式进一步阐释网络日常生活实践中所包含着的伦理旨向或道德意味。毋庸置疑，网络化、数据化和智能化生活的长足发展，将给人类生活伦理实践带来意想不到的、具有新质的变化。当然，我们也可以将上述基于“后真相时代”的时代特质而生发出来的对当下网络日常生活的观点分成两种，即“好的理性主义”（好的客观性）和“坏的理性主义”（坏的客观性）。然而，“后真相时代”并不意味着客观性的终结。相反，在新的时代背景下人们会寻求到日常生活结构及社会关系的再生机会，从而创生出别样的客观性世界真相来（蓝江，2017）。

我认为，我们身处这个信息网络时代，生活技术、生活内容、生活节奏、生活境遇发生了太多太快变化，几乎不能完全准确地发现生活真相。即是说，这是一个不可能完成的任务。新生活和旧生活之间界限分明，又纵横交错。在生活者眼里，生活的意义已经变得模糊不清，对生活事实（尤其纯粹客观性知识）的解释非常困难，呈现出共识意义上的不确定性和交往理性。比如，在移动互联网生活世界里，人的主体间性常常会将网络关系中的自我自在地呈现出来，经过微生活技术这种“新生活政治”手段的调控，不断地扩张个体化社会的功能。联系到王雅林教授关于界定生活概念的“六个统一”关系原则（2017），我们似乎可以更精准地理解当下生活真相的不同社会方面，从而更有利于创造各美其美的美好生活：第一，寻找日常生活和非日常生活的双重生活真相，以创造以日常生活为中心的幸福生活；第二，寻找物质生活和精神生活的双重生活真相，以创造内外兼得的全面发展的人的幸福生活；第三，寻找生产性和非生产性活动的双重生活真相，以获得生产者和生活者身份的幸福生活；第四，寻找私生活和公共生活的双重生活真相，以共享个体生活的价值和公共参与权利的幸福生活；第五，寻找实然生活和应然生活的双重生活真相，以选择具有更多道德可能性的幸福生活；第六，寻找现实生活和虚拟生活的双重生活真相，以沉浸于互联网和金融世界的幸福生活。

从康德的批判哲学对真善美关系的论证上来理解上文所讨论的问题，我们就会自然认识到，所谓真相（真理）是可以被善良、美好这两个词语来相互定义的。就是说，“我们总是会在一定的关系中来理解我们与真相的关系，而并非真相直接出现。真相永远是经过一定的结构性或程序性处理过的被再现的真相，真实的真相永远会和我们之间保持一定的距离”。这里我们分析的生活的真相（或生活事实）问题，与社会学大师韦伯注重客观事实性先于立场的检验标准原则并不矛盾。即便是在我们衡量虚拟现实生活世界的美好生活时，也不排除诸如数据、信息等因素的客观性技术支持作用。笔者认为，王雅林教授“回归生活”的提法的重要意义也正在于以下几个方面：（1）回归生活的事实和生活的真相（包括现代性生活真相和后现代性生活真相）中去，寻求经典作家的经典性、现代性和当代生活事实之间的某种中国经验的内在契合性；（2）回归生活不是使生活真相隐没或倒退，而本质上是为了更深度地描述、反思、解释生活真相与生活事实，从而认识创造美好生活的规律；（3）回归生活不是只生活和社会发生断裂，而是为了“超越生活事实”“超越生活真相”，为此必须不断整合传统生活世界和未来人工智能生活情境下的生活观念、生活资源以及和生活互动的积极方面的因素；（4）回归生活，这一提法与其说是超越生活真相和简单意义上的生活表象，不如说是重新界定了“生活真相”，因为质料变了真相也必然改变，关键是应该按照我们对美好生活的设计和创造的方向改变。

景天魁先生认为，要实现人的全面发展，就必须创造全新的社会形式，把人的生活全面地生产出来，而能够生产“生活全面性”的社会，才是全面进步的社会。这是“生活”作为一个学术概念坚实的实践基础。(2017)因此，我们有理由相信，只要我们在时代精神的引导下寻找到了生活的真相问题，并适应国家从经济增长向社会可持续发展转型的策略性历史机遇，就能够不断创造出属于全体中国人民的美好生活来。

鉴于信息网络技术有其虚拟现实二元性，以及其所具有的对社会生活建构的“双刃剑”影响已是不争的事实，所以，网络日常生活实践在什么样的意义上存在德行或美德？这种在网络社会事实上存在着的网民信息生活资源和服务上的不平衡、不充分矛盾问题到底意味着什么？另外，我们如何对后现代时代里隐藏起来的虚拟现实生活真相进行恰当的道德判断和伦理检视，便成了后文要讲述的重要议题。

二、网络生活实践中的伦理审视

古希腊哲学家苏格拉底有一句闻名于世的格言：未经审视（或检视）的人生不值得过。这句话经他的大弟子柏拉图的成功转述，几乎影响了整个人类哲学史和“智慧考古学”。我理解这里的审视，既有对人类生命历程和生活意义的审视、检视和观察，又包含了深刻的反思。我们已经在常识伦理学和古典伦理学的一些经典文本叙述中无数次地领略和了解了西方哲人所做的生活检视和反省的智力性工作。

不过，我们要对网络生活实践所做的伦理审视或许比以往任何时代智者所做的道德分析工作似乎都要来的情势不同，所使用的理论分析工具和方法论体系都更难以选择。因为这种旨在对网络实践理性的选择或批判，在很大程度上都会依赖于某种与建构网络美好生活的目标深度契合的“美德伦理学的运气”（斯洛特，2017）。

必须说明的是，我们很容易就寻到了一种对某种网络生活事实、网络生活现象或网络生活事件的分析都行之有效和具有匹配性的伦理学理论，比如常识伦理学、亚里士多德伦理学、康德伦理学、斯宾诺莎伦理学、罗尔斯伦理学和麦金泰尔；或者我们手头当好正读着的马克思的伦理学，然后就对给定的网络生活实践对象——某个网红或某个网络热点事件加以分析；又或者我们与此同时，也选择了诸如规范分析、文本分析、现象学分析、参与观察法、虚拟田野调查法、社会网络分析法、数据挖掘和数理统计等方法，按照某种特定的研究框架和方法论工具所规定的程序进行伦理审视或分析工作。如果说我们选择某一种网络热点事件是偶然的，所选定的伦理学理论和方法也不是事先准备好的，那么，我们的具体伦理分析的过程和结果（以“后果主义”伦理学观点来看），也变成了某种美德伦理学的“运气”了。

第三节　网络美好生活的三维伦理建构

前文说过，网络美好生活的构成要素中既包括了网民生活主体对信息生活资源和服务质量的客观条件，也包括了主观的信息生活的满足感、幸福感和心理体验。所谓网络美好生活的伦理建构就是指网络美好生活的精神条件，是维持和支持美好生活实践的主体行为的道德准则系统，也是确保网络美好生活可持续发展的美德基础。正如一个网民可以在实现他的伦理学义务的同时却不必每时每刻都遵守这项义务的要求一样，网络美好生活的获得也无须网民时时刻刻都将线上线下的具体行为规则混为一谈。当然，这并不是说网络美好生活可以离开网络社区或社群生活主体的“涉己”和“涉他”美德而抽象地存在。

实际上，网络美好生活的伦理建构应该具有“立体的、交叉的和全方位的社会视角”和功能（宋吉鑫，2012）。现代演化伦理学告诉我们，美好生活的本质就是从一般道德演化到美德的结果（乔伊斯，2017）。

同样的道理，生活满意感与幸福感也往往是与道德感、美德感一致的。因而，以伦理原则、伦理规范、伦理范畴和伦理要求所构成的伦理学规范体系的演化来维护美好生活的情形，不仅是可能的，也是现实的选择。

笔者结合网络美好生活所依赖的基本社会道德影响因素在当前网络日常生活实践中的作用，在吸收了大量伦理学原典的理论基础上，提出如下网络美好生活的伦理建构。

一、网络角色伦理建构对网络美好生活的作用

社会学家认为，角色是每个人一生中都要扮演的社会身份。比如在传统的家庭生活和工作场所中我们总是离不开儿子、父亲、祖父、母亲、教师、同事、学生等称谓。在虚拟社会空间的在线状态下，无论是实名还是匿名，都以是自我表象和扮演角色的方式参与网络化日常生活的（陈曦，2017）。以网络社区的匿名网民为例，他们可能发挥正面功能，也可能成为失德者，降低特定场域网络生活的美感度。至于在虚拟与现实时空背景下，人们显露出来的人格上的差异性更是大相径庭。在线网聊时的风趣与魅力给对方所带来的，可当作美德令人愉悦或赞美的特质，在离线后可能会因原本的木讷和无趣而变得不值得获致赞赏和好感。严格说来，在线场域中的时间和空间，作为一般表象之可能性的条件，只有学会使用语言符号表达思想后才能够体现其角色扮演或角色伦理实现的效果好坏（爱莲心，2015）。正如网络上的在线生活既充满着欢乐、便利和丰盈的幸福感，同时又充斥着各种谎言、欺诈和伤害的恶感情形一样，网络美好生活状态的角色伦理效应往往也是差距巨大的。在思想上必须明确的是，网民主体角色的扮演是以平等、自尊和个性自由意识为人格身份基础的，其自主情感演绎的前提是以深具“利他”精神的责任伦理为主要特征的。因为美好生活的自由逻辑，也必须是与中国特色社会主义自由观为基点的伦理建构和彰显的生活真、善、美统一的网络共同体的互惠逻辑相契合的（寇东亮，2018）。

当然，依据国际著名汉学大师、哲学家安乐哲的观点，我们也有必要创造性地汲取中国优秀传统伦理道德中的“推己及人”“成人至仁”等美德资源，这不啻是对“人伦角色，体认以礼”式的“返本开新”之举动（2017）。

二、网络关系伦理建构对网络美好生活的作用

人类的幸福生活和美好生活很容易受到社会关系的影响，这是我们中国人早已认识到的一个人生核心问题。网络生活世界就是由形形色色的关系网络构成的，既包括了熟人关系，也有陌生人关系，还有半生不熟人的关系。所有虚拟社会美好生活的获得，很大程度上依赖于网民主体之间的关系和谐。

没有网络社会个体之间、群体之间和“群己”之间的良性互动，就不可能有在线生活者的安全感、美德感和幸福感（汪广荣，2015）。我们不妨把网络空间的“生活设计”看成是网民的“实践理性设计”或生活实践智慧。诚然，美好生活多半就依存于“善”的伦理关系之中。正如周濂所说的，“善一方面如此之脆弱，另一方面人又总是孜孜以求过善的生活”（2018）。

李泽厚先生在《哲学纲要》一书的伦理学纲要部分谈到，如果说“伦理”是一种外在的社会对人的行为的规范和要求，那么，一切道德行为在一定意义上就是人的内在规范。而“善”和“好生活”在他看来就意味着人们的个体认识、体验和选择的不同（2011）。换句话说，人们所追求的网络美好生活首先必须是一个符合伦理规范的关系网络。在传统中国的伦理社会里，人们关系网络的基调是集体的、差序的，而非团体的、平等的。曾几何时，这一点早已成为公认的历史社会事实。

然而，在当代虚拟社会的关系网络中，维持传统社会运行的诸如血缘、地缘、业缘关系虽不能说不存在（如微信、家庭、亲友圈）了，但其地位和功能已大为下降或淡化，也不是主流的人际关系活动方式，代之而起的是“陌生关系熟悉化”的网络关系现象的出现（刘少杰，2014）。我们并不是说，在网络社会尤其是在线生活中，人们统统淡出了伦理关系，或者不存在以内心信念为美德的情形。事实上，赛博空间中除了存在匿名性和孤独性的社会关系外，存在着大量的工作、友谊甚至爱情、婚姻（即便是形式意义上的）的亲密关系，以及异常复杂的网民主体间的交往、互动和互惠的伦理规则。

因此，在网络空间中必须有一个伦理规范的重构过程（霍耐特，2017）。因为即使从美德伦理学而非规范伦理学的观点看，在当下互联网关系网络中仍然有许多“涉他美德”的人，以谦逊、适度和寻求美好生活或幸福生活为伦理准则的人，但与此相反也存在着比比皆是的网络欺诈者、网络杀熟者和网络贪婪者，其行为甚至已经到了令人无法容忍的程度。

三、网络行动伦理建构对网络美好生活的作用

根据伦理学家 H.A. 普里查德的理论，一切美好生活或善的生活都应是出于正当理由而做的正当行为（2016）。这里的潜在意思是，一个善的行为必须

是正当的，而且是一件必须容易被领会的事情。我们所设想的网络美好生活也应该是基于这种显而易见的网络空间中的充满善意情感共识的日常在线行动。人类的道德生活事实上也是如此，某个东西道德上“好”，既涉及具有特定利益的故意行为能力的生物，也涉及能在其中活动，以满足自己更多而不是更少的利益的环境。

有趣的是，在我们考察某些具有复杂性网络道德生活事件时，还很难区分行动网络和行动主体的变化尺度。正如法兰克福学派的新近代表人物霍耐特所言，行动主体在物化的过程中，自身也会经历这样或那样的转变（2018）。人们相信，在微商交易平台上，主体的“行为方式”将会发生变化，而这些行为方式上的变化会影响主体与他周遭的所有的关系。联系到我们对网络美好生活创造的理想型的根本诉求，实际上必须按照美德和心灵的召唤，加之依据合理化、合法化和公平化的原则重新对网络生活主体进行伦理安排，甚至需要设法超越一些相关的道德困境，来引导“道德正确和道德正当的行为”（李义天，2016）。

第四节　美丽中国语境下网络美好生活伦理秩序的建构

我们所要建设的美丽中国不仅依赖于生态文明意义上的人与自然和谐共生的绿色生活创造，而且也依赖于网络生态文明意义上的人与技术和谐发展的网络美好生活的创造。因为既然人与自然是生命共同体，那么，人类在尊重自然、顺应自然、保护自然的同时，也必须要处理好人与技术（人化的自然）之间复杂的技术社会关系。但是，这一切的取得离不开网络美好生活秩序的全新建构。

一、提高网络美好生活伦理秩序建构的道德认同水平

从认同伦理学的观点看，人类社会美好生活秩序的创造必须基于某种个人信念导致的“内在整体心理”的共同追求特质上（阿皮亚，2013）。而且这种被认同或认可的强劲个性是互惠的。联系到网络社会世界就是，我的网络

善意生活目标，也就是你的目标；你分享和赞美的网络美的价值，也是我的。如此等等，我们所承认和认同的伦理价值观是一致的，并以此来约束和规范集体或社会的网络日常生活。正如霍耐特所说，伦理领域赖以存在的互主体的实践网络，必然既要满足个人自我实现的条件，也要满足相互承认的条件。而且，从提高积极义务和责任伦理的前提下不断提高网络美好生活的道德认知和认同水平（2016）。具体说来，就是站在他人的位置上将网民社会中人们的价值观向有利于强化新时代中国特色社会主义思想和“以人民为中心”的小康社会道德精神上引领，从而强化对中华民族及国家的情感认同（余丽、赵秀赞，2018）。

二、增强网络美好生活伦理秩序建构的国家治理能力

在维持中国互联网经济社会活力的同时，必须施以相应的法治、德治的国家治理策略，这已成为近年来人们的普遍共识。为此，我们必须有针对性地增强国家在网络美好生活伦理秩序建设上的“硬治理”（法治）和“软治理”（德治）的治理能力。一方面，应倡导和重视对网络社会治理的法治模式，因为法治是国家治理的基本形式，法治模式是网络社会治理的必由之路。运用法治思维和法治方式，将网络社会治理要素、结构、秩序、功能纳入法治范围及运行轨迹的治理理论、制度与实践（徐汉明、张平，2018）。另一方面，就是进行“德治”的网络美好生活伦理秩序建设的思路也必须清晰明确。

诚然，互联网作为一个特殊的“表现象技术”观察场域，它在给予人自由、尊严和平等的权利或机会之外，也使其失去了部分“美德”，甚至引发了诸多网络犯罪的可能。对其进行伦理约束与建构，按照福柯的理论，姑且可称之为“惩罚的温和方式”（施沃恩、夏皮罗，2018）。就目前而言，国家对网络社会的控制和治理已经初见成效，但仍有必要提高“德治”能力。或者说，加强网络社会国家治理的“两种能力”，以此来充分发挥国家治理的协同效应。

三、培育网络美好生活伦理秩序建构的文明健康精神

从亚里士多德伦理学的观点看，伦理秩序的建构乃是一种实践智慧。在一定程度上，实践智慧又是关注公民个体的生活是如何幸福的问题（余纪元，

2011）。显然，网络生活的实践理性或实践智慧是一个关系到网络美好伦理秩序建立或建构的大问题，换言之，我们如果要创造一个人文明和谐的网络生活共同体，那么首先就得对网络社会进行伦理拷问，以新时代中国特色社会主义核心价值为美德的思想基础去塑造网络美好生活的内在价值逻辑体系（袁祖社，2016）。美国当代社会理论大师杰弗里·C. 亚历山大在其《社会学的理论逻辑》一书中指出："马克思所希望的是一个集体主义秩序下的社会，这一社会是通过它的成员的自愿的、合理的一致来实现其秩序的；这个社会促进感情上的融合，并仅仅由于行动者们所认同的那种道德准则的应用才惩罚个人的越轨。"（2008）由此可知，网络美好生活秩序的重建不仅根据内化的信念伦理和责任伦理的道德准则，而且更决定于来自马克思主义强调的经济基础的力量。

其次，变化的信息网络时代，我们要建立并维持网络美好生活的伦理秩序，就必须要在网民中积极地培育文明健康的伦理精神。因为从文化伦理学角度看，无论什么社会都确确实实共享某些核心价值观所指向的精神品质。我们有理由相信，可以将这些网络价值精神资源作为建构网络美好生活的伦理秩序的社会心理基础，且在保持、承诺、节制和适度的伦理原则的前提下加以遵循。与此相适应，网络交往行动的主体也将在美丽中国语境下的虚拟生活实践内达成共识，从而在未来创造出一个美好的网络新世界来。

再次，我们还要特别指明一点，就是尽管网络道德属于社会性道德，而非宗教性道德，但也存在着信念伦理问题。我们坚信一点，只有借助现代美德伦理学一向注重的人类美好生活的普遍原则，通过"各美其美"以达到"美人之美""美美与共"的路向，才能不断创造出美丽中国的奇迹。网络美好生活概念的提出不仅具有丰富的美学意义，而且也具有深刻的伦理意蕴。在后真相时代，用伦理维度来审视网络生活世界，有助于认识和把握网络美好生活的逻辑和实践理性本质。根据网络社会发展规律，网络美好生活价值建构的伦理维度可以归纳为三个，即以网络角色伦理、网络关系伦理和网络行动伦理为建构策略，并以主体自由、关系和谐、行为适度为相应的伦理规范。由此可知，网络美好生活的建设是一个渐进的法制化、道德化的国家治理和网络社会演进过程。最后在美丽中国视野下，网络美好生活目标的实现有赖于网络社会质量的提升和虚拟现实双重美好生活世界的创造。

最后，为了实现和提升网络美好生活的最终目标和道德精神水平，我们应该牢牢把握住两个基本点：一是在高度信息化、网络化、数据化和智能化时代里，把握住提高网络社会发展质量的正确方向，即以马克思主义“生活的生产”理论和新时代中国特色社会主义理论的相应学说为理论指导，从物质交往和精神交往的辩证关系中把握当下网络社会运行和生活伦理的规律；二是既要做到注重网络社会本身发展的特点和网络日常生活道德演进的规律，同时也要注重对网络社会发展的正向作用的发挥，克服信息网络技术理性造成的二元性、过度化网络社会后果，重塑现代性网络伦理精神，着力解决好网络社会发展不平衡不充分问题，以此来满足人民日益增长的信息化、网络化美好生活的需要。

本章参考文献

[1][法]阿兰·巴迪欧.存在与事件[M].蓝江，译.南京：南京大学出版社，2018：132.

[2][德]阿克塞尔·霍耐特.不确定性之痛——黑格尔法哲学地再现实化[M].王晓升，译.上海：华东师范出版社，2016：90.

[3][德]阿克塞尔.霍耐特.自由的权利[M].王旭，译.北京：社会科学文献出版社，2017：205-209.

[4][德]阿克塞尔.霍耐特.物化——承认理论探析[M].罗明珍，译.上海：华东师范大学出版社，2018：21-22.

[5][美]爱莲心.时间、空间与伦理学基础[M].南京：江苏人民出版社，2015：111.

[6][德]奥特弗利德·赫曼.政治的正义性[M].庞学铨，李张林，译.上海：上海译文出版社，2014：1-2.

[7][英]安妮·施沃恩，史蒂芬·夏皮罗.导读福柯《规训与惩罚》[M].庞弘，译.重庆：重庆出版社，2018：81-85.

[8][美]安乐哲.儒家角色伦理学[M].孟巍隆，等译.济南：山东人民出版社，2017：109-121.

[9]陈曦.网络社会匿名与实名问题研究[M].北京：人民日报出版社，

2017：70–76.

[10] 风笑天 . 生活质量研究：近三十年回顾及相关问题探讨 [J]. 社会科学研究，2007（6）：1–8

[11][德] 哈尔特穆特・罗萨 . 加速：现代社会中时间结构的改变 [M]. 董璐，译 . 北京：北京大学出版社，2015：146.

[12][美] 杰弗里・C. 亚历山大 . 社会学的理论逻辑：第二卷 [M]. 夏光，戴盛中，译 . 北京：商务印书馆，2008：428.

[13] 景天魁 . 抓住基本概念创新这个关键点 [N]. 中国社会科学报，2017–08–03（1）.

[14] 寇东亮 . 美好生活的自由逻辑 [J]. 伦理学研究，2018（3）：10–16.

[15] [美] 夸梅・安东尼・阿皮亚 . 认同伦理学 [M]. 张容南，译 . 南京：译林出版社，2013：93–95.

[16] 蓝江 . 后真相时代意味着客观性的终结吗？ [J]. 探索与争鸣,2017(4)：10–13.

[17] 林卡 . 社会质量理论：研究和谐社会建设的新视角 [J]. 中国人民大学学报，2010（2）：105–111.

[18] 李义天 . 美德、心灵与行动 [M]. 北京：中央编译出版社，2016：86–95.

[19] 李泽厚 . 哲学纲要 [M]. 北京：北京大学出版社，2011：65–71.

[20][新西兰] 理查德 . 乔伊斯 . 道德的演化 [M]. 刘鹏博，黄素珍，译 . 南京：译林出版社，2017：65–69.

[21] 刘少杰 . 陌生关系熟悉化 [J]. 福建论坛，2014（4）：160–161.

[22][美] 迈克尔・斯洛特 . 从道德到美德 [M]. 周亮，译 . 南京：译林出版社，2017：141–150.

[23] 宋吉鑫 . 网络伦理学研究 [M]. 北京：科学出版社，2012：30–31.

[24] 邵力，乔墩 . 网络热点事件微博评论中的情感冲突分析 [J]. 兰州大学学报（社会科学版），2016（6）：62–68.

[25] 唐魁玉 . 网络化的后果 [M]. 北京：社会科学文献出版社，2011：382.

[26] 唐魁玉 . 创造美好生活应从寻找生活真相开始 [J]. 哈尔滨工业大学学报（社会科学版），2017（6）：12–14.

[27] 唐魁玉，张旭 . 网络社会质量的数据化基础——从小数据到大数据的网络社会演进 [J]. 自然辩证法研究，2018（8）：117–122.

[28] 汪广荣 . 虚拟社会与人的主体性 [M]. 合肥：合肥工业大学出版社，2015：287.

[29] 王雅林 . 回家的路——重回生活的社会 [M]. 北京：社会科学文献出版社，2017：130–145.

[30] 王雅林 . 为不断创造人民美好生活的伟大实践提供理论滋养 [J]. 哈尔滨工业大学学报（社会科学版），2017（6）：1–6.

[31] 吴忠民 . 论社会质量 [J]. 社会学研究，1990（4）：12–21.

[32] 徐汉明，张 平 . 网络社会治理的法治模式 [J]. 中国社会科学,2018(2)：48–60.

[33] 习近平 . 决胜全面建成小康社会夺取新时代中国特色社会主义伟大胜利——在中国共产党第十九次全国代表大会上的报告 [M]. 北京：人民出版社，2017：11.

[34] 余纪元 . 亚里士多德伦理学 [M]. 北京：中国人民大学出版社，2011：102–103.

[35] 余丽，赵秀赞 . 全球网络空间“观念治理”的中国方案 [J]. 新华文摘，2018（12）：11–13.

[36] 袁祖社 . 文化与伦理：基于公共性视角的研究 [M]. 北京：人民出版社，2016：1–3.

[37] [美]. 约翰・罗尔斯 . 正义论 [M]. 何怀宏，等译 . 北京：中国社会科学出版社，1998：2–3.

[38] [加] 约翰 V. 康菲尔德 .20 世纪意义、知识和价值哲学 [M]. 江怡，等译 . 北京：中国人民大学出版社，2016：55–56.

[39] 张海东 . 社会质量研究：理论、方法与经验 [M]. 北京：社会科学文献出版社，2011：231.

[40] 周濂 . 正义与幸福 [M]. 北京：中国人民大学出版社，2018：16–17.

[41] 邹诗鹏 . 后真相世界的民粹化现象及其治理 [J]. 探索与争鸣,2017(4)：27–29.

后　记

随着网络社会的演化，我们已经进入一个比十年前技术含量更高、生活样式更丰富的新时代。不仅麦克卢汉的媒介理想悄然实现，而且卡斯特和吉登斯的理论构想也纷纷呈现。然而，我们对日新月异的网络时代的认知能力和诠释工作还远远没有跟上来。从网络社会学的视角来说，这既是一个对网络事实或事件解读的机会，同时也是一个将网络化知识积累起来的机会。适逢光明日报出版社开设《博士生导师学术文库》的机会，本人有幸位列其中，于是才勉励自己在近年来相关研究的基础上写作并整理出了一部《网络化新论》书稿。至于书名，我考虑再三，最后之所以决定采用《网络化新论》，是因为八年前我曾在社会科学文献出版社出版过一部关于“网络化”的著作。这两本书可视为前后相承的学术文本。《网络化新论》并非罗荣渠先生的《现代化新论》意义上的极度创新之论，只是笔者关于后网络时代（移动网络时代、大数据时代和人工智能时代）的一些新议论的连缀产品而已。

应该指出的是，在此之前，我和我的学术团队申请的《社会质量理论视野下的网络美好生活指标体系的建构》（18BSH032）项目得到了国家社会科学基金委员会的批准，所以也将某些阶段性成果纳入书中，特此说明，并诚表谢意。

还要说明的是，本书中的多数篇幅已经刊发于《哲学动态》《自然辩证法研究》《社会学评论》《人民论坛》《湖南社会科学》《江苏行政学院学报》

《西北师大学报社科版》《哈尔滨工业大学学报社科版》和《中国社会科学报》等学术媒体，正是在这个基点上书稿才得以修改和整合完成。这是必须要加以感谢的，正所谓饮水思源。

还应强调说明的是，本书第一章第三节、第七章第二节和第九章第二节是在我和我的学生张旭共同研究、发表的成果基础上修改完成的，第八章第一节是与学生唐金杰合作的结晶。有关微信民族志以及微信互动的时空关系等相关研究内容和观点，则是与邵力副教授多次切磋的结果。在此一并致谢。

还应提及并致谢的是，文中征引的那些网络社会学研究学者（如何明升教授、刘少杰教授、黄少华教授、白淑英教授等）智力性工作的启迪与借鉴。本书中的一些材料也曾在中国社会学会网络社会学论坛上宣读过，十分感谢当时所有的与会者，他们给予了思维拓展和话语辨析的好处。

此书出版，还应感谢王雅林先生的特别贡献，八年来由于工作上的机缘受教之处甚多。尤其是他在家遇变故之后仍能化悲痛为力量，奋勇治学的精神，于我更是感召激励有加。

另外，我还受益于与“唐门弟子”一周一次的研讨会上的师生互动及思想交流。遥想未来，若干年后，每每忆及此事，定会唏嘘感叹不已。学问之道，既在乎高人指点，也须青春做伴。前辈大师所说的荒村野老之士之境界，我等自是无法模照，虽不能至，却心向往之。这一生尽管选择了从事人文社科行当，无力深探宇宙物理、奇技巧工之奥秘，但因“常在河边站”，所以多多少少亦有“湿鞋”之残迹留存人间，念及此处颇感欣慰。作为“60后”，我们这一代庆幸赶上了一日千里的网络时代，使得我们亲历和体验到了人类前所未有的网络世界丰富多彩的日常生活。这一切不仅连孔夫子、亚里士多德和康德都没有接触过，就连预见到了赛博空间的科幻小说家玛丽·雪莱也不曾享受过。

行文至此，觉得还应感谢身边人的默默支持和无言的帮助。尤其是我的妻子孙红和女儿唐安琪，有时来自她们的些许关注，都胜过四月天的闲庭散步。因为书癖如我的脸面厚如树皮，堆积如山的新旧书籍，宛若乱林和歧路，所以干扰了家门女眷的宁静生活，此处自知感谢不敌抱歉则个。

感谢大家在过去几年里对本书观点的激发和滋养，这些交流让我形成了网络化后果的不少“新见解”。从后果主义观点看网络化世界及其日常生活，的确不乏别开生面、万紫千红的景象。

我也要着重感谢光明日报出版社的匿名评审专家和责任编辑的建设性的评论、辛勤工作和优质学术服务，正是她们的提醒和善意催促以及耐心等候，才有此书面世的可能。这里对我因生病、懒惰或心绪不佳而造成的拖延成稿的行为，颇感不安和惭愧。同时，还应对博士生杨静的各章参考文献的排序工作表示感谢，这是一个细致琐碎的活儿，却非常重要。

所有的致谢都不应是客套，而是出自内心的感恩与谢忱。一个人如果不知恩从何来、谢至何人，那一切出书的行动也就变得毫无意义了。

是为跋。

唐魁玉

2019年5月16日

于哈尔滨工业大学二校区